AF217935

Rudolf · 2000 Biere

Michael Rudolf

2000 Biere
Der endgültige Atlas für die Bierwelt

OKTOBER VERLAG

MÜNSTER IN WESTFALEN

4., überarbeitete Auflage, Münster 2005 ©
2002 Oktober Verlag, Roland Tauber Am
Hawerkamp 31, 48155 Münster

www.oktoberverlag.de   mail@oktoberverlag.de
Alle Rechte vorbehalten
Satz & Umschlag: Roland Tauber & Tom van Endert

Druck: ISM Digital Druck Münster
Rudolf-Diesel-Straße 4, 48157Münster

ISBN 978-3-938568-12-5

Vorwort

Es ist vollbracht. Mit diesem Buch halten Sie die nunmehr weltgrößte Sammlung selbstgetesteter Biere in Händen. Und einen nahezu repräsentativen Querschnitt der schillerndsten Gestade und verborgensten Winkel unserer Bierwelt sowieso. Auswahlkriterium war wie vorher schon die Verfügbarkeit: Was kann ich mir beschaffen, ohne kriminell zu werden oder den Biereinkauf zur Hauptbeschäftigung ganzer Jahrzehnte zu machen? Und wie viele Biere lassen sich über die nächsten Jahre in ihrer Entwicklung einigermaßen verläßlich beobachten? Um ganz Eiligen den Gebrauch zu erleichtern, habe ich die Markenbewertungen mit »Daumen hoch« und »Daumen runter« simplifiziert.

In Folge der Neuerungen um das Dosenpfand habe ich selbstverständlich auch alle einschlägigen Handelsmarken gestrichen. Nur zwei, drei Kandidaten mußten aus rein dokumentarischen Gründen verbleiben. Sie verstehen das.

Weder Morddrohungen, Beleidigungsklagen noch willkürliche Umbenennungen von Brauereien und Bieren haben verhindern können, daß der Atlas über die Jahre »the most selling german beer book« (*Times*) geworden ist. Waschkörbeweise Fanpost und Liebesbriefe mit den feinsten Anregungen und überzeugendsten Heiligsprechungen haben aber nicht verhindern können, daß es auch das meistgehaßte Bierbuch geworden ist. Ein großes methodisches wie methodologisches Mißverständnis von seiten vieler Brauer. Viele meiner Einschätzungen wurden freundlich nachgedichtet und frech plagiiert, einsichtige Brauereien suchten bierseelsorgerischen Rat, und einige der fluchbeladenen Panscher haben aufgeben müssen. Das klingt doch alles schön. Ist es auch. Über 20.000 verkaufte Bücher können sich nicht irren.

2.000 Biere. Der Atlas für die ganze Bierwelt fährt furchtlos in seiner Mission fort, eine nicht nur deskriptive, sondern vielmehr präskriptive Bierethik und -eristik zu postulieren. Was soll das Bier? Und was und wie soll Bier überhaupt sein? Streng subjektiv, versteht sich. Nach wie vor erfüllen nicht wenige Biere den Tatbestand der Körperverletzung. Viele drastische Äußerungen in diesem Buch sind daher nicht allein durch das Recht auf Meinungsfreiheit gedeckt, sondern auch durch die Pflicht zur Notwehr. Die Forderung nach wirklich gutem Bier sollte in die Charta der Menschenrechte aufgenommen werden, soviel steht für mich felsenfest. Denken Sie mal darüber nach. Am besten bei einem wirklich guten Bier.

MICHAEL RUDOLF im August 2005

Mein. Mund. Ist. Keine. Sickergrube. Das ist, zugegeben, kein schöner Einstieg in eines der wichtigsten Bücher unserer Zeit, aber ich bitt' Sie. **Aass Bock** (6,5% 🦢) hausiert mit einem Aromenensemble, dem man sich schlicht verweigern muß. Und das, liebe Leser, liegt keineswegs an dem verfänglichen Namen. Nein, das nicht. Oder doch? Oder nicht nur?
(Aass Bryggeri Drammen/Norwegen)

Strategisch klug nach vorne im Alphabet bugsiert hat sich **Achel Blond Bier** (8,0% 🦢🦢), damit auch Laienleser sofort erfahren, daß sie es hier mit der 1998 erfolgten, längst fälligen Reaktivierung einer alten Trappistenbrauerei zu tun haben, der sechsten in Belgien, der siebenten insgesamt. Jessas, das wurde auch Zeit. Willkommen im Buch.
(St. Benedictusabdij De Achelse Kluis Hamont-Achel/ Belgien) → *Chimay,* → *La Trappe,* → *Orval,* → *Rochefort,* → *Westmalle*

Adam Riese Urtrunk (5,6% 🦢🦢) geht gleich gut los. Mit einer trockenen, röstmalzigen Introduktion, dem Autor fehlen augenblicklich die Worte. Daß nach Adam Riese genau die sieben Körner Hopfen zusätzlich darin schwimmen, die aus einem normalen Frankenbier einen wahrhaftigen Urtrunk zaubern, ist voll und ganz im Sinn der Deduktion dieses Buches.
(Schwanenbräu Privates Brauhaus Ebensfeld)

Pikant, pikant: **Adelscott** (6,6% 🦢🦢). Zugleich Schloß und Residenzort des Whiskymalzbierreiches; überall errichtet das fleißige Malz kleine, pittoreske Türmchen und Erkerchen, und ein aufs Tausendstel paßgenauer Hopfen liefert die nötigen wasserdichten Kuppeln und Dachhauben dazu. Tja, → *Henninger,* so wird's gemacht.
(Brasserie Adelshoffen Schiltigheim/Frankreich)

A

Adler Edel Export (5,4% 👒) kommt würzig. »Mild« gibt
Leser Eugen Egner per Fangschaltung zu bedenken. Mild?
Lieber Herr Egner, das Buch hat schon längst begonnen,
die lesen alles mit. – »Also gut: würzig.« **Hefe-Weizen** 👒
und **Dunkles Hefe-Weizen** 👒 sind mit konstanten 4,9
Prozent erst mal zu dünn geraten, und womöglich ist eine
Messerspitze zu viel Gewürznelke darin. In Sachen **Adler
Edel Hell** (4,7% 👒👒) wurde gar keine Anstrengung un-
terlassen, Wohlgeschmack zu vermeiden. Und **Pils** (4,7%)?
Dazu wollte sich auf der zweiten Seite noch niemand ver-
bindlich äußern. Später vielleicht.
(Brauerei zum Adler Wassertrudingen)

Adler Filstal Pils (4,8% 👒) süßt kandiszuckrig, ein biß-
chen → *Krombacher*, ein bißchen → *König*, von jedem das
Nachteilige, nicht ganz leicht, aber leicht zu vergessen.
(Adlerbrauerei Altenstadt Karl Götz Geislingen)

Stellen Sie sich zehn Flaschen **Aecht Schlenkerla Rauchbier Märzen** (5,1% 👒👒👒) für den Abend bereit. Die erste
ist immer die schwerste, nicht wie bei → *Oettinger* – da ist
die nächste immer die schwerste. No shit! Eine der origi-
nellsten und originärsten Zeitreisen in die Geschichte der
Bierbereitung, die erahnen läßt, daß hier edelste Kunst der
Natur zu Hilfe gekommen ist. Geschmacksströmungen aus
unterschiedlichsten Richtungen, fröhlich düst der Rauch
wie von Fischwurst über sämtliche Gaumendistrikte, ein
Anflug von Würzoliven und Shiitake-Pilzen, da lastet kein
so patzig-fetter (märzentypischer) Alkohol drauf. Und nach
der letzten Flasche danken Sie den Heller-Brauern dafür,
daß nur Hopfenextrakt drin ist. Es wären unweigerlich weitere zehn geworden.
(Heller-Bräu Bamberg)

Ahornberger Landbier Herb (4,8% 👒👒) dürfte besser als
die meisten Pilsener sein, die ich kenne. Glanznah am Diamant. Heftiger und gut haftender Schaum. Hopfenblumig.

Große Anerkennung. Steigerung beim **Feinen Ahornberger Weissbier** (4,8% 🍺🍺) überhaupt nicht, beim **Maibock** (6,5% 🍺🍺) kaum, beim **Landbier Mild** (4,6% 🍺) durchaus, beim dunklen **Bärentrunk** (5,1% 🍺🍺) sehr möglich, beim **Ahornberger Festbier** (5,4% 🍺🍺) sogar dringend nötig. (*Private Landbrauerei Strößner Ahornberg/Konradsreuth*)
→ *Göltzschtal*

Aichinger Spezialbier 🍺 strahlt mittelgelb, aber ausgewogen, bald zu.
(*Brauerei Drei Kronen Erwin Aichinger Heiligenstadt*)

Aischgründer Lagerbier (4,7% 🍺) ist kräftig, voll, jawoll. Und bitte den Backkarpfen nicht anbrennen lassen.
(*Windsheimer Bräu Zu den drei Lilien Gutenstetten*)

Aktien Pilsner (4,9% 🍺) sieht sehr, sehr hell aus, mit geringfügigen Ungereimtheiten im Bukett. »Ich will ganz helles und bittres«, verlangte demgemäß der Wahlbayreuther Jean Paul. Wenig Aktion, obwohl, so schlecht stehen die Aktien auch wieder nicht. Nicht so schlecht, wie fürs **Faßquell** (4,8% 🍺🍺), der Bayreuther Interpretation des Hellen. **Aktien Dunkel** (4,9% 🍺🍺🍺) läuft komplett aus dem Ruder. → *Guinness* läßt grüßen. Dafür läuft **Markgräfin Wilhelmine Spezial** (5,6% 🍺🍺) zu fürstlicher Form auf. Ausgezeichnet. Und raffiniert am Schluß plaziert, damit der Eintrag versöhnlich endet.
(*Bayreuther Bierbrauerei Bayreuth*)

Warum so bescheiden, **Albrechts Messing** 🍺🍺? Gold? Wäe es noch köstlicher, käme sogar Platin in Frage. Richtig fein. Meine Informanten waren hin und weg. **Albrechts Kupfer** 🍺🍺 hält die sherryfarbene Tönung bis zum Schluß durch, agiert komfortabel würzig und argumentiert beflissen im Altbiersinn. Schmeicheleinheiten für die Zunge.
(*Brauhaus Joh. Albrecht Düsseldorf*)

Aloysius (7,2%) schmeckt wie dunkle Weiße, **Alte Liebe** (5,2%) dagegen wie dunkler Weizenbock. Umgekehrt wäre richtig. Wie jetzt?
(Weissbierbrauerei Zum Kuchelbauer Abensberg)

Alpirsbacher Kloster-Weizen Kristallklar (5,2%) mundet für diese Promenadenmischung recht forsch, in Ansätzen überzeugend, vielleicht hegemoniert die Säure a little bit zu viel, moniere ich schüchtern. **Alpirsbacher Spezial** (5,2%) haut dafür richtig rein. Würde das Gros der Konkurrenz als Spitzen-Pilsener verkaufen. Aber da haben sie die Rechnung ohne **Alpirsbacher Klosterbräu Pils** (4,9%) gemacht. Das nämlich ist der auf Flaschen gezogene Hopfenhimmel über windgeschützten Schaumterrassen. Ein Glückspils, juhuu! Ich habe den Rest des Abends immer zwischen Spezial und Pilsener gezappt. Es ist dann noch recht spät geworden. Beziehungsweise recht früh.
(Brauerei C. Clausner Alpirsbach)

Alt-Marburger Schwarzbier (5,0%) wäre durchaus vertretbar, trotz eines Odeurs, für den jeder Trinkertisch weiträumig abgesperrt werden müßte.
(Marburger Spezialitäten-Brauerei Klaus Rauh)

Ein ehrlicher Durstlöscher ist **Alt Neunkirchner Landbier** (4,8%), sonst hingegen eine alarmierend laue Hopfenveranstaltung. Die **Pils**-Zugabe (4,8%) kann den müden, fast geplagt wirkenden Gesamteindruck nur um unerhebliche Details nach oben korrigieren. Ich bin dann lieber gegangen.
(Brauerei Georg Polster Neunkirchen am Brand)

Alt Vollbier (4,5%) – ein mitteldunkles Vollbier altfränkischer Schule, straff, nicht so exzeptionell gehopft, wie man hätte erwarten können.
(Brauerei Alt Dietzhof)

Altbayerisches Hefe-Weissbier (5,3% 🍺) ist »ein spritziges, helles Hefe-Weissbier mit feiner Reinzuchthefe, in der Flasche vergor …« O je, jetzt habe ich aus Versehen, wie die sauberen Kollegen Höll & Kaulhuber, den Etikettentext abgepinselt. Seltener Fall, wo der Zettel nicht schwindelt. *(Löwenbrauerei Passau)*

Altenburger Höhlerbier Privileg (5,2% 🍺) bietet seichtunreine Duftnoten, wenig Schaum, dafür seidigen Glanz. Doch zu finster, daher das Malzaroma overdressed. In der Tat höhlig, nach Keller schmeckend, gruftig. **Altenburger Maibock** (6,5% 🍺) zeigt ansprechende Ansätze. Hier vielleicht noch etwas üben. Trügerischen Halt am → *Leikeimer* Kratzhopfenpneuma sucht **Altenburger Premium** (4,9% 🍺). Kann ja nicht gutgehen. Mit Pilsener tat man sich in Altenburg schon immer schwer. Auch für ein durchschnittliches **Altenburger Lager** (4,9% 🍺) greifen die Fähigkeiten prinzipiell zu kurz. **Altenburger Schwarze** (4,9% 🍺🍺) selbst für ein Dunkles in der Generaltendenz untauglich, zu kratzig, zu bockig, zu großsprecherisch mit seiner Hallertauer-A-Hopfen-Koketterie. *(Brauerei Altenburg)*

Das »Erlebnisbier« **Altenmünster Steinbier** (4,9% 🍺🍺) schien röstelrot auf, im Geschmack dem visuellen Eindruck just folgend. Bei einiger Überlegung evozierte das spezielle Verfahren (Erhitzung der Würze mit heißen Wackersteinen unter Ausnutzung des Karamelisierungseffekts; das Jungbier wurde mit eben diesen Steinen »aufgekräust«) sensationelle Steinigkeit. Laien mochte der Geruch nach Regentonne abhalten. War dennoch nicht ohne Rauch und Reiz. Die Produktion wurde still und heimlich eingestellt. Ein **Altenmünster Steinweizen** (4,9% 🍺🍺) gibt es demzufolge auch nicht mehr. Nur ist da von der Weizensache nicht mehr viel zu erkennen gewesen. **Altenmünster Brauerbier Urig würzig** (4,9% 🍺) ein typischer Fall für die Unsicherheit-beim-Pils-dann-bitte-beim-Export-

nachkontrollieren-Eselsbrücke. Ungewöhnlich souverän für ein Export. Im Zweifel für den Kläger: **Altenmünster Brauerbier Urig herb** (4,9% 🍺). **Altenmünster Brauerbier Urig schwarz** (4,9% 🍺) dito. **Oberdorfer Weissbier Hell** 🍺 und **Dunkel** 🍺 (je 4,8%) sowie **Kristallweizen** (4,5% 🍺) nach wie vor ohne fundierte Bewertung. Das siphonierte **Franz Joseph Jubelbier** (5,5% 🍺) allerdings muß es nicht geben. Wirklich nicht.
(Sailerbräu Marktoberdorf)

Alter Dessauer Original 🍺 blinzelt sehr harmonisch und freundlich. Sonniges Biergartenbier. **Alter Dessauer Edles Pils** 🍺 würde ich öfter drinnen trinken. Frisch. Angenehm, wird noch besser zum Ende. Am besten ist und bleibt das sehr hefehopfenspritzige **Alter Dessauer Zwickelbier** 🍺🍺. Großes Lob.
(Brauhaus Zum Alten Dessauer)

Altmühltaler Hell (4,8% 🍺🍺) wurde trotz Umbenennung sofort an Erbswurst und ranzigem Wacholder erkannt. Ohne apokryph an Bier erinnernde Nebentöne. Ferner **Altmühltaler Gold-Export** (5,8% 🍺🍺🍺) mit minimen Abweichungen. Geben Sie noch ein Prozent Alc. hinzu, und die Gefahr der Selbstentzündung in der Flasche ist nicht mehr ausgeschlossen. Anders beim **Altmühltaler Pils** (4,8% 🍺🍺), da konnte nur im Mischungsverhältnis 1:10 mit → *Tuborg* ein wenn auch partiell mißglückter Versuch des Hinunterschluckens anberaumt werden. Wie genau das vonstatten ging, weiß ich bis heute nicht, ich weiß aber die endgültige Beantwortung der unter → *Oettinger* aufgeworfenen Fragestellung. Offensichtlich hat die Hölle eines ihrer Mundlöcher in Treuchtlingen. Anstatt die eigenen Ausgeburten für sich zu behalten, wird der Höllenspeichel auf Flaschen gezogen und via Getränkemarktkette nach einem diabolischen Gießkannenprinzip über Land verstreut. Gnade.
(Schäffbräu Treuchtlingen) → *Vestvyen*

Altstadt Hell (4,8% ✎✎) lacht erfrischend füllig und komplex, die Hopfenadditive fein abgemischt.
(Brauhaus Döbler Bad Windsheim) → *Füchschen Alt,* → *Singer Bier*

Gewährsmann Wojciech, der mich mit **Amber Red** (7,0% ✎) versorgt hat, mailt seit neuestem in immer kürzer werdenden Abständen »are you alive and well?« Er wird sich Sorgen machen, berechtigte Sorgen. Jedoch beim A kann man noch einiges verkraften.
(Browar Bielkówko Gdanska/Polen)

American Beer (4,35% ✎) paraphrasiert keine unterdurchschnittliche Begabung und somit eine tatsächlich unamerikanische Beschaulichkeit und Fruchtigkeit. – Hä?
(Pittsburgh Brewing Co./USA)

Amstel Pils (5,0% ✎) – die ungarische Lizenzausgabe von → *Heineken* – verfügt über einen Makel: Der Schaum will Bier werden, schnell sogar. Sonst erinnert A. an, ja, woran denn: an, nicht lachen! → *Samuel Adams Boston Lager.* Immerhin. Das Können ist da. Die Hausmarke **Talléros Világos** (5,0% ✎✎) indes stößt mit einem fremden Mais- und Hopfenodium eher ab, um nicht zu sagen: hier ist bestimmt der Schankbierteufel am Machen.
(Amstel Sörgyár Komárom/Ungarn) → *Mützig*

Anchor Steam Beer (4,8% ✎✎✎) steht unter Hopfenvolldampf. Auch wenn der Schaum etwas gedämpft ist, fallen mir zum Vergleich nur beste Adressen ein. → *Falkenberger Zoigl*, zum Beispiel. Es stimmt einfach alles: vollgelb beleuchtet die Flüssigkeit die Umgebung freundlicher Trinker, die Mälze ergänzt sich optimal mit der inhärenten Dampfbittere. Und mit seinem bierschwangeren Odem kann man die Oberfläche der Erscheinungswelt mit angenehmsten Fröhlichkeitspartikelchen bedämpfen.
(Anchor Brewing Co. San Francisco/USA)

Andechser Doppelbock Dunkel (7,1% 🍺) äußert sich zwie- bis trispältig, einiges kann gefallen, vieles nicht. Unter Letzterem rubriziert sei mit Nachdruck ein desolates Geschmacksknäuel aus der Hopfenwiederaufbereitungsanlage. **Andechser Dunkel** (4,9% 🍺) richtet auf ein Denkmal dem großen Ennui, **Andechser Hell** (4,8% 🍺🍺) verfolgt das ganze Gegenteil. Damit hat Gott seine Sprinkleranlage aufgefüllt und die Gegend um das Kloster sicher erst urbar gemacht. **Andechser Spezial Hell** (5,9% 🍺) gibt den fließenden Übergang zum Bockgefilde, aber deutlich sympathischer, die Alkoholstärke kaum spürbar. **Andechser Weissbier Hefetrüb** (5,5% 🍺🍺) wirkt noch sympathischer. Außerdem wird der international sehr bekannte Gasttester Jürgen Roth in wenigen Seiten ein Gasttestergebnis, nämlich für → *Hütt Pils*, beisteuern.
(Klosterbrauerei Andechs) → *Ettaler,* → *Weltenburger*

Anheuser Busch Michelob (5,0% 🍺) entstammt dem weltgrößten Brauereikonzern. Was nichts heißen muß. Die brauen auch nur mit Wasser. Mit viel zu viel. Hat seinen Namen einer böhmischen Stadt nahe Saaz entlehnt, ohne Ansätze orts- und brauspezifischer Kongruenzen vorweisen zu können. Zu seinem Glück wird in Michelob nicht mehr gebraut. So darf Michelob allerwärts Michelob heißen – und nicht, was angemessen wäre, »messingfarbenes Gurkenwasser«. Majonäsigbräsig rumpelt es umher, eine frühvergreiste Schaumdemonstration. Weltweites Projekt der Hopfenkastratenbewegung, das Hopfenaroma wie zugelaufen. Man könnt' in die Gläser heulen. Und »was läuft so in der B-Ebene« (F. W. Bernstein)? **Anheuser Busch B** 🍺 muß das Budweiser außerhalb der Staaten heißen, weil die US-Markenbezeichnung Budweiser mit allem Fug und vornehmlichem Recht von der gleichnamigen tschechischen Brauerei beansprucht wird. B bringt es auf eine rätselhaft glatte Alkoholfünneff, hält dann wenigstens in Teilen, was sein Maulheldenkollege verspricht. Da steigt bei Windstille sogar eine feine Hopfenrauchfahne auf.
(Anheuser-Busch St. Louis/USA)

Indiens Biergottheiten betrachten ihren Schutzbefohlenen **Anokhi** (5,2% 🍺) durch eine Handvoll verschmierter Schaumlupen, Wahrnehmungsschwierigkeiten sind da programmiert – der den anfangs resolut auftretenden Hopfenduft umkrallende süßlich-fruchtige Touch wäre ihnen sonst längst aufgefallen.
(M. M. Breweries P./Indien)

Antalya Pils (5,0% 🍺🍺) flutet einen El Niño aus Mais um die Erdenkrümme. Saum, haha, Gesmak nullnull. Turkismann nix gutt brau Pülls. Fummf Prosent Algohol – da lacht Huhn.
(Antalya Biracilik/Türkei)

Apoldaer Glocken Pils (4,8% 🍺) und seinen Kellergeschmack habe ich mit kaum beginnen wollender Begeisterung registriert. Guter Hopfen war nur auf der Durchreise. Mit Mach 3. Ganz und gar nicht glockenhell erbimmelt **Glocken Hell** (4,5% 🍺), richtiger wäre das grünspanige Büßerglöcklein. **Gambrinus Pils** 🍺 hat 4,9 Prozent und schon eine Kohle zugelegt, zeigt eine Schaumlehrvorführung, wohingegen das Etikett aufs beste geeignet erscheint, in verteilten Rollen und mit Rhythmuscomputern unterlegt vorgerappt zu werden. **Apoldaer Pils Spezial Domi** (5,0% 🍺) bietet viele Worte um viel Geschmack (ehemals Dominator und 5,2), während im **Glockengießer Urtyp** (5,0% 🍺) die Zukunft liegen könnte. Malziger, dunkler, whiskeyfarben, drückt den Kellerdominator an die Wand. Krönend der apflige **Maibock** 🍺🍺 an der 6,2 Prozent-Marke, → auch *Shipyard Ale*. Trinken Sie die Biere in dieser Reihenfolge, dann kommen Sie heil wieder raus.
(Vereinsbrauerei Apolda)

Apostelbräu Dinkel naturtrüb (4,8% 🍺🍺) ist als obergäriges Weizenbieräquivalent vollkommen untauglich. Vom Säuredogma geknebelt, wird das Fruchtflehen des Dinkels kaum erhört (Fruchtflucht?), die Rezens ist mit Rosen-

kranzbeten beschäftigt, und anstatt des so bitter nötigen Hopfens erkenne ich nur eine riesige Tonsur.
(Apostelbräu Hauzenberg)

Arco Urfass (4,9% 🍺) bietet ein mildes, helles Bier an. Die **Dunkle Weiße** (4,7% 🍺) eine würzige Variante, bei der außer saurer Erdbeere kaum fruchtige Komponenten aufzuspüren waren. Die bräuchte es mindestens. Und einen stabilen Schaum. Die **Urweiße** (5,1% 🍺) versöhnt wieder mit ihrem schweren cashewkernigen Charakter.
(Arco Bräu Moos)

Årgangsøl 2000 (10,6% 🍺🍺) trägt die Abfüllnummer 4499678 und das Gütesiegel »Skatteklasse 4«, ist vollbierfarben, erzeugt jedoch Schüttelhaut und Gänsefrost und bleibt (wie der ganze Milleniumsrummel) eine Überflüssigkeit. Schade um den wertvollen Alkohol.
(Wiibroes Bryggeri Helsingør/Dänemark)

Asahi Super Dry (5,0% 🍺) befremdet mit reichlich limonadigem Anflug, ziemlich stromlinienförmig. Hopfen- und Malzlinie treffen sich in der Unendlichkeit der Mineralwassermeere.
(Asahi Breweries Ltd. Tokyo/Japan)

Ist der ewige Gegenspieler **Astra Pilsener** (5,0% 🍺) nun besser als sein Pendant → *Holsten?* Aber jein. Eine neue Dimension Ausgewogenheit wird hier praktiziert, daß es eine Wohltat ist. Folgt ein »mild-würziges« **Astra Urtyp** (4,9% 🍺), dem von mir zu bescheinigen wäre: zu mild, zu wenig würzig, ein Nachtrünkchen allenfalls. Wenn man schon dem Namen Urtyp die Ehre geben will. **Astra Exclusiv Export** (5,2% 🍺) ist so lala, liegt viel in Hamburger Grünanlagen herum. Nach Möhre. **Dübels Brücker Dunkel** (4,9% 🍺) pfeift und klingelt zwischen Export und Malzbier umher und kann sich schwer entscheiden. Doch **Ratsherrn Premium Pilsener** (4,8% 🍺) wetzt alle Scharten wieder

aus, weniger vordergründig, strategisch günstiger gehopft. Das paßt sogar zu Fisch.
(Bavaria-St.-Pauli-Brauerei Hamburg)

Ehrfürchtig nähert man sich dem großen **Auer Dunkel** (5,2% ♘♘). Hey, wie werden die Hallertauer im Direktvergleich mit → *Spalt* und → *Tettnang* abschneiden? Ich mach's nicht unnötig spannend: Ihr Dunkel haben die Brauer selbst als disqualifiziert erkannt und aus dem Rennen genommen, und **Pils** (4,9% ♘), hm, das Pilsener schafft mühelos einen dritten Platz.
(Schloßbrauerei Au Hallertau)

Die müden Malzgelenke von **Auerhahn Pils** (4,9% ♘♘) und **Export** (5,0% ♘♘) sind mit prima Hopfenöl eingecremt. Man staunt Brauklötzer.
(Auerhahn Bräu Schlitz)

Aufsesser Dunkel (4,7% ♘) schlägt eintönig an, mit einer deplazierten Bittere auf brown-ale-farbigem Grund. Das aufsässig-verschwommene Geschmacksbild von **Hefe Weizen** (5,1% ♘) murrt reduziert malzig. Andere Interpretationen läßt es nicht zu. **Premium Pils** (4,9% ♘), wie seine verruchten Kollegen aus der »nostalgischen Bügelverschlußflasche«, mit einem Waldmeisterlimonadenetikett und netten Grüßen aus dem verkrusteten Senfkübel. Lange wurde in Verkosterkreisen hin und her überlegt: Kann das schmecken? Will das schmecken? Resignierendes Resultat: Muß das überhaupt schmecken? Was sie gut können und demnach hinreichend für einen konzilianten Schluß wäre: ein lakritziges **Festbier** (5,1% ♘) und das um eine freundliche und ergo verständlichere Hefedominanz bemühte **Zwicklbier** (5,1% ♘).
(Privatbrauerei Rothenbach Aufseß)

Vom **Augustiner Edelstoff Exportbier** (5,6% ♘♘) kriegt der Münchner nasse Zungen: clever dislozierte Hopfen-

partikel, darum angenehme zart metallische (leichte!)
Süße, wie überhaupt das Getränk sehr, sehr leicht, fast
schwerelos wirkt und uns auch macht. **Oktoberfestbier**
(6,0% 🍺) ist eine klitzekleine Strafe dafür, daß man sich
aufs Septemberfest begibt. Wie Gerhard Strunz rührend
ehrlich bestätigt, merkt man das Zuviel viel zu spät.
(Augustiner Bräu München)

Augustiner Klosterbräu Classic (4,8% 🍺) blitzt, wir halten uns fest, nicht nur hopfenhell, sondern »typisch hopfenhell«. Die Frage sei erlaubt, ob der Hopfen tatsächlich
der Farbgebung tatgeneigt gegenüber steht. Solche Fragen
muß man heutzutage in dieser Gesellschaft wieder stellen
dürfen. Eine schöne → *Köstritz-Coverversion* ist **Augusti-
nus Schwarzbier** (4,8% 🍺): jedoch »typisch dunkel« und
Flaschendesign wie Johannisbeerliqueur.
(Eschweger Klosterbrauerei)

Sie können nachkucken, wo Sie möchten – selbst in diesem Buch –, der **Ayinger Celebrator** (6,7% 🍺🍺🍺) ist,
geht es um die führenden Starkbiere dieses Universums,
omnipräsent. Mit gutem Recht. Der Schaum ein »flüssiger Pelz« (D. DeLillo). Der im schweren Alkoholkontext
verständlicherweise flüchtig skizzierte Hopfen agiert im
Hintergrund, nicht nur weil die Röstmalzzuckerdaten
nach Strich und Faden sämtliche Speicherkapazitäten
meiner Zunge belegen. Ich habe mir insgeheim noch eine
zweite gewünscht. Ein Grandiosum. Aufrichtig gebessert
hat sich **Altbairisch Dunkel** (5,0% 🍺) zu, auch die **Ayinger Bräu-Weisse** (5,1% 🍺) bestätigt dies. **Ayinger Bräu
Hell** (4,9% 🍺) glänzt erstaunlich hopfenherb für ein Hell
und gibt ein er- und einträgliches Tischbier ab. **Ayinger
Jahrhundert-Bier** (5,5% 🍺🍺) – »ein helles Exportbier« mit
Schönschaum wie Wackelpudding – spitzt die Hopfenfrage
deutlich zu. Und endlich **Ayinger Ur-Weisse** (5,8% 🍺🍺🍺)
geht hopfenaromatisch und -sensorisch stürmisch in Vor-
leistung. Zu den üblichen Weizenepitheta werden Ananas

und bioaktiver Koriander addiert. Visuell sind sämtliche möglichen Farbabstufungen von Augustvollmond bis Gebirgsblütenhonig vertreten, und eine offene Flasche stelle ich mir gerne als Dufttanne in meinen virtuellen Rachenraum.

(Brauerei Franz Inselkammer Aying)

Bären Bräu Vollbier (4,7% 🍺) schleicht ganz unauffällig und normal heran. Im **Pilsner** (4,7% 🍺🍺) ist in der Tat der Bär los, hopfenhammermäßig. Warten, kommt noch eins: **Festtrunk St. Veit** (5,2% 🍺🍺), ein dunkler, leicht rauchiger, trotz aller fehlenden Rezens wahrhaft hochtouriger Glücksbringer. Auf dem Fest ist der Veitstanz (vor Freude) »vorprogrammiert« (Claudia Roth).
(Bären-Bräu Staffelstein)

Startnummer 1 im Baltika-Sortiment, **Baltika Svetloye** (4,4% 🍺🍺), riecht angenehm hopfenaromatisch, sieht sehr schlank und hell aus, betört mit einem malzigen Antrunk und kracht einen Nachtrunk auf die Bretter, also, nicht übel. Startnummer 3, **Baltika Klassicheskoye** (4,8% 🍺🍺🍺), entspräche am ehesten unserem Pilsener, man könnte es glatt für eine russische Ausführung des → *Flensburger* halten. In Phase eins regnet das Malz mit kleinen Rosinenpelerinen angetan über die Zunge, Phase zwei gebiert eine herb-trocken-bittere Epiphanie. Startnummer 4, **Baltika Originalnoye** (5,6% 🍺🍺🍺), funkelt waldhonigfarben, kann zwei Schaumschichten (noch nicht gesehen, so was) und läßt vom Geruch her Süßlich-spritigeres erwarten. Aber Pustekuchen. Alle Achtung. Meine Rußlandkorrespondentin, Irene Nasdala, behauptet, Startnummer 5, **Baltika Zolotoye** (5,6% 🍺), sei das Optimum. Das müssen wir noch diskutieren. Denn mindestens warten hier noch seeehr ungeduldig: Startnummer 6, **Baltika Porter** (7,0% 🍺), Startnummer 7, das malzgoldige **Baltika Export** (5,4% 🍺🍺), Startnummer 8, **Baltika Pshenichnoye** (5,0% 🍺🍺🍺) als Superweizenbier, Startnummer 9, **Baltika Krepkoye** (8,0% 🍺🍺) als Malzhopfenpowerplayer und Startnummer 10, **Baltika Yubileynoye** (5,2% 🍺🍺) als sozusagen resümierender Schlußakkord. Da fällt die Entscheidung schwer. Auch wenn Startnummer 2 vorübergehend nicht vergeben wird.
(Piwowarennaja Kompanija Baltika St. Petersburg/Rußland)

Bamberger Herren Pils (4,6% 🍺🍺🍺) schmeckt unheimlich gut & herb & bitter & aromatisch, wiewohl es leider nur zum vierten Platz in meiner ewigen Bamberger Pilsener-Bestenliste reicht (nach → *Klosterbräu*, dem → *Maisel Pils* und dem → *Mahr's Pilsner*). Beim **Keesmann Weißbier** (4,8% 🍺🍺🍺) obwaltet höchstgradige Intelligenz. Nussig-morgenfrisch kommt es an, ein Körnchen Nelke steckt bestimmt darin, und ein Körnchen Wahrheit steckt in der Tatsache, daß Weizenbiere unter fünf Prozent Alkohol spürbar an Unwiderstehlichkeit zunehmen. *(Brauerei Keesmann Bamberg)*

Bamberger Klosterbräu Gold (5,0% 🍺🍺🍺) heißt das ganz ohne jeden Zweifel raffinierteste Bamberger Pilsener. Es ist eine für das Wohlbefinden kaum nachahmliche Wechselrede aus Hopfen und Malz, eine beständige Konstitution von dezidiert kathartischer Effizienz, die eine Besserung nie ertragen würde, denn selbst die verständigsten Trinker müßten daran irre werden. Es ist wie ein Ausflug in eine andere Welt, eine Bierwelt, die von Supermärkten und Premium noch nie etwas gehört haben will und wohl auch niemals wird hören wollen. Es ist wie ein Traum mit dem Bierglas in der Hand, in eine kuschlige Decke eingemummelt, die Schutz bietet vor den siedenden Unbilden des Draußen, ein feuchter Biertraum, der endlos währen sollte, bei dem einem einer abpfeift und zwar aus allen Registern. Für **Schwärzla** (4,9% 🍺🍺🍺) werben die Klosterbrauer mit ihrem Status als älteste Brauerei Bambergs. Genug Zeit zum Üben – und das schmeckt man. Geschmeidig schlank, zart und anziehend mild, neckisch ausweichend und doch fordernd. Kein Problem, meine manchmal krachend angeschlagene Bierlibido auf Vordermann zu bringen. Das Märzen **Braunbier** (5,7% 🍺🍺🍺) verschlägt einem glatt die Sprache, hier muß ich auf eine der nächsten Auflagen vertrösten. Also rein ins Vergnügen, einen knusprigen Minikarpfen bestellen, den kleinen Altar bewundern, den sie dort meinem Buch er-

richtet haben, und diesen guten Leuten bitte den ersten Satz dieses Eintrags tausendmal laut vorlesen.
(Klosterbräu Bamberg)

Bamberger Spezial Rauchbier (4,5 % 👍👍) wirkt nicht ganz so aufgespeckt wie der Flüssigschinken vom → *Aecht Schlenkerla* und erklärt sich mehr für zartfrische Spitzmorcheln über unerschrockener Malzigkeit. Im **Spezial Weissbier** (5,3 % 👍👍) ruht eine ebenso »aparte« (S. Salas) Geheimkombination. Wem dabei/hernach der theosophische Sinn zufällig sperrangelweit offensteht, der lese die sowohl Spezial als auch das vis-à-vis aufgestellte → *Fässla* betreffende Episode in Thomas Kapielskis Gottesbeweise IX–XIII (Berlin, 1998).
(Brauerei Spezial Christian Merz Bamberg)

Für **Barfüßer Blonde** 👎👎👎 und **Barfüßer Schwarze** 👎👎👎 ist zu Recht *Barfüßer ›Das kleine Brauhaus in Nürnberg‹* verantwortlich zu machen. Mit allen juristischen Konsequenzen. Der Mautkeller, der seine labyrinthigen Gewölbe dafür hergibt, ist weiß Gott keine Puppenstube, o nein, somit ist akkurat davon auszugehen, daß täglich größere Quantitäten dieser Unbekömmlichkeiten an noch größere Quantitäten Ahnungsloser verschenkt werden. Einen fast verschwörungstheoretischen Aspekt beansprucht der Sachverhalt zudem durch die Tatsache, daß es ein gleichnamiges, nicht minder schimpfbeladenes Headquarter in Ulm und eine weitere Niederlassung in Heilbronn geben soll. Höchstvermutlich ist das erst der Anfang, und eines Tages röchelt unser fragiles Gemeinwesen im »Stranglehold« (T. Nugent) dieser barfüßigen Gasthausbrausatanisten sein Leben aus.

Barre Bräu Pilsener (4,8 % 👍👍) dürfte, handwarm und durchgeschüttelt, besonders für Autofahrer kaum zu empfehlen sein. Da käme die extravakante Hopfenstelle

nämlich durch, und die Malzeinspeisung verdunstete bereits beim Öffnen. Für **Altstadt Alt** (4,8% ✥✥) hat der Hopfen durch die kleine Geheimluke, die jede Bierflasche hat, noch ein paar gute Freunde eingeschleust. Diese Luke konnte ja erst vor kurzem von einem Forscherteam nachgewiesen werden und dient der gängigen Lehrauffassung zufolge sonst als eine Art Notausgang für guten Hopfen, der versehentlich schlechtem oder schlechtestem Bier beigerührt wurde. Das funktioniere über ein Überdruckventil, bestätigt Dieter Appelt, Schriftleiter des Klassikers *Getränkeflaschenabfüllung in Übersichten* (Leipzig, 1988), während Ozzy Osbourne et al (*Ozzmosis*, 1995) das Wirkungsprinzip auf ein osmotisches Fundament gründen möchten. Mehr sei an dieser Stelle nicht verraten.
(Privatbrauerei Ernst Barre Lübecke)

Um **Barth-Senger Vollbier Dunkel** ✥ zu brauen, braucht es die *Brauerei Barth-Senger* in *Scheßlitz*. Und die schenkt aus in einer zwergenhaft-winzigen Wirtsstube, daß selbst die fröhliche Stammgastrunde wiederholt nach »Luftraum«, vulgo Frischluft, qua Türöffnen einkommt. Dann verzehren sie mit lärmender Andacht ein den leichten böhmischen Schwarzbieren anverwandtes Genußmittel. Besagte Nachbarn arbeiten ähnlich parkettsicher im Niederspundbereich.

Bauer Bier Pils (5,0% ✥) bäuert ziemlich ländlich mit tendenziös böhmischen Anwandlungen. Lassen Sie sich nicht von dem mißwüchsigen Zicklein auf dem Etikett von **Bauer Bock** (6,1% ✥✥) abschrecken: Er schmeckt wirklich nicht. **Bauer's Schwarzes Bier** (4,8% ✥) riecht zu Beginn nach Schafkäse und findet bald klassische Balance in Haselnüssen (II. Wahl, unsortiert, ungesalzen). Die matte, verhaltene Rezens wird allerdings spielend vergessen gemacht, wenn Sie die Schaumfrage für alle drei noch einmal kollektiv erörtern.
(Brauerei Ernst Bauer Leipzig) → *Goedecke's*

23

B

Die Deklaration **Bavaria Holland Beer** (5,0% 🍺) liest sich so irreführend nicht. Im Blindtest mit mehreren Münchner Hellen ist B. kaum auffällig geworden. »Einzigste« (J. Holetzeck) Bedingung: »kalt servieren«. Auch das Starkbier **8,6** (8,6% 🍺) wird in diesen kleinen Castor-Behältern in Umlauf gebracht, und ich habe des öfteren beobachtet, wie dieser Säurecocktail sich durch die Wandungen fraß. Beware!
(Brouwerij Bavaria Lieshout/Niederlande)

Bayerischer Hof **Hausbräu Hell** 🍺 aus *Grünbach* umspielt lüstern den 4,8–4,9 Prozent-Pegel, sieht aus wie Hefeweizen, lächelt extrem hefedominiert, ist leider um Längen zu säuerlich-fruchtig und demzufolge keine sonderliche Empfehlung wert. Freund **Dunkel** 🍺 will genauso stark sein, wird dabei fast undurchsichtig, faustisch-stoutisch. Röstmalzorientiert, verlangt es eine stabile Grundierung mit meterdickem Hopfenfundament. Die ambitioniert niedrige Spundung läßt an dunkle fränkische Vollbiere denken. Dort wäre man besser aufgehoben.

Beck's Gold (4,9% 🍺) nennt sich ein exportähnliches Getränk, das beim Öffnen sieben Sekunden lang ungeheuerlich schick nach Hopfen duftet. Funktioniert über die für Beck's patentierte Hopfendüse unter dem Kronkorken, die sich innerhalb der genannten sieben Sekunden selber auflöst. Denn: Im Geschmack ist von den Hopfenschmeicheleien nichts mehr zu erspüren. Wer's weiß, trinkt die Nulldreierbuddel in einem Zug leer und hat die Illusion parallel. Für **Beck's Spitzen-Pilsener** (4,7% 🍺) zitiere ich, wie gehabt, den leider schon viel zu früh von uns gegangenen Bierethnologen Holger Sudau (1961–1995): »Eigenartig: schmeckt immer so, wie man sich gerade fühlt, also meistens schlecht. Nicht recht pilsig, ohne rechten Schwung.« Wo er recht hat. Und Beck Hansen behauptet, nach dem Lieblingsbier seiner Mutter benannt worden zu sein. Die Musik ist danach.
(Brauerei Beck & Co. Bremen)

Belhaven St. Andrews Ale (4,6 % ♠♠♠) – ein starkes Ale aus Dunbar, trotz seiner Verdünnisierung (und des beigegebenen Zuckers), im Hopfenbereich kräftig, dröhnend und laufsicher wie der Trommelschlag des gleichnamigen Drummers, Aynsley mit Vornamen. Den kennen Sie doch? Aynsley Dunbar. Kleine Hilfestellung: John Mayall, Jeff Beck, Mothers Of Invention, Turtles, Jefferson Starship, Journey, Whitesnake, Mother's Army, UFO et cetera. Eine Spur leichter, dafür umso samtiger und doch würzig in allen sensorischen Belangen, demnach absolut überzeugend ist **Belhaven Robert Burns Scottish Ale** (4,2 % ♠♠♠)
(Belhaven Brewery Co. Dunbar/Schottland)

Im **Belle-Vue Gueuze Lambic** (5,2 % ♠) weicht ansprechender Hopfenduft einer interessanten, malzig durchsetzten Säure mit unvermutetem Pfirsich-Finish. Als Lambic ein Massenprodukt, klaro, aber nicht verwerflich. Verwendung von Weizenmalz, spontane Gärung und Reifung in Holzfässern halten dafür. Gemeinsam ist all diesen Lambics, daß sie keine Gemeinsamkeiten vertragen. Außer ihrer Unberechenbarkeit. Das Fruchtbier **Kriek** (5,2 % ♠) beispielsweise läßt man dafür geschlagene drei Jahre reifen. Es wirkt nicht allzu likörig-süß, richtig ausgeprägt kirschig ist es daher kaum. Im Vergleich zu anderen Fruchtbieren und Biermischgetränken kann der stolze Alkoholgehalt gefallen, weil er ausnahmsweise berechenbar bleibt.
(Belle-Vue Brasserie Bruxelles/Belgien)

Woher wollen der **Bellheimer Lord** (4,9 % ♠) und die bei Silbernagels denn wissen, daß das »natürliche« Wasser vor siebenhundert Jahren ohne »negative Umwelteinflüsse« abregnete und für den Tiefbrunnen einsickerte? Neueren Forschungen zufolge soll das ziemlich lotterhafte und verfilzlauste Heer Rudolfs II. ausgerechnet rund um Bellheim seine letzte große Pinkelpause vor der Schlacht bei Göllheim (2. Juli 1298) abgehalten haben.
(Bellheimer Privatbrauerei K. Silbernagel Bellheim)

Belzebuth (15,0% 🍷) bezeichnet sich abermals als ein stärkstes Bier der Welt, doch mit wesentlichen Neuerungen: Schaum ist bei, der Geschmack nicht knallig schnapsig. Bleibt trotzdem die Sinnfrage. → *EKU 28*, → *Hürlimann/ Samichlaus*, → *Primator*. **Grain d'Orge** (8,0% 🍷) ein, so leid es mir tut, Imitat in flandrischer Tradition. Auf Deutsch: Doppelbock. Nicht direkt wichtig.
(Brasserie Jeanne d'Arc Ronchin Lille/Frankreich)

Berliner Bürgerbräu Ratskeller Pilsener (5,3% 🍷) erreichbar über eine mächtige Malzzufahrt, die in der Rush hour ratzfatz verstopft, daher mäßig bis zäh fließender Verkehr. Achtung, auf der Hopfenstraße kommt Ihnen ein Fahrzeug entgegen. Bitte trinken Sie langsam und am äußersten rechten Fahrbahnrand, trinken Sie nicht nebeneinander und überholen Sie nicht. Das schankbierkompatible **Bürgerbräu Pils** (5,0% 🍷) schafft es hopfenmäßig nur auf die Standspur, und **Rotkehlchen** (5,3% 🍷) ist mitnichten ein Rotbier, sondern gelb wie richtig gelbes Gelb. **Schwarzbier** 🍷 protzt bloß mit 5,2 Prozent. Nicht lässig, sondern grob fahrlässig sind **Maibock** 🍷🍷 und **Dunkler Bock** 🍷🍷 (je 6,8%) verhauen worden. Mehr wäre da in der Berliner Farbkastenbrauerei mehr gewesen, wenigstens aber ein passabler Bock.
(Berliner Bürgerbräu)

Ihre **Berliner Schwindl Original Weisse** (2,5% 🍷🍷) blökt die *Berliner Kindl Brauerei* aus wie Sauerbier. Stets mit Erfolg. Ätzend essigstichig. So was hält sich bis April 2009. Zwei der Assistenzverkoster traten spontan zum Islam über, in der irrigen Auffassung, der teuflische Belag auf der Zunge wiche, wenn schon nicht vor Ablauf des Verfallsdatums, so mindestens in den nächsten Jahrzehnten. Ich halte Sie auf dem laufenden. Zum Beispiel über **Markischer Landmann** (5,1% 🍷). Unter diesem Stichwort wäre der Stiefvater vom Kindl Pils im Telefonbuch zu finden. Suggeriert die typisch zonige Bier-von-hier-Erdigkeit. Mühsam zu durchschauen. Kakaoig. Die aparten Schaumverästelungen mehr am → *Guinness* als am → *Köstritzer* orientiert. Kommt vom Faß besser. **Berliner Schwindl Pils** (4,6% ☞) → *Rex Pils*. Schwer tut sich auch **Berliner Schwindl Jubiläums Pilsener** (5,1% ☞), denn es wandelt in stupender Einfalt. Eintönigkeit lastet auf dem Bukett, und der Hopfenball wird allenthalben flach gehalten. Geeignet höchstens fürs Kindl Light Dinner. **Schwindl Bock dunkel** (7,0%) und **Bock hell** (7,0%) sind keiner Erwähnung wert. → *Hönig*

Berliner Pilsener (5,0% ☜) hat sich in den Fangarmen der formidablen → *Schultheiss-Krake* noch am ehesten seinen exponierten Geschmack erhalten. Der neue »Markenauftritt« in der Longneckbottle mit würzigem Malzbratenfond auf Hopfenschößlingsalat. Oder an? Oder wie sagt man da?
(Berliner Pilsener Brauerei)

Kaum ist im **Bernard Světlé pivo** ☜ an 4,0 Prozent zu denken, viel zu weich und beerig, von gewissenhaft ausgebauter Bukettstruktur erscheint es mir, elitäres Hopfengemurmel im Hintergrund. Wer sich lieber schwarz ärgern möchte, dem stelle ich **Bernard Světlé lēzák** (5,0% ☞) auf den Nachttisch, ein versudeltes Konzentrat aus ranzigen Diacetylen, die sich später freilich verstohlen auffächern, aber zu spät ist zu spät. Offensichtlich ein Bier, bei dem »die Zahl der Produzenten die der Konsumenten weit übertrifft« (H. M. Enzensberger).
(Bernard pivo Humpolec/Tschechien)

Bier feinherbes Pils ☞☞☞ wurde angeblich für »die Sparsamen«, die *SPAR-Handelsgesellschaft* gebraut. Doch wo und wozu? Der Dose entnimmt man unversehens eine Flüssigkeit von der Farbe, die gemeinhin ziert des Kettenrauchers Fingerkuppe, mit unter Verwendung aller verfügbaren höheren und Methylalkohole ergaunerten 4,9 Prozent. Aus alten Bierneigen und Retouren recyclete Hopfengabe. Schaum erinnert frappant an die braungebrannten Häubchen auf nitratverseuchten Feldbächlein. Dies bestätigen auch meine Blechbierspezialisten, die per Konferenzschaltung als Fernverkoster assistieren und neulich die Begutachtung einer Dose → *Tip-Pilsener* überlebt haben. Wer schlimmes Bier gern wegkippt, kommt hier totalitär auf seine Kosten. Mit Serviervorschlag.

Bei **Bière du Corsaire** (9,4 % 🍺🍺) mäandert nicht nur Dampf aus den Ohren – wie aufs Etikett gemalt. Voller Zunder plus furzfeuchter Korianderabgang, »Driemal gegist« und damit ideal in Kombination mit dänischem Bolly-Käse. Nix anderes erwartet man da.
(Brasserie Artevelde Gent/Belgien)

Die Brauerei von **Bière du Desert** (7,5 % 🍺🍺) vermeldet Neuschöpfungen. Diese hier die Beste: dickster Hopfenschwall aus der Bouteille (»verlorren verpakking«). Unglaublich hell und leicht. Wo bleiben die Prozente? – Rumms! Da sind sie. Weinöse Anwandlungen, mit Pampelmusenfasern durchwirkt. Trinken wie Gott in Frankreich. Als Wüstentrunk der sichere Tod. **La Goudale** (7,2 % 🍺) likört mildsüffig unterm Korkenchampignon, dessertweinig, weiße Schokolade wäre die feste Entsprechung. Obergärige Hefe riecht halt schön. Mischungsversuche im Verhältnis zwei Teile L. und ein Teil Sprudelwasser ergaben ein phänomenales Export. Wäre das ein Angebot? **Amadeus** (4,5 % 🍺🍺) ein Weißes – La Blanche –, von dem sich weiß Gott alle Weißbierbrauer Deutschlands inspirieren lassen sollten. Ein gottgefälliges Brauwerk. Fruchtig-rein-nett, zauberhaft süß. So läßt sich Freizeit aushalten. **Lutèce** (6,4 %) reiche ich in einer der nächsten Auflagen nach.
(Les Brasseurs de Gayant Douai/Frankreich)

Bière Tradition du Nord (6,4 % 🍺) schleicht unbemerkenswert belanglos, aber auch nicht verdammungswürdig

umher. **Bière Blonde** (4,9% 🍺) wird ungeniert als »authentique« apostrophiert. Angeblich mit ausgewähltem Hopfen und Malz. Wer's glaubt.
(Ohne Herkunftsbezeichnung für Système U Créteil Cedex/ Frankreich)

Binding Römer Pils Medium (3,0%), **Römer Lager** (4,5%), **Römer Pils** (4,9%), **Römer Ice** (4,9%), **Römer Dark** (4,9%), **Kutscher Alt** (5,0%), **Römer Diät** (5,0%), **Römer Export** (5,3%) und **Carolus** (7,5%). Haha, reingefallen. Ihr kommt mir hier nicht rein.
(Binding Brauerei Frankfurt/Main) → Henninger, → Krušovice, → Radeberger, → Schöfferhofer, → Urkrostitzer

Die Nase wird unsicher. **Bintang** (5,0% 🍺)? Das kennt sie nicht. Ein fruchtigobergäriger Geruch umspielt sie, obwohl nur Malz, Hopfen und Wasser auf der Karte stehen. Nicht mal Sambal Oelek.
(Multi Bintang Jakarta/Indonesien)

Bischoff Premium Pils (4,7% 🍺🍺) offeriert eine meiner Lieblingshopfennasen. Die Bischoff-Ateliers an den hängenden Hopfengärten von Winnweiler verfügen über die Hopfendefinitionsmacht. Nicht nur ein guter Nachtrunk, sondern gleich mehrere. **Donnersberger Dunkel** (5,2% 🍺) donnert metallisch-wild. Eine weniger zurückhaltende Rezens könnte bei beiden zusätzliche Wunder bewirken. Von der ausweislich modisch inspirierten Weizenbierkollektion sagte mir **Falkensteiner Weizen** 🍺 nicht so, **Urweiße** 🍺 schon mehr, **Falkensteiner Urschwarze** 🍺 (alle 5,2%) jedoch am meisten zu.
(Brauerei Bischoff Winnweiler)

Bischofshof Prälat Pilsener (4,7% 🍺🍺) ist in der Tat »das Bier, das uns zu Freunden macht«. Mich und die Brauer da. Klassisch herb – Mann, sind die gut. **Urhell** 🍺 ist ihnen versehentlich um 0,1 Prozent stärker geraten. Darf auch

mal sein. Da drücke ich ein Auge zu. Unter Freunden. Siehe oben. **Original 1649** 🍺 (vom Faß) erinnert an ein geschmacksreduziertes Hellexportgemisch.
(Brauerei Bischofshof Regensburg)

In **Bishops Finger** (5,4% 🍺🍺🍺), einem Kentish Strong Ale, präsentiert sich das willigste, zuvorkommendste und liebenswürdigste Röstmalz, gestützt von noch willigeren, noch zuvorkommenderen, noch liebenswürdigeren Hopfenbotenstoffen. Der Nächste, bitte. **Casey's Smooth Stout** (4,7% 🍺🍺) heizt den Röstmalzofen richtig ein, das Endergebnis speichert Wärmeenergie in flüssiger Form, zuweilen pappig, aber nicht pampig. **Spitfire** (4,5% 🍺), ein Bitter Ale, ein zartbitteres Ale, und an der dazu gehörigen Schokolade fehlt auch nicht viel. »Fight fire with spitfire!« (J. Elefante)
(Shepherd Neame Ltd. Faversham/England) → *Kingfisher*

Bitte kein **Bitburger Pilsener** (4,6% 🍺) aus dem »Haus der tragischen Biere« (H. Sudau) mehr.
(Privatbrauerei Th. Simon Bitburg) → *Köstritzer,* → *Wernesgrüner*

Aus dem Behälter voll **Bjørne Beer** (7,5% 🍺🍺) klettert ein miefiger Schwapp halbverdauter Nüsse, im Glas gelingt es, den hervorstechenden Eindruck beizubehalten. DVU-Sitzungsbier. Aus panischer Angst, das Glas durch simplen Lochfras einzubüßen, dann doch ganz schnell weggekippt. **Bjørne Beer** (5,0% 🍺) blafft zwittrig, könnte Pilsener oder ein Lager, soll aber ein Pilsener und demnach kein Lager sein. Baustellenbier mit weinig-blumigem Ruch, fünfundzwanzig Cent auf die Kralle. **Harboe Silver Pilsener** (4,9% 🍺🍺) verstärkt meine Eindrücke.
(Abgefüllt in der Klosterbrauerei Dargun für Harboes Bryggeri Skaelskør/Dänemark)

Blackadder (5,3 % 🍺) – ein Biermischgetränk aus einer Pharmabrauerei? Johannisbeere, schwarze, soll es sein. Item Pfefferminze, Natreen, Vogelbeere? Sprechen Sie darüber mit Ihren Freunden.
(Aston Manor Brewery Birmingham/England)

Blanche de Namur (4,5 % 🍺🍺) is ja eine Riesenflasche, mit Etikett im Lebensmittelmarkendesign. Drin geht's limonen-limonadig zu. Und betrachten Sie mal die Bläslein in ihrem unbeirrbaren Drang nach unten, zum Flüssigkeitszylinder, um eigentlich dort dahinzuwelken, aber, wie wundersam, nicht in der Nässe aufzugehen, sondern wieder nach oben zu drängen. Es ist ein ständiges Kommen und Gehen, Steigen und Fallen in diesem Schaumpolster. Wie eine Hüpfeburg. Die Krönungsfeierlichkeiten für dieses Witbier (~ Weißbier) fanden am 8. Juli 1999 statt. Die Angeklagten H., N., R. und M. gestehen reumütig, den Autor mit einem Beer For Dolphins-Video (d. i. die Band von Mike Keneally) inklusive Steve Vai-Gastauftritt und diversem Knabberwerk vorsätzlich ruhiggestellt zu haben. Alsdann haben sie sich heimlich, still und leise über das an diesem Abend in einer Dreiliter-Flasche gereichte **St. Benoit** (7,0 % 🍺), ein Bière brune, hergemacht. Nach dem Videogenuß vom verärgerten Autor zur Rede gestellt, äußerten sie sich teils blumenreich (»Ein Obstgarten. Es funktioniert.«), teils widersprüchlich (»bissel doll lecker«), insgesamt positiv: »Was hattest du gleich bei → *Veltins* geschrieben? … Genau. Schreib das.« Für **Saison Regal** 🍺 kann man die Bierkorken knallen lassen. Sehr fruchtig im Geruch, im Schluck erfrischend trocken, trotz der höchstintelligenten 5,4Prozent Alkohol angemessen weinige Transparenz mit ein paar fast grasigen Zwischentönen. Sektschaum und Bernsteinfarbe.
(Brasserie Du Bocq Purnode/Belgien) → *Corsendonk*

Blanický Rytir (3,6 % 🍺🍺🍺) semmelt sehr pappig, mastig, widerlich, wie lange draußen gestandene Weißweinschorle.

Und wenn ich »widerlich« als Charakterisierung aufgreife, dann habe ich lange darüber nachgedacht. Im Affekt wäre das weniger glimpflich abgelaufen. Für umgerechnet zehn Cent trotz des aparten Etiketts als Světlé geradezu verteufelt untauglich.
(Pivovar Benešov/Tschechien für die tschechische PLUS-Kette)

Blue Marlin (6,0% 👍👍) beweist: Es bleibt doch immer wieder anbetenswürdig, welch ultraleichte Bukettmäntelchen Überseebrauereien dem majestätischen Ethanol umzuhängen wissen.
(Mauritius Breweries)

Vom **Bodenwöhrer Jacob Spezial Export** (5,3% 👍) schmeckt der Schaum spürbar besser als das Getränk, nämlich ausgezeichnet. Aber Flaschen voller Schaum? Ist sowas denn die Möglichkeit?
(Familienbrauerei Friedrich Jacob Bodenwöhr)

Böheim Vollbier 👍 und **Böheim Pils** 👍 verblüffen auf der ganzen Linie: völlig identisch. Beide mit 4,9 Prozent, grobem Schaum (Blasendurchmesser 1,47 Millimeter) und leicht, wenn auch nicht unangenehm angesäuert.
(Brauerei Vereinigung Pegnitz)

Licht aus. Spot an. Ja. **Böhmisch Brauhaus Pilsener** (4,9% 👍). Wir sehen einen Film aus der europäischen Braugeschichte. Folge 324: Pilsenerbiere im Jahr 1925. Das dunkle Vollbier **Edel Sünde** (4,6% 👍) steht als deutlicher Querverweis zu böhmischem Brauen – ach stimmt ja, der Brauhausname –, nicht zu stark, mit marmoriertem Röstmalzbild. Undeutliche Radiescheneinspielung mit böhmischen Untertiteln gegen Ende. Warum Schwarzbiere so affige Bezeichnungen haben müssen.
(Böhmisch Brauhaus Großröhrsdorf)

Bölkstoff (4,9% 🍷🍷). Aufmach! Runterschluck! Staun! Blödkuck! Ekel! Würg! Uargh! … Wegstell! Schimpf! Aufreg! Konstruktiv kritisier? No! Fertigmach! Hinschreib! Durchles! Gutfind!
(→ *Gilde Hannover*)

Börsen Alt (4,8% 🍷) schwadet bittermandelig, null und nichtig im Körper, trocken – man hält die Flüssigkeit selbst für angetäuscht.
(Ganser-Brauerei Leverkusen)

Bohemia Regent (4,4% 🍷🍷) bezeichnet ein Destillat aus vier verschiedenen Malzsorten, überzeugend körperhaft, weil geringer vergoren. Vereinzelte Kollegen sprechen von feinster Schokolade, die in Bohnenkaffee eingelassen ist. Oder sind es gar keine vier Malzsorten, sondern ist's die berühmte, geheimnisumwobene Bohemia Malzbohne? Das kriege ich noch raus. Wenn ein denkbar trockenes Bukett mit starker Betonung auf Bittere den fülligen Malzkorpus umsorgt, dann kann es sich allein um **Bohemia Regent** (4,9% 🍷) in der hellen Lagerbierausführung handeln.
(Pivovar Třeboň/Tschechien)

Bolten Alt (4,7% 🍷🍷) vom Faß: bronzebräunlich, süffig, süffisant. Das Flascheninhalt gewordene Produkt arbeitet im Mund, da blinken die Hopfensignallämpchen, nachdem das Malz mit minimal-rauchigem Timbre eine im großen und ganzen überzeugende Vorstellung gegeben hat. »Gewöhnliches« Bolten Alt der »ältesten Altbier-Brauerei der Welt« gibt es für durstige Interessenten weit außerhalb von Korschenbroich sogar vom Faß, gediegeneres **Bolten Ur-Alt** (4,7% 🍷🍷🍷) leider nur aus dem bügelbezwungenen Glasfaß. Seine Eigenschaften sind mit bronzemedaillenbräunlich zutreffend umschrieben und mit diversen Post-it-Zettelchen, die an wirklich Altes erinnern sollen. Und, was soll ich sagen, es klappt! More! More! More!
(Privatbrauerei Bolten Korschenbroich)

B

Bombardier Export (5,5% 🍺🍷) trägt die hefige Nase hoch in heftiger Interaktion mit dem hohen Alkohol. Der hat zudem ein schweres Aromabündel über meine Zunge zu schleppen. Manchmal mag man ihm helfen, manchmal nicht.
(Charles Wells Ltd. Bedford/England)

Meine Gewährsleute loben **Borbecker Helles Dampfbier** (4,8% 🍷) über den grünen Klee. Ich finde, es ist schwer einzuordnen, spritzig ja, dampfig weniger.
(Sternbrauerei Essen) → *Maisel's,* → *Stauder,* → *Zwieseler*

Stellen Sie sich vor, in Stalins lustigster Baracke wurde Bier gebraut, auch jetzt noch – **Borsodi Vilagos** (5,2% 🍷) – selbst in Brauereien, die nicht in → *Amstel-* oder → *Goldfassl*-Hand vereint sind. Im B. finde ich: Viz, Arpamaláta, Tengeridara, Komlókeszilmények, Sörélesztö felhasználásavál. Ergebnis, logisch: exportös, meßweinfarben.
(Borsodi Sörgyar Böcs/Ungarn)

Bosman Specjal (6,8% 🍺) lodert tatsächlich pilsähnlich, ausgesprochen herb. Wo stecken die Prozente? Gibt's da Umrechnungen ins Polnische? Pikanterweise heißt das adäquate Export **Bosman Full** 🍺 (sic!) und hat nur (!) 5,6 Prozent. Für **Bosman Strong** (8,1% 🍷) sind der Fama zufolge Hopfen und Malz mit Wodka angesetzt worden. Im Anschluß mit Kohlensäure gespritzt. Fertig. Ich auch. Nach einer Flasche.
(Bosman Browar Szczecin/Polen)

Branik (4,1% 🍺) heißt der Patron der tschechischen Brauer. Die Prager Kollegen mögen vielleicht nicht zu seinen Lieblingsschützlingen gehören, trotzdem wacht er mit väterlicher Hand über dem Brauprozeß. Ein nach ihm benanntes Gebräude hat schließlich ausgewogen malzig

und luzide gehopft zu erscheinen. Bis jetzt keine Gegen-
anzeige. Die Schaumzahl des **Městan** (3,4% 🍺) würde
die DLG-Prüfer sicher in den Freitod treiben, die Farbe
ist nach EBC nicht mehr meßbar, und doch: es hat was. Nur
was? **Velvet** (5,3% 🍺🍺 *in Lizenz von Cape Hill Brewery
Birmingham/England*) schmeckt nicht sehr gut.
(Prazké Pivovary Praha/Tschechien) → *Vratislavice*

Braugold Bock (6,5% 🍺) eindeutig für gut befunden.
Braugold Pilsner Spezial (4,9% 🍺) rollt aufgeregt über
den Gaumen und hinterläßt kleine Kratzspuren auf der
Zungenbahn. Mit **Angerbräu** (5,2% 🍺) wird ein weich
gehopfter Nachtrunkteppich für mich ausgerollt. Na
bitte.
(Braugold Brauerei Erfurt)

Brauhaus Hell (🍺🍺) und **Brauhaus Weizen** (🍺🍺) mußten als nahezu identisch mild und säurearm klassifiziert
werden, **Brauhaus Dunkel** (🍺) endlich brachte dann noch
ein Quentchen Geschmacksmut auf.
(Hausbrauerei Zur Post Frankenthal)

Braunschweiger doppelte Segelschiff Mumme (0,0%)
ist bloß ein Malzextrakt und hat mit dem alten Getränk
gleichen Namens, das auch den Ruf des Porters begründete,
nichts am Hut. 1492 von Uwe äh Christian Nettelbeck
erstmals erprobt. Ein paar Maggiespritzer davon in ein
Industriebier, fertig ist ein passables Dunkel.
(H. Nettelbeck Braunschweig)

Braustolz Black Art (4,9% 🍺) atmet burgunderfarbene,
klare und frische Schwarzbierluft, leider etwas schaumver-
loren, doch um Längen besser als Die Schwarze Kunst von
→ *Schultheiss* – weil, die können nicht mal Englisch. Das
bierfarbige **Braustolz Pils** 🍺 mit schaumigem Schaum,
hopfigem Hopfen, schönem Namen und prozentigen 4,9

Prozent: ein bieriges Bier. **Spezial Export** (5,4% 🍺) dürfte dann die Sorte sein, die Franz Dobler in seiner tollen Erzählung »Karo, meine Marke« (In: *Falschspieler*. Hamburg, 1988) als »ausgezeichnetes Bier« bezeichnete und sich's von einer Schönen kästenweise besorgen ließ. **Braustolz Lager** (4,5% 🍺) und der »buchenrote« **Bock Dunkel** (6,6% 🍺) ergeben leider nur 1:1 gemixt ein schmackhaftes Märzen. **Braustolz Landbier** (5,2% 🍺🍺) verwirrt mit Wohlgeschmack. Kein sooo großes Fest verheißt das limitierte **Kappler Festbier** (5,5% 🍺). Aber **Kappler Braumeister** (4,9% 🍺🍺🍺) zähle ich hiermit & heute zu meinen hundert Lieblingsbieren. Sollte → *Flensburger* jemals hopfenabtrünnig werden – hier wäre Ersatz.
(Braustolz Chemnitz)

Brewer's Cave Roasted Black Barley Ale (5,1% 🍺) könnte eine Art Schwarz-Ale sein. Auf dem Etikett stolpert der Brauer mit der Laterne durch seine Brauhöhle. Ich hoffe, es entspricht nicht der Wahrheit, sondern dokumentiert die schlafwandlerische Sicherheit, ein Sowas zu brauen. Farbe wie selbstgemachter Johannisbeerenwein.
(Minnesota Brewing Company St. Paul/USA) → *Schwarzes Kreuz Vollbier*

Březnák Světlý Ležák (5,1% 🍺), **Světlý Výcepní Pivo** (3,8% 🍺), **Tmave Výcepní Pivo** (3,7% 🍺) und ein bockstarkes Bockbier **Světlý Specialní Pivo** (6,1% 🍺🍺) umfaßt die langsam sich aufhellende Produktion in Velké Brezno. Die für deutschen Export verfertigten Entsprechungen heißen **Březnák** (5,1% 🍺), **Březnák Hell** (3,8% 🍺) und **Březnák Schwarzbier** (3,7% 🍺).
(Pivovar Krásné Březno/Tschechien) → *Louny*, → *Zlatopramen*

Brauerschaft vom **Brigand** (9,0% 🍺)! Könnte es sein, daß Sie einen Betriebsausflug nach Marktredwitz zur Brauerei → *Nothhaft* unternommen und dazu genutzt haben, deren

unmögliches Rawetzer Weißbier abzukupfern? Kupfer ist jedenfalls mit Sicherheit im Spiel. Umgedreht kann ich mir's kaum vorstellen. Oder Sie? Rawetzer-Weißbier-Sorgentelefon (09231) 2077. Im spontan vergorenen Lambic Grande Reserve **St. Louis Gueuze** (4,5 % 🍺) dagegen ist Stachelbeere mit bei, Rhabarber, unterlegt von blumigsten Fruchtassembles, Früchte teils, die ich noch gar nicht kenne. Hier werde ich noch mehrfach vorsprechen müssen. Fesselnd wird es im **Kasteel Bier Blonde**-Umfeld (11,0 % 🍺🍺🍺). Es sieht so aus, aber glauben Sie mir, es ist KEIN Erfrischungsgetränk. Auch kein Kasteelbauarbeiterbier, welchselbige Vermutung aufgrund der handlich-knubbeligen Stubbiflasche nicht gänzlich verkehrt sein dürfte. Brief & Siegel drauf, kein Fenster geriete gerade, keine Mauer wäre mit der Vertikalen nur annähernd vertraut, die Turmspitzen bohrten entmutigende Löcher in den Baugrund, und ob die Bauarbeiter nicht lieber statt Bauarbeit der Bieraustrinkarbeit generell den Vorzug gäben … Kurzum: dieses geweihte Wasser haben sicher nur Bauherr und Architekt nach glücklicher Fertigstellung des Schlosses Ingelmunster getrunken, na eher: genippt. Es erinnert optisch an Zoiglbier, birgt einen leider nur undeutlich zu verstehenden Hopfen, riecht etwas staubig und erinnert jede Papille an den gottgewollten beziehungsweise gottgewaltigen Alkohol. Trotzdem scheint dieser monströse Weinbeerensud eine direkte Zuleitung zum Behaglichkeitsressort unseres Hirnkastens zu kennen.
(Brouwerij Van Honsebrouck Ingelmunster/Belgien)

Brinkhoff's N° 1 (5,0 % 🍺) benimmt sich mittlerweile ähnlich anständig wie → *Wicküler*. Beim **Siegel Pils** (4,8 % 🍺🍺) ist überhaupt nichts richtig. **Siegel Export** (5,3 % 🍺🍺) – phänomenologisch und astrein dasselbe. Einziger Vorteil: im Frankfurter Lokal »Horizont« erhält man es im Schnittglas durchschnittlich sieben Minuten früher als das Pilsener. Sagt Röthle. Ein **Ritter Pils** (4,8 % 🍺🍺) – gibt es auch.
(Dortmunder Union-Ritter-Brauerei) → *DAB*

B

Ein einleuchtender Beweis, daß es die Amis doch können und nicht immer nur den Mund viel zu voll nehmen, wäre **Brooklyn Lager** (5,1% 🍺🍺) mit blumigbitterem Antrunk, trocken mit starker Säure, bräunlichgelb mit Backpflaumenverweisen und Rosinenveredlungen. Kaum vorzustellen, wie ein Direktvergleich mit unseren einheimischen sogenannten Lagern ausfiele. Desasträs. Für wen brauche ich Ihnen nicht zu erläutern.
(The Brooklyn Brewery New York/USA)

Bruch Edel Pils (4,8% 🍺🍺) ist wahrhaft edel. Gar nicht sooo signifikant für diese Gegend, wie ich mir zu meinen erlaube. Gelungenes Hopfenfinish, nicht zu schlank, anhaltender Nachtrunk. **Zwickel** (4,8% 🍺🍺🍺) setzt noch einen drauf: Mit dieser Wertegemeinschaft auf der Zunge möchte man den Rest des Lebens zubringen/sein Leben aushauchen (bitte Zutreffendes streichen). Bis dahin trage ich Bruchbänder mit der Aufschrift: »Trinkt Bruch Zwickel!«
Landbier 1702 (4,8% 🍺): Das mit dem »nach Rezept von 1702« wird freilich keiner glauben wollen, vielleicht etwas farb-/röstmalzig, aber nahe am Optimum, könnte einen Schuß mehr Lieblichkeit vertragen.
(Brauerei Bruch Saarbrücken)

An **Bruckmüllers feines Hefeweizen** (5,3% 🍺🍺🍺) delektiert man sich besser vor Ort, am besten auf dem Amberger Marktplatz. Möglichst mit leidlich viel Restalkohol um die Nervenbahnen herum, legt man die vorzüglichen Eigenschaften auf den Prüfstand, die im besonderen ausgerechnet diesem Weizenbier zugesprochen werden. Nach drei Halben erstrahlt das Sein in ungewohnt feurigem Glanz. Herr Duschke tritt herzu, freut sich, Herrn Roth und mich kennenzulernen, plaudert, hält trotz methusalemischer Jahresringe um die Augen wacker mit und empfiehlt »für die Heimreise« das lieblichzarte **Bruckmüller Hell** (4,7% 🍺🍺🍺). Ein Hochamt!
(Brauerei Bruckmüller Amberg)

Brütting Kellerbier 🍷🍷 riecht sauerkrautig nach altem Holzfaßboden. Es mag seine Eigenheiten haben, ansprechend waren sie jedenfalls mitnichten. Überm Ärger vergißt man fix, zu bezahlen.
(Brauerei Brütting Friesen)

Brugse Tripel (9,0% 🍷) floriert dunkelbernsteinig mit nussiger Nase und smoothen Marzipaneinschlüssen, drumrum ein nicht zu bitterer, warm und weich gefütterter Kakaomantel. Man muß sich eben mit dem Alkohol anfreunden können.
(N. V. De Gouden Boom Brugge/Belgien)

Budweiser Světlé Pivo (4,0% 🍷) rangiert sehr hopfenweich, kühlend erfrischend, danach empfiehlt sich der allfällige Wechsel zum **Budweiser Budvar** (5,0% 🍷). Jedoch nur, um dieses aktuelle Bierdrama zu verifizieren: eine Schaumlosigkeit sondergleichen, viel zu vollgelbe Farbe und eine rappelvolle Hopfenwolke, die unergründlich ins Krauthaft-medizinische abirrt. Die Brauer berufen sich stets auf ihre sprichwörtliche Budweisheit und liegen nunmehr voll daneben. Ebenso Gary Moore, in dessen CD-Booklet zu »After Hours« (1992) eine gut plazierte Flasche Budvar zu erspähen ist. Wenigstens beim Bier weiß der Mann, was er will. Budweiseuphorisierte greifen spätestens jetzt zu **Bud Super Strong** (7,6% 🍷🍷🍷), einem superben böhmisch-belgischen Brückenschlag mit angedeuteten obergärigen Avancen. Atmet schwer hopfend im Vergleich zu deutschen Bockbieren. Wie machen die das? Die einzig akzeptable Art, die Budweiser Bierkunst in die Zukunft zu retten.
(Pivovar České Budějovice/Tschechien) → Göller, → Göltzschtal, → Gräfenberger, → Samson, → Tucher

Bürger Bräu Edel Pilsner (4,8% 🍷) verhält sich ziemlich still. Ist der Wegfall der Zonenrandförderung zu beklagen? **Edel-Weiße** (4,9% 🍷🍷) gesteht »Weizenmalz,

Gerstenmalz, Erlesener Hopfen, Feine Hefe, Brauwasser aus eigenem Brunnen, Original Flaschengärung« bei der Herstellung berücksichtigt zu haben. Kann eigentlich kaum was schiefgehen. Tut es aber. Alles. Fluch über Bürger Bräu! Hof galt ja noch nie als Heimstatt des Brauens, höchstens des Grauens. Neueste Funde bei Ausgrabungen belegen, daß die Stadt – ähnlich Troja – auf zig Schichten Scherbenschutt vor lauter Verzweiflung zertrümmerter Braukessel und Flaschen steht. Das Erdreich ist zum Teil bis in tausend Meter Tiefe von weggeschütteten Sudrückständen kontaminiert, und die Sterberegister der letzten fünfhundert Jahre kennen ausschließlich eine Todesursache. Trotzdem wird man da nicht schlau, bei der *Bürger Bräu Hof.*

Bürger-Bräu Lagerbier (4,4 % 🍺🍺) stolpert mich sauer an, rülpst und sagt schlechte Wörter. **Bürger-Bräu Pilsner** (4,9 % 🍺🍺) erinnert in schwachen Stunden – und die hat es wahrscheinlich immer – an das *Starovar Cheber.* **Selber Kellertrunk** 🍺 ist ein Rosinensud mit 5,4 Prozent Alkohol, und beim **Altbayerischen Weißbier** (4,9 % 🍺🍺🍺) katapultieren sich die CO_2-Bläschen ins Freie, daß es eine Schau ist. Bloß raus hier, heißt ihre Devise. Daß ein Brauhaus Schwierigkeiten mit dem Spund hat, ist nichts Neues. Aber ein Weizenbier, das man in einem Guß ins Glas bringt, sogar – ich hab's probiert – aus einem halben Meter Höhe, gibt es kaum alle Tage. Was die Selber selber brauen, werden sie auf längere Sicht auch selber trinken müssen. Eine auf den ersten Blick harmlose, doch, wie ich hoffe und glaube, pädagogisch wertvolle Strafe für die *Bürger-Bräu Selb.*

Bürgerbräu Festbier (5,2 % 🍺) ruft: »Tradition die wirklich schmeckt« an. Wie schmeckt eigentlich Tradition? Ohne Komma? Wie **Edel-Export** (5,2 % 🍺)? Dann möchte ich damit nicht viel zu tun haben. Nur Kollege Seidl käme mit »Mittelgelb«-Witzen auf seine Kosten. Beim **Edel-Bock** (7,2 % 🍺), der wenigstens eine Patina kupf-

riger Röte auf die Glaswangen zu zaubern versteht, dann wieder nicht. Im **Edel-Pils** (4,9% 🍺) ist sogar Hopfen drin. Das von Jean Paul ehedem angehimmelte »Weihwasser« beziehungsweise die »vorletzte Ölung« kann es kaum sein. Das wüßte ich.
(Bürgerbräu Bayreuth)

Jetzt **Bürgerbräu Pils** (5,0% 🍺🍺)! Da hat wohl jemand die Stirn, der → *Kaiserdom-Brauerei* die rote Lampe am Platz streitig machen zu wollen. Die Chancen, jedenfalls, stehen mit dieser »Specialität« nicht schlecht. Kein Austrinkbier.
(Bürgerbräu Bamberg)

Büttner Bräu Premium Pilsner (4,9% 🍺) wird ausgerechnet im Brauhaus Schweinfurt gebraut, solange die Büttnerbräu in Gründung bleibt. Und da leisten die Schweinfurter eine hopfenmäßig sehr »ergebnisorientierte Sacharbeit«. Also bitte.
(Büttnerbräu Bad Königshofen i. Gr.)

Burgherren Pils (4,8% 🍺) wird noch in den dicken, alten Flaschen feilgeboten. Ein grandioser Feierabendtrunk, auch aus dem Glas. Man kann zudem prima Interviews damit geben, nach Lesungen in Marburg oder sonstwo. **Ostheimer Dunkel** (4,5% 🍺) wäre für die Kollegen, die es aus unerfindlichen Gründen immer ein Quäntchen deftiger haben mögen.
(Streckbräu Ostheim)

C

Cains (5,0% 🍺) mit hefigem Schaum, bernsteinig in der Farbe, würden meine Kollegen schreiben, auf die Literdose verweisen und daß → *Faxe* der Distributor sei. In solchen Fällen bräuchte ich lediglich ergänzen, daß »unsere Jungs« damit prima die Trinkgewohnheiten ihrer Waffenbrüder für den nächsten humanitären Einsatz prüfen können.
(The Robert Cain & Co. Ltd. Liverpool/England)

Cannabia (5,0% 🍺🍺🍺) ist selbst als »Hanftrunk«, der sich offiziell der Bierdeklaration verweigern muß, eine Schande. Tölpelhaft brotig, öfter als häufig gar kein Schaum, wie mit Bergamotte aromatisierter Schwarztee (dritter Aufguß). Das führt gänzlich in Irrungen und Wirrungen.
(Kronenbrauerei Gundolfing)

Dank **Cantillon Gueuze 100% Lambic** (5,0% 🍺🍺🍺) weiß ich jetzt eines sicher: warum die Belgier die Gueuzes aufsüßen und verfruchten müssen. Ohne dieses beschwichtigende Zutun wäre große Zwietracht auf diesem Archipel. Mit vorbildlicher Langmut verschneidet etwa Jean Van Roy bis zu sechs ältere mit jüngeren (stillen) Lambics zu seinem **Cantillon Gueuze 100% Lambic Bio** (5,0% 🍺🍺🍺). Die Schaumlabilisatoren sind auf Landurlaub geschickt worden, eine bittersaure Grapefruit übernimmt den Dienst an Deck und taucht die lambicsche Entelechie in einen orangenmarmeladengelben Widerschein. **Cantillon Kriek** (5,0% 🍺🍺) scheint diese Einsichten anfangs kaum zu berücksichtigen. Die astringierende Wirkung bleibt approximativ vollständig erhalten. Dafür werden geduldige Genießer später mit einem bombig-nussigen Nachtrunk belohnt, der es in sich hat. Was »es«? Alles, was man sich darunter vorstellen möchte.
(Brasserie Cantillon Bruxelles/Belgien)

Im **Carib Lager** (5,2% 🍺) ist ja gar nichts los. Die sensitiven Referenzen, wie wenn ich Schnittlauch als Trinkröhrchen genommen hätte. Kann ich auch nicht weiterhelfen.
(Carib Brewery Champs Fleurs/Trinidad)

Carioca Classic (5,0%) nörgelt durchschnittlich, ohne größere, geschweige denn nachvollziehbare geschmacksästhetische Entäußerungen. Merke: kein Geschmack – keine Beurteilung.
(Latino du Brasil in Lizenz von Brasseries Huyghe Melle/Belgien) → *Delirium tremens*

Nehmen Sie eine Flasche **Carlsberg Elephant Strong Special Beer** (7,2% 🍺🍺🍺) zur Hand. Vergessen Sie alles Gute, was Sie jemals über Starkbiere gehört haben. Fluchen Sie mit mir über diese Flasche als Endlager schlimmster sensorischer Willkürakte. Tauchen Sie mit mir Ihr Schwert ins noch dampfende Blut der Carlsberg-Brauer, die ihre Rohstoffe aus dem Sonderangebot, dem Winterschlußverkauf oder dem Räumungsverkauf seit Jahrmillionen verlassener, verschimmelter Mälzereien und strahlenverseuchter Hopfendepots beziehen und im heillosen Machbarkeitswahn mit allerlei lustigen Bakterienvölkchen angedicktem Mehrwegwasser anrühren. Klagen Sie mit mir über ein Produkt, das offenkundig nur in der Mikrowelle haltbar gemacht werden konnte. Geben Sie jedem im gerechten Zorn einen Genickschuß, den Sie beim Erwerb eines **Carlsberg Beer** (5,0% 🍺🍺🍺) antreffen. Zählt alles unter Notwehr.
(Carlsberg Breweries Kopenhagen/Dänemark) → *Hannen*, → *Tuborg*

Casablanca Beer (5,0% 🍺) ödet *schau*mverhalten. Trockene Säure. *Mir* hat das warme Gelb, mit denen die malzig dom*in*ierten Geschmacksabziehbildchen *die Augen* ein *kleines* bißchen zu verwirren suchten, am meisten gefallen.
(Société des Brasserieres du Maroc Casablanca/Marokko)

Cervoise Lancelot (6,0% 🐚🐚🐚) braut *Site de la Mine d'Or Le Roc Saint-André für Bernard Lancelot/Frankreich*. Nelken und Birne früchteln, und die Hefe bildet einen sauren Rahm(en). So müssen Weizenbiere aussehen.

Halt, sehen sie auch meistens. Aber schmecken. Schmecken müssen sie so. Perfekt! **Telenn du** (4,5% 🍺🍺), ebenfalls für *Bernard Lancelot,* nun von *Manoir de Guermahia St-Servant-sur-Oust* gebraut, ist ein hefiges, fast undurchdringlich-nebliges Schwarzbier aus der Bretagne. Mehr als ein vorbildliches Dunkles mit Hopfengrüßen vorab. Was da wie eine Stuhlprobe daherrauscht, ist **Blanche Hermine** (4,0% 🍺🍺), eine staubtrockene »Zitronenmelissenkreation« (H. Krüger) mit Terpentineinsprengseln. Sonst oder gerade deswegen von überzeugendster Komplexion.

Chapeau Peche Lambic (3,0% 🍺) – ein Biermischgetränk. Sauer. Nicht lästig. Lästerer mögen einwenden: verunglückte Sude aus früherer Zeit verschnitten. Aber nur Lästerer. **Framboise** (3,0% 🍺) nach Punkten am bierähnlichsten im Chapeau Sortenverbund, klarer Vorsprung zu den Kollegen von → *Lindemans.* Wer Ananas sonst nicht mag, geht beim **Exotic Lambic** (1,5% 🍷) ebenso leer aus. Es sind einfach zu wenig Geschmacksprozente anbei. **Tropical** (3,0% 🍷) wäre eigentlich was für meinen Sektbeauftragten, wenn es nicht wie selbstgemacht schmeckte. Banane mit Gerste und Weizen – für Mixeries muß man geboren sein.
(Brewery de Troch Wambeek/Belgien)

Farbe, Schaumbeschaffenheit und Geschmack von **Charlottenburger Pilsener** (5,0% 🍷) lassen den Schluß zu, daß hier die paneuropäische → *Corona*-Destille konspirativ schlummert. Nicht wecken, sonst merken sie's noch.
(Engelhardt-Brauerei Berlin)

Chimay Rouge (7,0% 🍺) wäre die unseren Zungen geläufigste Starkbiervariante und gleichsam rotgoldener Schlüssel zum Reich der belgischen Trappistenbiere. Von da stammen noch das trockenere **Blanche** (8,0% 🍺) sowie das alles überragende und den braven Übergang zum Tempel der Jahrgangsbiere vorstellende **Bleue** (9,0% 🍺🍺). Und

Chimay Grand Réserve (9,0% 🍺🍺🍺) – das ist es dann. *(Abbay de Scourmont Chimay/Belgien)* → *Achel,* → *La Trappe,* → *Orval,* → *Rochefort,* → *Westmalle*

Chinese Ginseng Beer (4,1% 🍺) besteht angeblich aus Hopfen, Ginseng, Wasser, geröstetem Weizen, Glucose, Maltose, Hefe, CO_2, Karamel, Schaumstabilisator, Propylenglycolalginat und Ingwer. Von all dem habe ich nichts geschmeckt. Wie die sprichwörtliche Null vor dem Komma. Ja, der Rotchinese. Da hat er wieder zu nah am Wasser gebraut. *(The Ginseng Brewing Company/China)*

Einen anderen Namen für **Chodovar Prezident** (5,0% 🍺) habe ich nicht finden können. Alles drin, alles dran, gut gemacht, schmeckt trotzdem unauffällig. Schaum wie eine Borte, würde die achtmalkluge Charakterglatze Conrad Seidl sagen. Nicht zu süß, nicht zu dunkel brilliert **Chodovar Černá desítka** (4,2% 🍺) – ein feines Schwarzbier. **Chodovar Desítka** (4,0% 🍺) wiederum überpasteurisiert, viel zu dunkel und mit buttrig-mistigem Geruch, Prozentnachbar **Chodovar 11°** (4,5% 🍺) noch dunkler, brotig. Das ist Rohstoffentweihung, für ein Butterbrot ist es jetzt freilich zu spät. Ungleich kräftiger, mit einer vagen Hopfenfixierung, die sich später, dafür um so nachhaltiger meldet, **Chodovar Speciál** (5,1% 🍺🍺). Für seine Kraft sorgen dreizehn Prozent Stammwürze, genügend Kraft, die Pasteurnote vergessen zu machen. Mausert sich von Schluck zu Schluck zu einem Geschmackserlebnis. Seine Bestimmung gefunden hat das letzte westböhmische Privatbrauhaus in **Chodovar Kvasnicový Skalní Ležák** (5,0% 🍺🍺🍺) – wie das Restsortiment in Granitfelsenkellern aus dem 12. Jahrhundert gelagert und gereift – funkelt es dunkelbernsteinig mit einer stolzen Hefetrübung. Soweit das Visuelle. Olfaktorisch geht es mit einer feinen Hefe-/Hopfenfahne los, begleitet von feiner Frucht bestätigt der Geschmack diese Eindrücke. Nur Obacht: vergessen

C

Sie darüber den exzellent-würzigen Abgang nicht. Im Ergebnis habe ich die felsenfeste Überzeugung gewonnen: ein Wunderbier.
(Rodinný Pivovar v Chodové Plané/Tschechien)

Christoffel Blond (5,0% ☙☙) bedeutet double hopped Beer mit hingebungsvollen, obergärigen Pilseneranleihen, malzkörperbetont, hopfenumflort.
(Bierbrouwerij St. Christoffel Limburg/Niederlande)

Ch'Ti Ambrée (5,9% ☙☙) prunkt cognacfarben und riecht auch so. Eingedenk dieser Eindrücke transkribiert der Geschmack hernach in → *Schumacher Alt*-Regionen. Das paßt mir.
(Brasserie Castelain Benifontaine/Frankreich)

Cisk Premium Lager Beer (4,2% ☙) versucht richtig, zur Sache zu gehen. Und nach drei, vier Flaschen kriegen sie einen tatsächlich rum. Der Malteserhilfsdienst mußte zwar vorher zwei Hopfenampullen pro Exemplar injezieren. Wen interessiert das hinterher? Der Patient ist wohlauf und die Verkoster sind es selbstverständlich auch.
(Simonds Farsons Cisk Mriehel/Malta)

Der Mohrentrunk **Club Mini** (5,0% ☙☙) odelt aus der Flasche odieus nach Schusterleim, und der Mais verpaßt dem Konglomerat zusätzlich einen eklig-süßen Schwall.
(Accra Brewery/Ghana)

Im **Cobra** (5,0% ☙) paart sich typische Reisleere mit ranziger Maisfettigkeit, doch es will nichts werden. Ein Helles, wenn ich es denn tatsächlich »wöllte« (J. Kummer), das bekäme ich leichter, besser und billiger in München. Billiger und in großen Flaschen.
(Cobra Indian Beer Pvt. Ltd. Bangalore/Indien) → *King-fisher*

Colbitzer Heide-Bock (6,8% 🍶) eignet sich mild, weich, anschmiegsam für die dafür vorgesehenen Zungenbezirke. Seit die Bundeswehr da nimmer bomben darf, dramatischer Rückgang der Ausstoßzahlen.
(Colbitzer Heidebrauerei)

Die Spelzen würden fürs **Commerzienrat Riegele Privat** (5,2% 🍶🍶) nicht mit eingebraut, suchen uns die Brauleute zu ködern. Zwecklos. »Klassisches Zigarrenraucherbier« (G. Rudolf). Schon trefflicher ihr Slogan: »Schieb' ein Riegele vor!« Mach ich. Lasse ich nicht mehr rein.
(Brauhaus Riegele Augsburg)

Cooper's Best Extra Stout (6,8% 🍶) ist die mit einer gehörigen Prise Schall oder Rauch auf Flaschen gezogene Finsternis. Hochviskos und undurchsichtig, also tiefschwarz, ohne die geringste Chance des Nachdunkelns. Ein Kohlensud. Äußert sich verhältnismäßig kurz und trocken, besser furztrocken.
(Cooper's Brewery St. Leabrook/Australien)

Coors Extra Gold (5,0% 🍶🍶) – vgl. Abtropfwasser von SPAR Gemüsemais, dreihundert Gramm à 0,39 Euro (mit Serviervorschlag). – Nein, nein, falsch: da ist ein verspieltes Hopfenengagement unterm Schaumpilz versteckt, das ist ja, pardauz!, richtig klasse ist das ja.
(Coors Brewery Co. Golden Colorado/USA)

Corona Extra (4,6% 🍶) schmeckt und trinkt man weg wie nix.
(Cerveceria Modelo Mexico City/Mexiko) → Sol Desde

Corsendonk Agnus Dei (8,0% 🍶🍶) besitzt eine Krone wie Pilsener, eine Farbe wie ungefiltertes Export, einen Geruch wie Märzen, einen Geschmack wie tiptop Bockbier. Ich habe es aus einem Cognacschwenker genossen, daher die guten Bewertungen für den Schaum. Bockbier ist be-

C

grenzt korrekt – ein größerer Posten noch nicht entölten Kakaopulvers, beträufelt mit einer Messerspitze Kurkuma in winziger Flammenschrift sorgt für eine beträchtliche Geschmackshorizonterweiterung. Die Zunge ringelt sich aus und um und ein, den Nachtrunk zu behalten. Umsonst. Dafür wird es in 750 Milliliter-Flaschen angeboten. Und doch darf man Agnus Dei nur unter »Abteibieren« subsumieren. Das sind die Marken, deren Braurechte die belgischen Klöster an säkulare Braustätten vergeben haben. In vorliegendem Fall Corsendonk an Du Bocq. Die exakter firmamentierten Sublimationen stehen bei den »Trappisten-bieren« an, denen, die tatsächlich noch in Klöstern gebraut werden.
(Brasserie Du Bocq Purnode für Brouwerij Corsendonk Oud Turnhout/Belgien) → Chimay, → (Trappistes) Roche-fort, Schaapskooi (Niederlande), → Orval, → Westmalle, Westvleteren. Und → Blanche de Namur

Crazy Ed's Original Chili Beer (4,7% 🍷🍷🍷) sieht aus wie Bohnenwasser mit grünem Partybockwürstchen. Das aber erinnert extrem an Chilischote, ja strenggenommen ist es eine. Vielleicht doch vergorenes Hot Dog? So genau weiß man das bei Crazy Ed nie. Die Sache mit dem Bier sollte er sich noch mal überlegen.
(Black Mountain Brewing Cave Greek Arizona/USA)

Cruzcampo (5,0% 🍷🍷) aus der Grupo Cruzcampo, das klingt bedrohlich nach Riesenbierkartell, nach Intrige, Lobbyismus, Bestechung, Ausbeutung und Kinderarbeit, vielleicht Militärisch-Industrieller Komplex. Und alles, um ein muffig-wurzliges Bier zu produzieren, das selbst → *Henninger* oder → *Altmühltaler Schäff* mit links brächten.
(Grupo Cruzcampo Sevilla/Spanien)

Cuzco Cerveza (5,0% 🍷) beweist gegenüber seinen lateinamerikanischen Brüdern durchaus Willen zum

Biergetränk, ja spaziert typologisch schnurgerade auf ein Oberbayerisches Helles zu, obwohl der Bayer, insonderheit der Oberbayer mit der Kolonisation Perus kaum in Verbindung zu bringen wäre. Die Inka hatten C.s Vorläufer wegen der heftigen Rauschwirkung verboten. Das soll und wird Cuzco Cerveza erspart bleiben.
(Compania Cervecera del Sor Cusco/Peru)

Und weiter geht es mit dem D.

D

DAB Export (5,1% 🍺) und **DAB Diät Pils** (4,8% 🍺) schreien gegen das Vergessen an – vergeblich. »Zum Wohlsein« pinselt ihr auf euer **DAB Pilsener**-Etikett 🍺. Darüber müssen wir noch mal reden. Auch über euer Immerähnlicherwerden mit → *Brinkhoff's*. Über die 4,8 Prozent nicht. **Dark Devil** (5,6% 🍺) firmiert unter »teuflisch stark – höllisch gut. Entdecke Deine Dunkle Seite«. Der ganze Werbezinnober wäre gar nicht nötig gewesen: → *Hochstahl*farben, überraschend malzmild und hopfenfeintönig. Schaum anfänglich sehr steif, dann mit einem Mal weg. Gut für Henkelgläser. Für **DAB Strong** (4,9% 🍺) albert man unter Verwendung australischen Hopfens der Bezeichnung »Pride of Ringwood«: »Work hard. Drink Strong.« Und läßt es gut, schön und edel auf der Zunge zergehen. Nicht auszudenken, braute es eine richtige Brauerei.
(Dortmunder Actien-Brauerei)

Darguner Pilsener (5,0% 🍺) schmeckt auf einmal gut. Den monolithischen Nachtrunk, jawohl, den gibt es tatsächlich, meine Damen und Herren, den muß man sich förmlich herbeischmatzen. Probieren Sie das mal. Etwas ratlos ließ mich vorerst **99'er Pilsener** (5,2% 🍺) zurück. »Dieses gehobene Qualitätsbier ist mit dem Wunsch hergestellt, eine Spezialität für besondere Anlässe anzubieten.« Weich, eine Idee aleig, vollgelb und mit akrobatischen Malzkombinationen. Die sind bald so fesselnd, daß man im Abtrunkgeschehen wenig Verpflichtung verspürt, sich näher mit dem Hopfen zu befassen. **Darguner Dunkel** 🍺 dagegen soll ein Dunkel sein, ist aber nicht dunkel. Wieder sowas in Richtung Märzen und einen Versuch wert. **Mecklenburger Pilsener** (5,0% 🍺) wird für die fatalistische Kioskkundschaft bereitgestellt.
(Darguner Brauerei) → *Bjørne*

Darmstädter Premium (4,8% 🍺) macht viel Rummel um nix. Das leidige Premiumdesaster: verstümmelte Hefen

an die vollmondgelbe Würzefront geprügelt. Notdürftig geschlagener Schaum. Der Hopfen hat den Einsatz verpaßt. Und das in Darmstadt, der Stadt von Maruhn, dem »größten Biermarkt der Welt«. 1245 Marken. Kein Quadratmillimeter ist den Inhabern entgangen, um mit dieser Botschaft vollgeklebt zu werden. Über interkontinentale Pipelines ist Maruhn mit nahezu allen namhaften Bierherstellern verbunden. Sehr gut machte sich da der Umstand, daß schon in vorchristlicher Zeit auf dem Grundstück erfolgreich nach Bier gebohrt wurde. Der letzte Bohrturm bestimmt noch heute weithin sichtbar das Landschaftsbild.
(Darmstädter Privatbrauerei Wilhelm Rummel)

Das feine Hofmark 🍺 gibt sich »würzig-herb« und uns ampelgelbe 5,6 Prozent. Im Ganzen zu matt, zu schlaff, zu rauh geraten. **Das feine Hofmark** 🍺 »würzig-mild« mit abermaligen 5,6 Prozent ist eine noch feinere Enttäuschung. Kommt denn nicht endlich wieder was zum Loben?
(Hofmark Brauerei Cham-Loiffling)

De Koninck 1833 (5,0% 🍺🍺) bietet eine staubtrockne Varietät mit fabelhafter Grapefruit. Was das Größte ist: der Farbschimmer. Wie brauner Plastikstielkamm, gegen eine Vierzig-Watt-Lampe gehalten. Alte Taschenlampe geht auch.
(Brauerei De Koninck Antwerpen/Belgien)

Das Etikett des **Delirium tremens** (9,0% 🍺) liefert die Motive, die Sie sich im nach dem Getränk benannten Aggregatzustand vor dem inneren Auge runterladen können: rosa Elefanten, metallicgrüne Krokodile, bronzene Chinadrachen. Das Ethanol nimmt hierbei pimentförmige Gestalt an. Am besten trinkt sich die angeblich so verflixte siebte Flasche. Wenn Sie das noch erleben sollten. **La Guillotine** (9,3% 🍺) haut natürlich ganz schön rein,

uns im Pulverdampf ergrauten Verkostern noch lange nicht die Rübe ab. **Floris Chocolat** (3,0% 🍺) dürfte ein Witbier mit Schoki sein, auch als »Gardenbeer« tauglich – ideal zur Biergartensaisoneröffnung. Vor allem mengenmäßig. **Mc Gregor** (6,5% 🍺) war, glaube ich, eine whiskymalzige, betörend ölige Honigsache, dazu ein angemessener Alkohol. Erinnert mich lebhaft an meinen ersten Meßweinrausch.
(Brasserie Huyghe-Melle Gent/Belgien) → *Carioca Classic*

Dérer (4,3% 🍺🍺🍺) überwältigt den Leser, äh Trinker mit seinem fast untschechischen Drive, sanft-bitter, nein, eher schon metallisch-herb mit ausgezeichneter Würze und einer konsequenten Abwesenheit weibischen Zuckers. Und davon braut die bienenfleißige Hausbrauerei in Hlučin jährlich fünfhundert Hektoliter. Eine Schande ist das!
(Hlučínský Pivovar/Tschechien)

Desperados (5,9% 🍺🍺🍺) wird von der *Brasserie Fischer Schiltigheim/Frankreich* in blaßweißes Preßglas gepreßt, damit jeder auf Anhieb den harnigen Gout visualisieren kann, dann vor jedem Junkfoodladen, vor der Trendatze in Mitte oder Schwäbisch Gmünd abgekippt, bereitwillig von den Campdesperados (*Spex* unterm Arm) aus der Basecap gesoffen – eins zu eins mit Luft aus dem Hohlschädel. →
Fischer Tradition

Detmolder Pilsener (4,8% 🍺) aus dem Zwei-Liter-Steinie-Riesen-Faß und ebenso aus der *Brauerei Strate Detmold* wird für die folgenden Auflagen Outdoor verkostet und mit Live-Publikum, da finden sich immer dankbare Austrinker.

Diebels (4,8% 🍺🍺) ist das → *Warsteiner* unter den Altbieren. Läßt Altbiertrinker verflucht alt aussehen. **Diebels Plato 13** (6,0% 🍺🍺) – ein dunkles, obergäriges Porter-Imitat können sie auch nicht. Immense Verständigungsschwierig-

keiten zwischen Schaum und Testflüssigkeit, bald zwischen beiden und Trinker evoziert **Diebels Pils** (4,9% 🌿🌿), was laut gängiger Lehrmeinung nicht einmal beim Nachspülen von Billigpizza hilft. Voll daneben ist auch vorbei, meine Herren Niederrheiner.
(Privatbrauerei Diebels Issum)

Eine ordentliche Caramalznote schleppt sich gemächlich durch den Nachtrunk der **Dingslebener Lava** (5,2% 🌿). Unbeachtliche Nebennote, Nachteil der schwachen Vergärung vielleicht? Mit mehr Rezens wäre da eine Menge auszurichten. Trotzdem ein schöner Stern am Thüringer Schwarzbierhimmel. Passend dazu Lava-Lampen und Black Sabbath »Iron Man« oder »War Pigs«. **Dingslebener Edel Premium** 🌿 ist kraft seiner 4,9 Prozent ein gutes Dingslebener Edel Premium, das ebenso kräftige **Edel Pils** 🌿 nicht minder und der **Dingsbumslebener Bock** (6,4% 🌿) dito. **Dingslebener Landbier** (5,2% 🌿) und **Dingslebener Weißbier** (4,9% 🌿🌿) recht herb, Hopfen paßt sich gut ein, mit der Säure etwas knapp, auch der Schaum matt, eine winzige, aber das Ganze veredelnde Prise Kümmel. **Dingslebener Diät Pils** (4,9% 🌿) hingegen ein en passant zu hochambitionierter, daher zu tragischem Scheitern verurteilter Versuch, der die biertypischen Ausprägungen vermissen läßt. Straight ahead Sprudelwasser. Lassen wir es bei den anderen.
(Privatbrauerei Metzler Dingsleben)

Dinkelacker Privat 🌿🌿 verfügt frei über 5,1 Prozent. Und das ist jetzt Bier? Wie es gebraut ist, erschließt D. der Ungenießbarkeit neue Dimensionen, eine Idee, die **Dinkelacker Pils** (4,9% 🌿🌿) mit ebenso schwer verständlichem Ehrgeiz verfolgt und das mit denselben 4,9 Umdrehungen an sich und für sich und an und für sich kopiergeschützte **CD-Pils** 🌿🌿🌿 in schweflige Untiefen reißt. Seiner Höpfigkeit geht umgehend die Puste aus. Die Schmeckbestandteile beim Malz hat man wohl vorher sorgsam herausgepopelt und

D

nur die Ballaststoffe verbraut. Mit dem **Cluss Kellerpils** (5,0% 🍺🍺) werden die Stuttgarter Brauleut es nicht nur zu verhindern wissen, daß ihr Bier ins schnöde Mittelmaß hochrutscht, sondern es ist auch ein allerletzter Aufschrei, ein verzweifelter Appell an mitfühlende Zeitgenossen: »Macht uns dicht, macht unsere Brauerei dem Erdboden gleich! Es soll ein Ende sein damit.« Die Erklärung zu **Sanwald Hefe Weizen Hell** 🍺🍺, **Hefe Weizen Dunkel** 🍺🍺 und **Kristallweizen** 🍺🍺 (je 4,9%) fällt knapp aus, denn das käsige Verwesungsaroma schreckt nicht wenig ab. Als wäre der Weizen in der nächstbesten Kläranlage gedarrt worden oder das Bier darin gebraut. Ich habe sie vor dem Testakt eine Stunde unter meine Dunstabzugshaube postieren müssen, dann ganz anständig. Nur eben die Überwindung.
(Dinkelacker Brauerei Stuttgart) → *Schwabenbräu*, → *Wittichenauer*

Also **Distelhäuser Premium** (4,9% 🍺) aus Distelhausen ist ganz ohne Zweifel, ach, lassen wir das, ein gutes Pilsener, mehr nicht. Doch auch nicht weniger. Ihr hopfiges, fürsorglich um fruchtige Pistazienreferenzen bemühtes **Hefe Weissbier** (5,4% 🍺🍺) sei »mit Lust und Liebe« gebraut. Tss, tss. Ich dachte da eher an Malz, Hopfen, Wasser, Hefe. Wonach es schließlich und außerdem noch prima schmeckt.
(Distelhäuser Brauerei Distelhausen)

Im **Dithmarscher Pilsener** (4,6% 🍺🍺🍺) residiert der Hopfengott, der gütige, milde, nachsichtige, der es gut mit mir meint und mir gütig nachsieht, will ich mal ein anderes Bier trinken. Wenn mir endlich jemand erklärt, was »Landbier« sein soll, sage ich auch, wie gut ich **Achtern Diek Landbier Pils** (4,8%) fand.
(Privatbrauerei Karl Hintz Marne)

Wäre **Dixie Blackened Voodoo Lager** (4,95% 🍺) ein Ale, wie anfänglich aufgrund der Säure zu vermuten

stand, hätte man auf Zwetschge tippen können, Kollege Riedel erkannte auf Petersbirne. Doch es ist ein bis auf fünf Hundertstel genaues untergäriges Lager, und der Milz- äh: Malzbrand aus angeblich fünf Malzsorten weist die gebrechlichen Hopfennuancen in die Schranken. Seltsamerweise schien die Kohlensäure einen teuflischen Pakt mit der Schwerkraft geschlossen zu haben: Der Schaum kam gar nicht erst zustande. Himmelarsch und Sauerkraut! Nach zwei solchen Flaschen würden Sie vergeblich auf die dritte lauern. Ob danach die einschlägigen Hellblaubuden benannt worden sein könnten?
(Dixie Brewing Co. New Orleans/USA)

Doktor (4,0% ☙☙) erfindet, wie das Intro von »Doctor Doctor« von UFO, welches Michael Schenker angeblich ständig neu zu erfinden scheint, die Leichtigkeit im Bierbereich neu. Mit jeder Flasche. Das zugehörige Helle **Jednotak** ☙☙ enthält Wasser, Sommergerste, Zukker, Hopfen, Hopfenextrakt, Antioxidationsmittel E300, und trotzdem schmeckt es. Ein kleines Wunder – die 3,6 Prozent.
(Pivovar a sodovkárna Svitavy/Tschechien für den tschechischen coop-Ausleger Jednotak)

Dom Kölsch (4,8% ☙) zimtet, meldet sich danach sehr hopfig-herb. Als obergäriges Pilsenerimitat das Einstiegskölsch für Kölnbesucher zum Aklimatisieren. Danach darf es dann ruhig ein richtiges Kölsch sein.
(Dom-Brauerei Köln)

Dortmunder Stifts Pils (4,9% ☙) wedelt, vor allem in der Bahn und aus der Flasche getrunken, mit einem lächerlich kupierten Hopfenschweif. Viel zu vollmundig, pah: zu dortmundig. »Da shit ya can't fuc wit!« (Da Brat)

Dovgan N° 20 (5,0% ☙) aus mährischer Gerste und böhmischem Hopfen wird als »The Best of Russia« in

D

merkwürdigen Flaschen Billigmärkten angeboten und sicher von Tschechen gebraut. Farbe, Schaumverhalten und Geschmacksweichheit deuten darauf hin. **Dovgan N° 23** (4,5% ♨) »reiht sich nahtlos« (G. Kühnemund) in die schön rauchige böhmische Dunkelbiertradition ein, mit einem leicht verständlichen Hinweis auf → *Bamberger Spezial.*

Drachenblut Spezial Märzen (5,5% ♨♨). (((…..))). / ((…..)). / (…..?) – : …..! : !!! :.
(Späth Bräu Furth)

Das spritzige **Drei Kronen Hefepils** (4,9% ♨), das verschmitzt-rauchige **Stöffla** ♨ und das, so leid es mir tut, eine spitze Lage zu saure **Lagerbier** ♨ haben in *Straubs Brauerei c/o Gasthof Drei Kronen Memmelsdorf* ihr jeweils zugedachtes Urinal c/o Herrentoilette. Für Feldforschungen auf femininem Areal fehlte mir die nötige Entschlußkraft.

Drei Kronen Weisse (5,3% ♨♨) weist auf die ausgreifende Birnenmanufaktur gleich hinterm Brauhaus. Nelken und sonstige Gewürze. Haben die das im Lotto gewonnen? **Schäazer Lagerbier** (5,1% ♨♨) hat offensichtlich die Prozente erhalten, die dem Kronapils zustünden. Egal. Dunkelbernsteinig, mit feinem, richtungweisendem Malzeinsatz, ohne den Hopfen zu kompromittieren. Auch sehr gut. Das schon erwähnte **Schäazer Kronapils** ♨♨♨ trotz 5,3 Prozent liebevoll vom Hopfen umspült. Dazu eine Brotzeit und der Weltuntergang kann kommen. Geht auch ohne. Prädikat: Himmlisch.
(Brauerei Drei Kronen L. Lindner Scheßlitz)

Drummer Dunkles Vollbier (4,8% ♨♨) brilliert als bravo schwach gespundetes Kellerbier mit den freundlichsten karamelig-hefigen Referenzen. Weitermachen!
(Brauerei Drummer Leutenbach)

Düssel Alt (4,8%): Nichts. Nichts. Nichts. Erwarten Sie jetzt bloß nicht noch die dusslichen Kontrollfragen zu diesen ziemlich endgültigen Antworten.
(Hirschbrauerei Düsseldorf)

Der **Duvel** (8,5%): hat den Schaum gemacht. Durch den muß man hindurch, um an diesen wahrhaftigen Gottestrank zu kommen. Unvorstellbar, daß und vor allem wie Hopfen und Malz bei solchem Alcool noch auf der Zunge agieren. Rekordbier. Kaum aufdringlich, wo ein doitscher Bock schon bei sieben Prozent sichtlich an Genießbarkeit einbüßt. Vielleicht wegen der obergärigen Hefe? Maître brasseur, ich will Vati zu dir sagen.
(Brasserie Moortgat Breendonk/Belgien)

E

Mit dem **EB Specjal** (6,2 % 🍺) bin ich sogleich beim Spit-
zenartikel des, wie Sie noch sehen werden, gleichermaßen
reichhaltigen wie gesundheitsschädlichen polnischen →
Grolsch-Ablegers. Lichte Helligkeit und coole Trockenheit
lenken vom dürftigen Schaumvermögen ab. Wojciech
doesn't like it, aber es sei sehr beliebt da oben. **Mocne**
(7,0 % 🍺🍺🍺), **Porter** (9,5 % 🍺🍺🍺) und **Red Original** (5,9 %
🍺🍺🍺) antizipieren, was am Ende des Eintrages zu lesen
steht. Es bleibt unverständlich, warum eine polnische Version des sonst himmlisch-herrlichen **Grolsch Premium
Lagers** (5,0 % 🍺🍺) zur Abfüllung gelangt. Außerdem hat
man sich die *Hevelius Brewing Company* in Gdansk unter
den Nagel gerissen, anstatt sie zu schließen. Ich habe daher
das zweifelhafte Vergnügen, auf **Hevelius Super Premium** (6,8 % 🍺🍺🍺), **Gdanskie** (6,2 % 🍺🍺🍺) und **Kaper
Królewski** (9,1 % 🍺🍺🍺) verweisen zu können, welche die
Scheunentore ins Reich der sensorischen Unvorstellbarkei-
ten aufstoßen, daß es eine Art hat. Und zum Schluß, wie
versprochen, **EB Pils** (5,5 % 🍺🍺🍺): very »awful«, komplett
schaumlos. Zuviel Ascorbinsäure? Ostseewasser? Und, for
that, die aufgenommene Flüssigkeit sucht sich Bahnen im
Körper, die ich lange stillgelegt wähnte. Nur eines ist klar,
sie will wieder raus. Plötzlich. Ganz plötzlich.
(Elbrewery Elblag/Polen)

Den Flascheninhalt mit dem Etikett **Eder's Pils** (5,0 % 🍺🍺)
gibt Meister Eder als Pilsener aus, den Inhalt der Flasche mit
dem Etikett **Eder's Export** (5,5 % 🍺🍺) für Export. In beiden
Fällen bin ich bereit, energische Zweifel anzumelden. Weder einen sortenspezifischen Unterschied noch überhaupt
eines der dem Bier wesenseigenen und mir wohlvertrauten
Merkmale habe ich ausmachen können. »Feinherb« (für
Pilsener) und »feinwürzig« (für Export) sind steinalte
Hüte und umschreiben nur unvollkommen einen seifigen
Geschmack, dem Bierkenner vollste Verachtung zollen
sollten. **Privat Alt** (5,0 % 🍺🍺) hätte ich – Obergärigkeit
beiseite – blind an der leicht größenschwachsinnigen Haus-

note erkannt. Zu schlechter Letzt ein **Bavaria Dunkles Starkbier** 🍺🍺🍺 voll überflüssiger, abstoßender, ja richtig ekliger 7,5 Prozent.
(Eder's Familienbrauerei Großostheim)

Im **Efes Pilsener** (5,0% 🍺🍺) sind wieder die berüchtigten Schaumfluchthelferbanden am Werk. Daß da keiner einschreitet.
(Erciyas Brauerei Istanbul/Türkei)

Egerer Edel Pils (4,9% 🍺), **St. Georg Vollbier** (4,9% 🍺), **Urtyp Hell** (4,7% 🍺), **Original Export** (5,5% 🍺), **Gold Märzen** (5,5% 🍺), **Weihnachts-Festbier** (5,5% 🍺) und vermutlich weitere 49 994 Sorten braut die *Privatbrauerei H. Egerer in Großköllnbach*, verteilt auf 50.000 Hektoliter Jahresausstoß. Einzig **Altbayerisch Dunkel** (5,5% 🍺) schert im sauren Einerlei mit Esprit aus und zwar lobenswert in Richtung böhmische Süßdunkel- und Schunkelbiere.

Eggenberg světlý ležák (4,9% 🍺🍺) heißt das Spitzenprodukt der *Pivovar Eggenberg Český Krumlov* nach der Auslagerung der Produktion ins Pragische. Äußerst mild, ausgewogen, sparsam gehopft, ungeheuer bekömmlich, optimal gelbe Optik. Mein Tip: an der Moldau sitzen, Forelle Müllerin dazu. Die ganze Stadt Český Krumlov ein Museum, die Landschaft wie von mir selber gemalt. Und nach zehn halben Litern (»pul litru«) können Sie noch mit einer Flasche Müller-Thurgau ablöschen. Bei **Kristián** (3,6% 🍺) habe ich die kleinsten Schaumbläschen ever gesehen, daher wenig Schaummasse, trotzdem angenehm gebittert, **Eggenberg** (3,7% 🍺) duftet weniger gehopft, dafür malziger. **Tmavý ležák** 🍺 rundet mit 4,2 Prozentund sehr hellem Schaum die Palette ab. Mittelsüß könnte man sagen, leichtmetallisch plus Kakao und braun mit rötlichen Lichterketten.

E

E

Eggenberg Urbock (9,6% 🍺🍺🍺) is a miraculous milestone of bockbeerhopping. Nicht von ungefähr. Schließlich ist mit dem **Hopfen König** (5,5% 🍺🍺) ein weiteres hochinteressantes, blumig-hopfiges Produkt im Umlauf. **Mac Queen's Nessie** (7,5% 🍺): Extremophil, ach, kommen Sie, das hat alles keinen Sinn mehr. Wiederholungsprüfung: 24. April 2005. Same procedure. **1 x 2 Toto Beer** (5,2% 🍺) mimt ein ganz normal kratziges Export, the bad luck beer. Keinen Deut schlechter das zwar hopferlnd-duftende **Liberty Fest Beer** (7,4% 🍺🍺). Der Hersteller empfiehlt das Leeren der Flasche in drei Zügen in den Schlund, ich empfehle: mit einem Zug in den Orkus. Ob da nicht vielleicht den Kitschbieren der → *Engel-Brauerei* aus Schwäbisch Gmünd waghalsige Konkurrenz gemacht werden soll?
(Brauerei Schloß Eggenberg Vorchdorf/Österreich)

Egils Gull (5,0% 🍺🍺) als »Islenskur Bjór« – die größte Gefahr für etwelche Überbevölkerung auf Island. Ein ideales Verhütungsmittel.
(Ölgerdin Egill Skallagrimsson Reykjavik/Island)

Ehringsdorfer Urbräu (4,8% 🍺), seit 2003 wieder in relativer Eigenregie gebraut, wirkt nahezu wie neugeboren; deutlich abgespeckt, der Pößnecker Pesthauch fehlt, und der Hopfen kommt auch nicht mehr so harzig. Die unfehlbare Probe in einem beliebigen Großraumwagen der Deutschen Bahn AG bestätigt meine positiven Eindrücke: Niemand dreht sich um, keiner hält sich die Nase zu, keine Protestgesten, statt dessen registriere ich freundliche Prostgesten. Na also.
(Brauerei Weimar-Ehringsdorf)

Beim **Eibauer Premium Schwarzbier** (4,5% 🍺) handelt es sich laut Etikett um »Ein wahres Eibauer Premium« und nicht um das komplett identische → *Lausitzer Schwarzes Porter*. Höchste Verwechslungsgefahr, man glaubt es nicht, die mit dem »festlichen« **Lausitzer Dunkel** (4,2% 🍺) und

60

seinem enormen Süßungsmitteleintrag noch untermauert wird. Bisher waren Festlichkeiten immer beleuchtet. **Eibauer Premium Pilsner** (4,8% ☝) behauptet das mit dem Premium übrigens auch. Wie denn nun? Ebenso unglaublich wie der **Helle** ☝ und **Dunkle Krawallor** ☝ (je 6,4%), wie man das Bockbier dort klassifiziert.
(Münch-Bräu Eibau)

Eichbaum Pilsener (4,9% ☝☝) liefert den Beweis, daß Bier wie eines seiner vielen Abbauprodukte schmecken kann. Bei der Abmischung der Schaumfarbe des **Altgold Premium** (5,5% ☝) für ein Export entschieden zu sehr an lauwarmer Milch orientiert. Dazu kann man schwer ja sagen. Besonders krass zeigt sich der scheinheilige Drang der Brauer nach Erleuchtung im **Ureich Premium Pils** (4,8% ☝☝), einer urig-eichbaumfurnierten Studienausgabe des Pilseners aus dem Hornglas, selbst die Dose bewahrt die sich spinnefeinden Geschmackskomponenten in ihrem apathischen Nebeneinander, doch keinesfalls Miteinander. Die selbstgeschnitzten Hopfendolden haben ein allzu frühes, nasses Grab gefunden, umbrandet von Gerstenfruchtwasser suppenhaftigster Konsistenz. Und die drübergehobene Blume neigt zur Klümpchenbildung. **Eichbaum Festbier** (6,2% ☝☝☝) und **Apostulator** (7,9% ☝☝☝) stoßen in aufgeklärten Verkosterkreisen auf strikte Ablehnung. Nur in Räumen mit Holztäfelung und Sitzlandschaft genießbar.
(Eichbaum Brauereien Mannheim) → *Freiberger,* → *Henninger*

Eichener Gold ☝☝ ist ein Export mit würzigen 5,4 Prozent, äußerst frischem Schaumvermögen, honigsüß. Wird klipp und klar als »klar, würzig, frisch« beworben. Right.
(Eichener Brauerei Gebr. Schweisfurth Kreuztal-Eichern)

Einbecker Spezial (5,2% ☝) stammt aus dem *Einbecker Brauhaus* und stimmt mich mit seiner flüssig-brotigen,

E

E

spritig-dunklen Erscheinung für Momente traurig. Der Rest des glorreichen Sortiments ist über jeden, ich wiederhole: jeden Zweifel erhaben. Dem **Einbecker Hellen Mai-Urbock** (6,5% ♭♭) mit frischer Hopfennase ist gegenüber dem **Einbecker Hellen** ♭ und dem stummligen **Einbecker Dunklen Ur-Bock** ♭ (je 6,5%) eindeutig der Vorzug zu geben. Warum ist **Einbecker Dunkel** (4,9% ♭) so bescheiden? Es darf ruhig sich Schwarzbier nennen mit sattgraubeigem Schaum, der Johannisbeerfarbe, den liebevollen Hopfenaufwallungen und der unbesiegbaren Röstmalzsüßigkeit. Großer Favorit bei einer Gegenstimme **Einbecker Brauherren Pils** (4,9% ♭♭♭). So soll ein Pilsener sein. Glanz in der Farbe, Glanz in allen Augen.

Einsiedler Landbier (5,2% ♭♭) lächelt einen als ländlich-erotisches Export an, das es ganz uneremitisch in die große Bierwelt zieht. Schlank, malzig-süß, fröhlich-rezent. Dem **Einsiedler Weissbier** (5,2% ♭), dem **St. Peter Schwarzbier** ♭♭, dem **Jubiläums Pils** (je 4,9% ♭♭) und dem mit schnittfestem Hopfenkäse überbackenen **Privat Pils** (5,0% ♭♭) wünsche ich weiterhin gutes, dem assamfarbenen (fünf Minuten gezogen) **Hellen Bock** ♭ und **Dunklen Bock** ♭ (je 6,5%) besseres Gelingen.
(Einsiedler Privatbrauerei Chemnitz)

Der Schaum vom **EKU Pils** (4,7% ♀) haut hin; mittelgrob, hält aber. Trotz leicht malzorientierter Süße schlank. Pate der Feinherb-Mafia. Könnte eine Gallone niveauvolleren Hopfen vertragen. Das Gebotene rattert frostig. Bißchen maischig ab und an. Fazit: von allem zu wenig. Massenbier. »Für Bier und Bier und noch mal Bier / werde ich zum wilden Tier, / Gewalt, Gewalt, die nackte Gewalt, / was anders ist, wird umgeknallt, / Emanzenscheiße, alles Mist, / Türken raus, ich bin Sexist.« Mit diesen durchaus etwas überspitzt formulierten Zeilen ihres Songs »EKU 28« vertonten übrigens die, früher hätten wir gesagt: Modernisierungsverlierer, vertonten also die Mitglieder der in

Teilen unserer Republik, sind wir doch ehrlich, in Teilen unserer Republik gewissermaßen umstritten Combo Landser ihre Impressionen unter Biereinfluß, speziell unter Einfluß von **EKU 28** 🍺🍺🍺. Dieses klettert auch ohne Landser auf gewagte 11,0 Prozent. Serviert eine spritige Nase. Penetrant portweinig. Muß es nicht geben. Beides. **EKU Hell** (4,5% 🍺🍺) ist derzeitiger Inhaber des Wanderpokales der uninteressantesten Bierkreationen, **EKU Export** (5,1% 🍺🍺) prügelt einen schluchtigen, mastigen Geruch vor sich her, und **EKU Festbier** (5,9% 🍺) hat sich bis zur aktuellen Auflage immer noch keine überzeugende Entschuldigung einfallen lassen.
(Kulmbacher Brauerei) → Kulmbacher, → Mönchshof

Ellertaler Land-Bier (5,5% 🍺) kann allenfalls eine Einstimmung für das überhaupt nicht scheue, beherzt-blumige **Reh-Pils** (4,9% 🍺🍺) sein.
(Privatbrauerei Reh Lohndorf)

Ename Tripel (9,0% 🍺🍺), das von *N. V. Roman Oudennaarde/Belgien* für *Sint-Salvator Ename* ordentlich gebraute Abteibier, riecht außerordentlich frisch, fruchtig und ist butterblumenhell. Auch Schaumrückstände. Einzige Einschränkung: für den Hochsommer ist das nix.

Engel-Gold (5,2% 🍺) mag dem einen oder anderen 'nen Schluck wert sein, denn man kann es sogar hinunterschlucken. Das pflaumig-säuerliche halbdunkle Märzen **Alt Crailsheimer Dunkel** (o. A. 🍺) soll ich unter Dunkel einstufen. Mache ich aber nicht. Etikettenschweigen ist schlimmer als Etikettenschwindel. **Engel-Pilsener** (4,8% 🍺🍺): von wegen »Fein gehopft« und »Prost mein Engel« – nicht mit mir. Die heimlich untergehobene Schuhcreme hält barbarisch auf die Geschmacksknospen zu, ein Debakel, das in seiner Abstrusität gerade noch vom **Engel Bock Dunkel** (7,0% 🍺🍺🍺) überboten werden kann. Denn da kommt noch Blausäure ins Spiel. Ein Glück, daß es ihnen nicht voll gelungen ist. An der Einschätzung ändert die Tatsache meines Überlebens freilich nichts: Es *ist* Gift. *(Crailsheimer Engel-Bräu G. Fach)*

Erdinger Weißbier Kristallklar (5,3% ◈) öffnet ein passendes Bananoramafenster auf das Schaummirakel schlechthin: **Weißbier Dunkel** (5,6% ◈◈). Spritzig, rezent, klar, lieblicher Malzduft, karamelig, voll. Ohne Frage ein großes Bier. Dem **Weißbier (Hell)** (5,3% ◈) eindeutig vorzuziehen. Dieses mehr breit, weniger ausgeprägt. Irgendwas fehlt da? Richtig. Ist filtriert. Wie offenkundig auch **Pikantus** (7,3% ◈), der dunkle Weizenbock, der in äußersten Notfällen (Friedrich Merz, Eric Clapton, Große Koalition) genossen werden sollte. **Erdinger Champ** ◈ mit dem Drehverschluß und sorgfältig mit nur 4,8 Prozent ist eine gute und völkerverbindende Angelegenheit. *(Weißbierbrauerei Erding)*

Ergenzinger Ochsenbräu Pils (4,7% ◈◈) entsteht auch in so einer Winzlingswunderbrauerei, die selten ihre Zauberkräfte auf über zweitausend Hektoliter verschwendet. Maßhalten ist da oberstes Gebot. Dann klappt das auch mit der fehlerfreien Hopfenblume, die, von fruchtigen Bändern zusammengebunden, in einer schönen Vase feinster Malznährlösung stolziert. Sehr dekorativ. *(Brauerei Ochsen Franz Digeser Ergenzingen)*

Eine hervorragende Anpassungsleistung hergebrachter Hell-Auslegungen vollbringt **Erl-Hell** (5,0% ◈◈). Jeden Tag Open doors im Malzstudio, die gepichten Holzfässer werden gezeigt, worin womöglich seit exakt fünfhundert Jahren und drei Minuten der güldensüße Most der hellen Malzbeere, weitgehend ungestört von Hopfenbetriebsgeräuschen, ausgebaut wird. **Erl-Dunkel** (5,3% ◈) entsteht parallel aus der dunklen Malzbeere und schichtet noch ein paar unnötige Bonus-Aromen auf, woraus sich eine gewisse Verwirrung beim Trinker erklären ließe. Sie sehen, hier

ist kaum der Ort für dauerhafte Hopfenprofilierung. Eine Erkenntnis, die bis zum Brauer noch nicht vorgedrungen ist. »Und bist du nicht willig, so brauch ich Gewalt«, schreit er Tag für Tag in die Gärbottiche. Das Ergebnis dieser bedauerlichen Zeitverschwendung heißt **Erlkönig Pilsener** (4,9 % 🍺).
(Landbrauerei Ludwig Erl Geiselhöring)

Erlbacher Grenztrunk Pilsener (4,9 % 🍺🍺🍺) → fast genau *Vogtland Bräu Spezial*, nur eine Spur frischer, blumiger, wenn das, mit Verlaub, überhaupt möglich ist. **Grenztrunk Gold** (5,2 % 🍺🍺🍺) assistiert diesbezüglich ausgezeichnet mit Exportargumenten.
(Alte Brauerei Erlbach)

Erstes Laufer Weissbier 🍺 und der Weizendoppelbock **Schwarze Kuni** 🍺 – nur aus der *Brauerei Simon/Lauf* und für hier nur aus dem Glas in der Wirtschaft: Nummer Eins von Scott Gorhams Haarfarbe und ähnlich langsam und »nachvollziehbar« (F. Schäfer), Nummer Zwei breiig und eigentlich unbeschreibbar.

Eschawecka Zoiglbier (🍺🍺🍺) vom Sperber Robert beweist sich in vielen Belangen als der raffinierteste und modernste aller Zoigl. Die Malzbesüßung ist so geschickt auf die Hopfenbittere justiert, damit außerdem ein erhebliches Quantum Blumigkeit zum Zug kommen kann. Vor diesem Bier muß man wegrennen, sonst wird man auf der Stelle abhängig.
(Kommunbräuhaus Windischeschenbach) → *Falkenberger,* → *Mitterteicher,* → *Neuhäuser Zoigl*

Eschenbacher Export (5,3 % 🍺) reicht fulminanten Schaum, fast zu reichlich für ein Export, die Farbe leider verblüffend dünn für ein Export, ausgewogene Malzsüße, vielleicht etwas arg fruchtig im Geruch. Für ein Export. Ein nennenswerter Unterschied zum **Pilsener** (4,9 % 🍺) und zum **Hell**

E

(4,9% 🍺) konnte nicht herausgearbeitet werden. Ich lese: »Diese umweltfreundliche Pfandflasche wurde absichtlich nicht mit Alu-Spitzstanniol ausgestattet. Damit tragen wir bei, das Abwasser nicht mit schwer abbaubaren Stoffen zu belasten«. Wird Abwasser Augen machen.
(Brauerei Wagner Eltmann)

Ettaler Kloster Dunkel (5,0% 🍺) gäbe, weil nicht allein sherryfarben, bei einer Kleinigkeit mehr Geist einen reifen Madeira ab. Gebraut von einer verdeckt nach Bukett- und Schaumstoffen ermittelnden *Klosterbrauerei* in *Ettal/ Bayern.* Das abscheuliche **Kloster Pils** (5,0% 🍺) bleibt ohne Schaum, aus der Traum; um die Bittere ist es ebenso bitter bestellt via notdürftig exhumiertem Hopfen. **Benediktiner Trunk Edelhell** (5,5% 🍺) zeigt sich entschlossen, die approbierten Geschmacksgebiete weiträumig zu umfahren, und mit dem **Curator Dunkler Doppelbock** (7,0% 🍺🍺) ist gleich überhaupt nichts los. Steht die Frage, ob eine Säkularisation sinnvoller wäre. → *Andechser,* → *Weltenburger*

Fässla Lagerbier (5,0% ♘♘) überzeugt mit einem schon fast im Bronzeornat hereinspülenden Vollgelb. Entschlossene Malzhegemonie inklusive Karameleinflüsterungen, dazu eine passende Hopfenflankierung. **Echtes Bamberger Zwergla** (5,3% ♘♘♘): Blinkend und funkelnd propellern güldene CO_2-Perlen nach oben. Der beste Schaum des Hauses – und eine Hymne wert. Dunkel und kräftig, das einzige Märzen bisher, wo die quirligen Hopfengeister ihren Meister finden. **Fässla Gold Pils** (5,2% ♘) scheint seltsamerweise stärker als **Fässla Hell** ♘ eingebraut, zeigt unzuverlässige Krone, zuviel Gold in der Farbe, daher stärker exportverdächtig. Mehr die Füllung für das dritte Glas. Ihr **Helles Weizla** ♘ und ihr **Dunkles Weizla** ♘♘ (beide 5,0%) versehen die Hersteller mit der Warnung »Fai obacht: Nur für echte Bierkenner & Genießer«. Schön, daß man endlich dazugehört, sage ich da erfreut.
(Brauerei Fässla Bamberg) → *Olbernhauer*

Falcon Extra Brew (3,5% ♞♞). Zitroniges, radlerig-altes → *Kindl-Pils*.
(Falcon Bryggerier Falkenberg/Schweden)

In Falkenberg/Oberpfalz kann man mit etwas Glück den Postboten um eine Flasche **Falkenberger Zoigl** (♘♘♘) angehen. Da hat er Verständnis. Das »basst schoo«, wird er freundlich rufen. Oder man trinkt es einmal im Monat vom Faß »beim Kramer«, dort geht es hoch her, wird man mit Handschlag begrüßt und sofort nach dem Woher, Wohin und nicht zuletzt Warum ausgefragt. Woher und Wohin müssen Sie mit sich selber ausmachen, das Warum ist schnell geklärt: Sehr gemütsaufhellend die Flüssigkeitstönung, die Schaumwatte reichlich, die Hopfenherbität nur angedeutet, der Rest fruchtig-lieblich mit einer nur erahnbaren Säure, wie es sich für einen feinen Zoigl ziemt. Mit immanenter Weitertrinkaufforderung. Fahren Sie da mal hin!
(Kommunbräuhaus Falkenberg) → *Eschawecka,* → *Mitterteicher,* → *Neuhäuser Zoigl*

F

»**Falstaff Beer** – the clear beer from St. Louis brings You – CREAM from London«, nuschelt der Reklamefritze ins Mikro, die Band Cream spielt, und Jack Bruce singt: »Falstaff the thirst slaker / Falstaff the thirst slaker / the beer that can slake / any thirst, any thirst / the beer You can reach for first / when You want to quench Your thirst / Falstaff the thirst slaker / Falstaff the thirst slaker.« Nach einer Minute und vier Sekunden ist alles vorbei. Kann 1967 oder 1968 gewesen sein.

Falter Weissbier Dunkel (5,3% 🍺🍺) geriet viel zu rostig und röstig. Staubig, könnte einem noch dazu einfallen. **Falter Pils** (4,9% 🍺) mutet wie ein Kristallweizen an und also wie **Weissbier** (4,9% 🍺). Und da bin ich erst beim F.
(Brauerei Falter Unterkotzau)

Im Zug meiner verdeckten Ermittlungen im vom lieben Freund Jürgen Roth okkupierten Odenwaldundangrenzendes-Distrikt (heimliche Grenzverletzung, Flaschenerwerb ohne Angabe von Gründen …) konnte mich zuallererst ein **Faust Helles Hefeweizen** (5,0% 🍺) betören, hernach ein packend-dunkles Dunkel namens **Faust Schwarzviertler** (5,2% 🍺), sodann ein märzeninduziertes **Faust Kräusen** (5,5% 🍺🍺). Prächtig erholt von der Testarbeit habe ich mich, logisch, bei **Faust Pils** (4,9% 🍺). Auch das paßte wie die? genau! aufs Auge. Da rücke ich noch einmal mit Verstärkung an.
(Brauhaus Faust zu Miltenberg)

Der ansonsten bienenfleißige und hundertprozentig zuverlässige Thomas Behlert will bei seinem Kroatien-Einsatz, äh, -Urlaub nahezu ausschließlich von **Favorit Lager** (5,2% 🍺🍺) gelebt haben. Hier verschwimmen Realität und Fiktion, wie ich meine. Aber, fuck! Der Mann lebt noch und erfreut sich bester Gesundheit. Verstehen Sie das?
(Brzetska Pivovarna/Kroatien)

Faxe Premium (5,3% 🍶🍶) aus dem Großraumtornister ist im wesentlichen dafür verantwortlich, daß die an Gürteldose leidenden Punks vor Bahnhöfen und Jugendzentren ihren aktiven Wortschatz um den Satz »Hassumaaneuro?« erweitern mußten. Da rede einer von Bildungsnotstand. Um Intoxikationen vorzubeugen, wird **Faxe Festbock** (7,7% 🍶🍶) nur in maximal Halbliter-Dosen verschrieben. **Faxe Frühlingsbock** (7,7%) in der giftgrünen Kartusche habe ich dann gar nicht erst aufgemacht.
(Faxe Bryggeri Fakse/Dänemark) → *Cains*

Feldschlösschen Hopfenperle (5,2% 🍶) eröffnet auf besonderen Wunsch unserer Schweizer Leserschaft und natürlich des Alphabets den lieblichen Feldschlöss/ßchen-AG-Reigen. Wie der Name jederzeit nachprüfbar expliziert: die Schweizer haben in Sachen Hopfenpolitics jegliche Neutralität aufgegeben und lassen sich von einer diesbezüglich diffizilen Werteskala leiten. Die mir vorliegenden Zertifikate scheinen das vorerst zu bestätigen. Kritische Stimmen sprechen jedoch auch vom böswilligen Vorgehen wider die Biervielfalt seitens der angesprochenen Brauerei. Ich werde weiter davon berichten.
(Feldschlösschen AG Rheinfelden/Schweiz)

Feldschlößchen Pilsner (4,9% 🍶) hebt seine grobporige, aber haltbare Krone. Dezent rezent, gut-edel behopft. Schnittiger Nachtrunk. Orientiert sich ungeniert am → *Holsten* Pilsener, dessen Machern es mittlerweile gehört. **Export** (5,4% 🍶) hinterließ keine verwertbaren Eindrücke. Bedauerlich. Der **Ur-Bock** 🍶 wieder und wieder eine Schaumoffenbarung: klemmt wie ein dicker Mullpfropf auf dem Getränk. Kaum wegzukriegen. Das Darunter liegt dann mit 7,0 Prozent träge im Glas, schwer im Bauch und im Kopf. **Der Schwarze Steiger** (4,8% 🍶) ausgesprochen hopfenhöffig, auch wenn vermutlich Kulör oder eine Mütze Farbmalz für die Tönung zuständig ist. Kein echtes Schwarzbier, aber ein Komplement zum süßeren

Nachbarn → *Lausitzer Porter* und → *Eibauer Schwarz-bier*. **Coschützer Pils** (4,8% ♥), zum Beschluß, gefällt niemandem. Die Blume ein alter Blumenkohl, Hopfen-idiom unverständlich. Am besten konzentriere man seine Bemühungen auf **Diät-Pilsner** (4,9% ♦♦), denn das ist ein richtig gutes Pilsener. Jawohl. **Felsenkeller Urhell** ♥ schiebt die Schankbierobergrenze auf kaum verständliche 5,2 Prozent. **Felsenkeller Pils** (4,8% ♥) trabt schön hell und rezent hinterher, steht → *Feldschlößchen Pilsner* um einiges nach. Schwach akzentuiert, bald zu klapprig, schreit nach mehr Hopfenengagement, und in Sachen **Dresdner Felsenkeller Spezial** (5,4% ♥♥) ist überhaupt keine Absicht zu erkennen. Kotzdonner!
(Feldschlößchen AG Dresden)

Feldschlößchen Pilsner (4,9% ♥) trägt Startnummer Drei. Wahrscheinlich topographisch bedingt, macht sich der sinistre Einfluß der → *Holstener* Kratzhopfenmafia stärker bemerkbar als bei der zweiten Tochter in Dresden. **Silber Krone** ♥ heißt mit seinen 5,1 Prozent das artgerechte Ex-port. Höchstens als Versöhnungstrunk für Ihre Schwieger-mutter geeignet. Wofern sie noch nie Bier getrunken hat. Sie können sich auch mit der Brauerei versöhnen und das formidabel obergärige **Duckstein** (4,9% ♦) neuerdings aus der Kräuterlikörflasche trinken. Rotblond, schwarzteefar-ben. Wattigster Schaum, sehr angenehm herber Anflug, leicht salzige Annoncen, keineswegs holziger Nachtrunk, obwohl auf Buchenscheiten gereift.
(Feldschlößchen AG Braunschweig) → *Foster's*

Felskrone Pilsener (4,8% ♥♥♥) ist ein schneller Alko-holtrunk unter Verwendung von Hopfen & Malz. Nach-trunk ist da, durchaus. Geruch nach Tränen. Grund: des Unnaer Dosenzüchtervereins Begehren, sein Getränk end-lich Bier nennen zu dürfen, wurde letztinstanzlich von der Dritten Hopfenspruchkammer abgewiesen (AZ Hopf. III/97/165). So kann es kommen. **Felskrone Alt** (4,8%

🍺🍺🍺) und **Felskrone Kölsch** (4,9% 🍺🍺🍺) bleiben von diesen dramatischen Vorgängen nicht unberührt, fürs Kölsch hat man sich in *Hubertus Brauerei Köln* umbenannt. Ein Aufwand.
(Lindenbrauerei Unna)

Fiedler Pilsener (4,7% 🍺🍺) labt richtig gut. Gibt es einen Malznachtrunk überhaupt? Ladies & Gentlemen, here it is. Sonst → *Schloßbräu Rheder*. **Abrahams Bock** (6,1% 🍺) goes Belgique. Überraschende Fruchtfülle. Paßt das? Und ob. Alle Bockbiereigenschaften kühn negierend, aber **Bockbier** (6,1% 🍺🍺🍺) geheißen: das dunkle Starkbier. Sa-gen-haft. Noch mal: S-a-g-e-n-h-a-f-t. Ein wertvolles Landstarkbier mit Pilotcharakter. Hier stimmt mehr als alles. Weiter geht's mit einem bedenklich schönen **Fiedler Export** (5,2% 🍺🍺), dem pfeifend trockenen, um mehrere Register Hopfen angereicherten **Orgelpfeifenbräu** (4,7% 🍺🍺) und 'nem bis in die letzten Moleküle ausgesteuerten **Magisterbräu** (4,7% 🍺🍺), ein Spitzenschwarzbier ohne zuckrige Anbiederungen
(Privatbrauerei Fiedler Oberscheibe)

Finian's Irish Red Ale (4,6% 🍺🍺🍺) und sein schöner bronzener Anblick ähneln dem Cover von U2 »Under A Blood Red Sky« (1983). Oder dem Backcover von King Crimson »U.S.A.« (1975), wenn Sie die irischen Wanderprediger nicht mögen. Lassen Sie sich dadurch nicht von dem gewichtigen Bratmalzantrunk, der, behütet von einem fast gluckenhaften Schaumkubus, unvermittelt in ein rosiniges Finish umschlägt, ablenken. Wunderbar.
(Celtic Brew Enfield/Irland)

Im **Fischer Tradition** (6,0% 🍺) ist viel drin: Alkohol, Mais, Glucosesirup, Ascorbinsäure E 300 und Wasser. Hopfenextrakt und Malz als symbolische Sättigungsbeilagen.
(Brasserie Fischer Schiltigheim/Frankreich) → *Desperados*

Flensburger Dunkel (4,8% 🍺) protzt mit seinen düsteren Seiten und hat nach allen Seiten des Guten zuviel. Das wirkt unreintönig und wenig klug. **Flensburger Pilsener** 🍺🍺🍺 hat auch 4,8 Prozent, ist rezent bis dorthinaus, passend zum Hopfenblumenstrauß. Hier werden die »Maßgaben der Braukunst« (H. Sudau) formuliert. Komme, was da wolle. **Flensburger Weizen** (5,1% 🍺🍺) schießt eine stolze Trägerrakete ins Weizen- und Hopfenauszugsfirmament. *(Flensburger Brauerei Emil Petersen)*

Flieger Weiße (5,5% 🍺) säuert enorm fruchtig, rezent und hartnäckig frisch, selbst in den Bruttoregistertonnen, in denen man es über die Straße kaufen darf. Mit der intelligent komponierten Bronze-kupfer-weinrot-Farbe könnten touristisch lahmgelegte Regionen einen 1A-Sonnenuntergang kreieren. *(Fliegerbräu UIG GmbH Feldkirchen, gegründet vom Hofbräuhaus Traunstein)* → *Fürsten Quell*

Förster-Pils (4,7% 🍺) geht, etwas feist im Malz und die Krone mit Plombenzieherqualitäten, durchgehend in Ordnung, desgleichen **Förster Hell** (4,4% 🍺). Der Daseinsgrund von **Förster-Gold** (5,5% 🍺) ist genauso schwer ersichtlich wie die geschätzten 100.000 Hektoliter Jahresausstoß von *Gampertbräu Weissenbrunn*. Ob da das eine oder andere Mal nicht die Abwässer mitgerechnet worden sind? Für alle, die **Förster-Dunkel** (5,5% 🍺🍺) ständig trinken müssen, lege ich an dieser Stelle eine Gedenkminute ein […]. So, fertig, weiter mit → *Foster's*.

Foster's Pils (4,8% 🍺) impliziert Teerbeimengungen, Kiefernspäne. Stygische Fluten ergießen sich über den Zungenteppich. Zwar werden die Grenzwerte eingehalten, doch bei → *Holstens* Bierversuchsanstalt können sie nicht so gut Australisch. *(Holsten-Brauerei Hamburg/Feldschlößchen AG Braunschweig in Lizenz für Foster/Australien)*

»5 Sterne« führen die Mitwitzer für **Franken Bräu Pilsener** (4,9% 🖐) ins Feld: »Der Geschmack. Die Braukunst. Die Tradition. Der Genuß. Das Erlebnis.« Heraus kommt ein sanft-hopfiges Bier, könnte ebensogut ein Münchner Hell sein. Und das ist keine Kunst, das kann jeder, selbst der Münchner. **Kellergold** (5,4% 🖐) weist sich durch großohrigen Schaum aus, für ein Dunkel zunächst befremdlich, mit interessanten Ethanolüberlagerungen, süßlich introdiert, beileibe nicht übel und warm rubinfarbig. Auf dem Etikett von **Festbier** (5,4% 🖐) steht wieder das mit den fünf Sternen drauf. Und durchgefallen ist es auch wieder. Hier sollte unsere Brauaufsichtsbehörde tätig werden.
(Franken Bräu Mitwitz)

Vom Düsseldorfer wird erzählt, daß er keineswegs sich vor Kneipen um den Einlaß prügelt, weil oder obwohl **Frankenheim Alt** (4,8% 🖐🖐) in ihnen ausgeschenkt würde.
(Düsseldorfer Privatbrauerei Frankenheim)

Frankfurter Pilsner (5,0% 🖐🖐) mit seinen CO_2-Angriffen auf alle sensorischen Zentren macht einen Einsatz von Hopfenbodentruppen unumgänglich. Doch gute Geschmacksknospen gehen zum Gegenangriff über und schaffen vom Wangenpfropf her einen Korridor, über den sich die gegnerischen Verbände zurückziehen können. Spucken Sie das Getränk zügig wieder aus! Kurz mit Leitungswasser gurgeln. Puh, ohne Kollateralschäden überstanden. Am besten, Sie vergessen das alles.
(Oderlandbrauerei Frankfurt/Oder)

Freibergisch Bock (6,7% 🖐🖐) heißt nicht nur »Feines Dunkles Bockbier«, sondern ist auch eins. **Schwarzes Bergbier** (4,9% 🖐) mit wild-aromatischem Antrunk, verbindlichem Schaumdeckel und dröhnendem Abgang. **Freiberger Premium Pils** (4,9% 🖐) schmeckt vor allem aus schlanken Schnittgläsern. Das nicht ganz unbedeutende Gefühl der Befriedigung stellt sich meist erst nach betont

zügiger Leerung der Flasche ein. **Freibergisch Export Spezial** ꝑ, optisch mit den besten Präliminarien beschenkt, 1A-Schaumdach, warmgelbes Flüssigkeitspodest und perfektes Glasverhalten, fehlt der Mut zum passenden Geschmack für die stilsicher vorgelegten 5,5 Prozent. Ähnlich verheerend, bitterböse, ja fast bösebitter mit ranzigen Nußbeimengungen **Freibergisch Jubiläums Festbier** (5,8% ꝑꝑ). Unverzeihlich dann schon das schale **Diät-Pilsener St. Petri** (4,9% ꝑꝑ), eine lustlose, nicht mal launische Veranstaltung ohne jeden Witz, ohne Schaum und ohne Druck. Die noch schlechtere Nachricht zum Schluß: Mit **Meisterbräu Export** (5,4% ꝑꝑ) und **Meisterbräu Pilsner** (4,9% ꝑꝑ) wird die in vielen Belangen überlebte Brautradition der Stadt Halle exhumiert. Man ist ehrlich und weist sich auf der Flasche als Urheber aus. Doch ist das sehr unüberlegt.
(Freiberger Brauhaus) → *Eichbaum,* → *Henninger*

Freisinger Bräuhaus ꝑꝑ ist heavy angesäuert und auf Hefe und Malz reduziert, daß der Unterschied zwischen Zwickel und Weizenbier von irgendwelchen versehentlich mit hineingeratenen verunglückten Feigen vollends verwischt wird. Herr, wirf Brau-Hirn vom Himmel!
(1. Freisinger Gasthausbrauerei)

Über dem **Freudenberger Pils** (5,1% ꝑꝑꝑ) steht ein zerklüfteter Schaumtower, kunstvoll und bizarr aus Elfenbein geknetet. Neugierig werde ich beäugt, als ich blinzelnden Auges entgegen meinem Gelübde (»only one beer«) Nachschlag ordere: den federleichten Körper mit der Zunge umschmeicheln und auf das trockene Finish warten. Verbum Domine manet aus der Flasche. Der Braumeister kommt auf dem Roller angepest: Ich könnte die Brauerei anschauen, wenn ich wollte. Ich ziehe lieber weiter, sonst adoptieren sie mich am Ende noch.
(Brauerei Alwin Märkl Freudenberg)

Warme Bronzesonne strahlt in den verwinkelten Malz-raum des **Friedel Kellerbier** (4,8% 🍺🍺), der äußerst geschmackreich mit Hopfen ausgekleidet ist.
(Brauerei Friedel Schnaid)

Friedenfelser Pilsener (5,0% 🍺) agiert mittel bis ge-lungen. Gleiches gilt für das süffige **Edel** 🍺, mit 5,2 Pro-zent ein ordentliches Märzen. Meiner unmaßgeblichen Meinung nach eine vordere Sortimentsplazierung erzielt das Zoigl **Schwarzer Ritter** (4,8% 🍺🍺). Etwas trocken, biss'l rrrauchig, ahornsirupfarben und doch überzeugend. Partner in Leadership: **Hefe Weizen** (5,2% 🍺🍺🍺). Nelke, Piment, Mango, Kiwi. Das Weizenuniversum unter dem schattigen Schutz von Zuckerwatte und Schäfchenwolken und somit klar als *die* überregionale Edel-Weiße einzu-stufen. Widerworte? Keine. Gut.
(Schloßbrauerei Friedenfels) → *Würzburger Werner Bräu*

Früh Kölsch (4,8% 🍺🍺🍺) ist das Kölsch von und aus der Stange. Das Kalauer-Kölsch: »Wer zu Früh kommt, den bestraft die Leber.« (L. LaLonde)
(Cölner Hofbräu Früh Köln)

(Im) Füchschen Alt (4,5% 🍺🍺🍺) traf ich die Hopfengabe für Altbiere schlechthin an. Davon unberührt, gebührt F. die Spitzenposition unter den Alts sowieso. Eine einzige Interaktion. Eignet sich für alle Anlässe, insbesondere für festliche Stunden und zu besonderen Gelegenheiten über das ganze Jahr. Wenn man nur will.
(Brauerei Im Füchschen Düsseldorf) → *Altstadt Hell Bad Windsheim*, → *Singer Bier*

Fürstenberg Premium Pilsener (4,8% 🍺🍺) garantiert umwerfende Resultate bei der Kollektivverkostung. End-lose Wiederholungen der Testreihe – auch als Blindtests – konnten wieder und wieder bestätigen: der Fürstenbrau-

F

er braut fürstlich generös, verwendet die sympathischsten Hopfenessenzen und ein mit allen Raffinessen geschlagenes Malzkonglomerat, wir haben uns größere Zungen gewünscht. **Fürstenberg Export** (5,3% 🍺🍺): primstens. *(Fürstlich Fürstenbergische Brauerei Donaueschingen)*

Fürsten Quell (5,3% 🍺🍺🍺) heißt das klassische Helle. *(Hofbräuhaus Traunstein)* → *Flieger Weiße*

Der Aufwand und die Rohstoffe rechtfertigen wenigstens den horrenden Preis für **Gaffel Kölsch** (4,8% ☙), den man Gaststättenbesuchern üblicherweise abzockt. Wenn man so will. Verschwendung ist das rapsblütengelbe Sprudelwasser allemal und schon gar kein Dienst an der »Revolution der Frische«.
(Privatbrauerei Gaffel Köln)

G

Gaildorfer Spezial (5,3% ☙) ist speziell sehr süß. Mit sehr wenig Gold.
(Brauerei Häberlen Gaildorf)

Gambrinus Premium (5,0% ☙) hebt sich, obwohl zaghaft und unentschlossen, mal mit wuchtiger Bittere und herrlicher Süße, mal mit unreinem Antrunk, wohltuend vom **Gambrinus Světlé** (4,1% ☙) ab. Dies ein typischer Repräsentant der böhmischen Marken, die leichtfällig in einem Refugium aus exportorientierten Lightbieren operieren. Falls es so was überhaupt geben kann und darf. → *Pilsner Urquell*, denn denen gehört der Laden seit Neunzehnhundertpaarundneunzig.
(Pivovar Gambrinus Plzeň/Tschechien)

Gambrinus Premium Pilsner. »Von 4,9 auf 4,8. Ein Dramolett.« Ort: Braumeisterbüro *Privatbrauerei H. Leuthner Ingelfingen*. Zeit: Ausgehendes 20. Jahrhundert, Mittagspause. Handelnde Personen: Scheff, Braumeister, Sekretärin.
SEKRETÄRIN *fellationierend*: Mmpff … mmpfff.
BRAUMEISTER: *ungeduldig*: Sind's bald fertig. Sie brauchen ja heut' lang.
SEKRETÄRIN *matt gestikulierend*: Mmpff … mmpff.
BRAUMEISTER: Wissens, den Rudolf, den könnt' man mal wieder schurigeln, hat der Scheff gesagt. Aber wie? Jetzt machen's hin, jeden Moment muß ich dem Scheff mit einer zündenden Idee kommen. – Hm. Ich hab's: Vom Pilsener den Alkohol von 4,9 auf 4,8. Merkt der bei 2.000 Marken nie. Hatter wieder 'nen Fehler mehr drin. Spitzenidee!

Schreiben Sie's auf, Fräuln. 4,9 auf …
SEKRETÄRIN *abwehrend*: Mmpff … mmpff.
SCHEFF *über Betriebsfunk*: Herr Braumeister zu mir, auf
der Stelle!
BRAUMEISTER: Ach … oh … hui … Ich komme …
Alle ab.

Vom **Ganter Spezial Export** ☙ fehlen mir die Prozente.
Es ging alles so schnell. Schneller als beim Pilsener. Noch
schneller reicht Leser Jürgen Roth sie nach: 5,2 Prozent
sollen es sein. Aha. **Ganter Pilsner** (4,9% ☙) sucht irgendwas zur Beschönigung seiner eklatanten Ahnungslosigkeit
in Sachen Bierbrau. Eine Spur nicht verschämter, aber un-
verschämter und ranschmeißerisch: **Freiburger Pilsner**
(4,8% ☙☙) als Ausladung an solche, welche »Freiburg,
die Stadt mit dem einzigartigen Charakter« kennenler-
nen woll(t)en. **Badisch Weizen Hefehell** (5,4% ☙☙)
braust brausig um die Ecke, für den Schaum ein löchriger
Blasebalg verantwortlich. Dies ist also das Aushängeschild
»südlichen Lebenstils«. Bei **Badisch Weizen Hefedunkel**
(5,4% ☙☙) liegt freilich der Schluß nahe, die Hefe sei hier
farbgebendes Moment. Da ist ja gleich alles verkehrt.
(Privatbrauerei Ganter Freiburg)

Garley Jubiläums Pilsner (4,9% ☙), das »Gold der Alt-
mark«, wird aus »berühmtem Brauwasser« gemacht. Die
Kennwerte für Hopfen, Malz und CO_2 verloren sich noch
innerhalb des Betrachtungszeitraumes, bei der Gegenprobe
keine Wiedererkennungswerte.
(Garley Spezialitäten-Brauerei GmbH Gardelegen)

Um entscheidenden und klärenden Rat betreffend **Gatz Alt-
bier** (4,8% ☙☙) befragt, führt mein Düsseldorfer V-Mann
Hans Schmitz aus, besonders sei er gegen Garzweiler II. So
leicht kann man sich mißverstehen. **Jeckensud** (4,8% ☙☙) →
Hannen. Der ganze Eintrag ist für die Gatz, tut mir leid.
(Privatbrauerei Gatzweiler Düsseldorf)

Gentner Bräu Fränkisch Dunkel (5,3% 🍺🍺) ist Rübensaft, einwandfrei. Würden sie es drauf schreiben. **Gentner
Minne Pils** (5,0% 🍺) und sein Etikett erzählen eine Menge, zu sagen haben sie nichts. **Festbier** (5,3% 🍺) kann zum
Beispiel dem → *Gessner* wenn schon nicht das Wasser so
wenigstens das Bier reichen, und beim **Urtyp Hell** (4,6%
🍺) wedelt der Böhme mit der Dünnbierfahne.
(Privatbrauerei Gentner Wolframs-Eschenbach)

Gessner Bräu Pilsener (4,8% 🍺) schäumt feinporig wie
Zigarettenfilter. Ein braves Gebirgspilsener. Kompliment.
Nach dem Umzug aus Schwarzbach nach Sonneberg bin
ich eines delikaten **Premium Pilses** (4,9% 🍺) ansichtig
geworden. Mit sehr guten Testergebnissen. Und das trotz
→ *Henninger*-Beteiligung. Nennen Sie mir weiterhin bei
»drei« ein besseres Festbier als das **Festbier** (5,2% 🍺🍺),
und ich spende fünf Euro an die Aktion »Flüssig Brot für
die Welt«. → auch vierzehn Zeilen weiter oben. Ähnlich
ergeht's **Gessner Dunkler Bock** (6,8% 🍺). Fast.
(Privatbrauerei Gessner Sonneberg)

Geussen Pils Natur (4,9% 🍺) firmiert unter Bioland-Bier
und bleibt im reinen Hellen-Stadium stecken. Zu geleckt,
zu wenig Hopfenmut. Alternativ das sausackdumme **Vollmondbier** (4,9% 🍺🍺).
(Geussen-Bräu E. Knorr Neustadt/Coburg)

Gick-Bräu Pils (4,9% 🍺)? Hm? Pilsener? Tonic? So
eindeutig ließ sich die Probe nicht zuordnen. **Schuster-
Öl/Borkuschter Export** (5,0% 🍺) tief dunkelgelb, ganz
schön getreidig, richtiges Sitzbier, nur nicht oft hinschauen:
Der Schaum ist nämlich schnell weg, wenn da überhaupt
einer gewesen war. Burgunderrot dagegen der **Ritter Kuno
Trunk** (5,0% 🍺🍺), ein hingebungsvoll malzig-verortetes
Dunkel. Nicht mal kratzig im Vollbier-Finish.
(Gick-Bräu Burgkunstadt)

Gilde Ratskeller Pils 🍺🍺🍺 serviert ein vielfältiges Malz-bankett, verstärkt durch ein unglaublich tolles Hopfen-dessert. Scheitert mit seinen 4,9 Prozent indes knapp an der Fünfprozentklausel, konnte ich über ein Direktmandat zu meinen 53 Lieblingsbieren rechnen. Calculemus: macht dann 54. Plus das beinahe listig gehopfte **Lindener** (Chaos-tage) **Spezial** (5,1% 🍺): 55. **Ur-Bock** (6,9% 🍺): 56. Und als Bonus: das nicht zu schlicht geratene, das ganz und gar nicht zu schlicht geratene, um 2/9 weniger als Ratskeller gehopfte und sehr ans → *Krušovice Světlé* gemahnende **Gilde Pilsener** (4,9% 🍺🍺): 57.
(Gilde Hannover) → *Altmarkt*, → *Bölkstoff*

Gilden Kölsch (4,8% 🍺🍺🍺) – da, wieder mit Weizenmalz, haben Sie's geschmeckt. Schön frisch. Klasse!
(Gilden Kölsch Brauerei Köln)

Ginga Kogen Beer (5,0% 🍺) hält prima den Schaum, herb, malzig, schön, nur Nagold und die Opazität scheinen ein Dauerbündnis ratifiziert zu haben.
(Anker Nagold für Ginga Kogen Breweries Sawauchi Morioka/Japan)

Ein Exportimitat täuscht **Giraf Gold** (5,6% 🍺) vor, wenn es sich aus dem schlanken, langen Flaschenhals ergießt. Richtig ins Jubeln gerät man freilich kaum. Als Aperitif zu Meeresfrüchten geht die Sache dennoch sozialverträglich voll in Ordnung.
(Giraf Brewery Odense/Dänemark)

Nahezu unbemerkt vom anmaßenden internationalen Brauereientrubel haben sich einige belgische Flüssiggold-produzenten zu ernsthaften Bewerbern um metallisches Gold im täglichen Ringen um Höchstleistungen entwik-kelt. Vor den westlichen Toren Brüssels, zum Beispiel, siedelt die Privaat Brouwerij Girardin und ist sich nicht zu schade, ohne die branchenübliche fußballtorgroße Klap-

pe eines der superbsten Gueuze hinzulegen. Man möchte durch jede Fußgängerzone unseres öden und des Nachbarlandes gehen, mit lachendgoldener Miene den Leuten **Girardin Gueuze 1882** (5,0% 🍺🍺🍺) vortrinken, ihnen gestenreich und mit gesuchten Worten erklären, wieso man unweigerlich den Eindruck gewinnt, Trockenhopfen und Wundersäure verschmölzen ideal ineinander, die Kohlenstoffdioxidperlen schafften ein zusätzliches Universum pro Glas et cetera; man möchte sie probieren lassen, und wehe, sie bestätigen unsere Thesen nicht überzeugend, dann gibt es auf den Hut.
(Privaat Brouwerij Girardin Dilbeek/Belgien)

Gleumes Alt (4,9% 🍺🍺) ist anstrengend metallisch nachhängend. Unter Umständen einfach wirklich nur zu alt? Hier wäre ein Krefelder Appell für die sozialverträgliche Schließung vonnöten, nachdem das bei *Rhenania* so prima geklappt hat. Als Erstunterzeichner kriegen wir sicher Günther Grass, Udo Lindenberg und Wolfgang Niedecken. Die machen doch alles mit.
(Brauerei August Gleumes Krefeld)

Glückauf Schwarzes Premium (5,1% 🍺🍺) entspricht trotz oder wegen einer alert-mineralischen Note einem vollblütigen Schwarzbier. Achtung → *Köstritz*! »Here comes trouble« (M. Ralphs). **Pilsener** (4,9% 🍺) – »würzig elegant« – das trifft's. Ist gelegentlich als **Bäcker Pils** (»Flüssiges Brot vom Bäcker und Konditor«) zu ersteigern. Item **Bock Dunkel** (5,9% 🍺), ein spürbar leichter und demzufolge leicht zu lobender Trunk. Für **Edel Hell** (4,8% 🍺) ist »edel« gar kein Ausdruck, eher unpassend. **Glückauf Das Deputat** (4,9% 🍺) war des Guten schon wieder zu viel. Wie heißen die kleinen Flaschen gleich?
(Glückauf Brauerei Gersdorf/Erzgebirge)

Gmünder Alois Pils (4,5% 🍺🍺) verheißt zunächst delikate Trockenheit, kackt dann zu früh ab, da muß man

ganz schön schnell schmecken. Nur was? Stößt daher in der lokalen Trinkergemeinde selbst bei armen Schluckern auf entschiedene Ablehnung.
(Engel-Brauerei Schwäbisch Gmünd)

G

Ein sorgsam gedritteltes Geschmackserlebnis garantiert **Goedecke's Döllnitzer Ritterguts Gose** (3,9% 👍👍), allwo zunächst trockene Säure im Angebot ist, sodann bittere Säure und zum Beschluß eine hopfige Bittere. »Goseanna« rufen seine Hersteller aus, weil ihnen eine sehr belgische Obergärigkeit gelungen ist, ein imposantes Kräftespiel aus Gersten- und Weizenmalz, Koriander und Kochsalz. Ein ideales Sommerbier, auch ohne die dafür üblichen Sirupbeimengungen.
(W. Goedecke & Co. oHG) → *Bauer,* → *Leipziger Gose*

Gögginger Pils (4,9% 👍👍) behauptet »Hopfenwürzig – extrafein!« Mit Ausrufezeichen. Ich prüfe nach: Stimmt. Kleine Verzögerung, aber dann mit Juchhe. Die Schaument-faltung wie ein Knistern überreifer Hopfenranken im Früh-herbstwind. Da kann das suspekte **Export** (5,2% 👍) schwer mithalten. Umwerfend und überzeugend tut das **Dunkle Hefe-Weizen** (5,2% 👍) seine Pflicht, plädiert für kräftiges Farbmalz, läßt in der Ausgewogenheit einige Millimeter vermissen, fängt sich im wohltuend **Hellen Hefe-Weizen** (5,2% 👍) erstaunlich behende, womit das Sortiment Gög-gingen verschmitzt die Kurve gekriegt haben dürfte.
(Adlerbrauerei Göggingen)

Göller Lagerbier Hell 👍👍 und **Dunkel** 👍👍 (je 5,2%) und ihr Hopfengebläse arbeiten ausgezeichnet, stark, köstlich, für viele Leser vielleicht ein Quentchen zu dominant. Bie-ten → *Budweiser*-Qualität. Wenn die in Budweis mal super gut drauf sind. Der Eindruck verschärft sich bei **Göller Pilsner** (5,0% 👍) nicht. Wie soll das auch gehen? Auf einen klaren vierten Platz wird demnach die **Freyungs Weisse** (5,2% 👍) verwiesen, obwohl bei ihr weniger prima als bei

Kollege **Göller Dunkle Weisse** (5,2% ✋) zu beobachten ist, wie die Hefeklümpchen, x-beliebigen Brausetabletten gleich, im Glas hinabpurzeln.
(Brauerei Göller Zeil am Main/Drosendorf)

G

Göltzschtal Premium Dunkel (5,2% ✋✋) wird ziemlich als das Bier zum Buch getrunken. Zum Buch, das Sie, verehrte Leser, in Händen halten. Oligochromatisch abgesichert, weich und voll, fast hätte ich lieblich gesagt. **Göltzschtal Premium Pils** (4,9% ✋) braucht einen überzeugender haftenden Schaum, doch auch so weist man den hopfensensorischen Widersacher → *Budweiser* nunmehr endgültig in die Schranken.
(Brauhaus bei der Göltzsch Greiz) → *Ahornberger,* → *Kraus Pils,* → *Singer Bier*

Göttinger Edel-Pils (4,8% ✋) wirft eine Schicksalsfrage auf: Was wohl die → *Einbecker* bewogen haben mag, dieses Brauhaus unter ihre Fittiche zu nehmen? Oder darf ich wieder alles auf Brau und Brunnen, die Brauereiholding mit absolut null Sinn für Gespür, schieben? **Göttinger Pilsener** (4,9% ✋) behebt allerdings, sehe ich von seinem Molkegeruch ab, die wichtigsten Verfehlungen des Edel-Pils-Kollegen.
(Göttinger Brauhaus)

Gold Ochsen Pils (5,1% ✋) ruht harmlos und 0,4 Prozent dünner als **Gold Ochsen Spezial** ✋, ein »Export«, das können Sie nachprüfen. 0,3 Prozent dünner ist es im Vergleich zum **Gold Weisse Kristallweizen** ✋, dafür gleich stark wie **Brumm-Ochsen Original** ✋. Allesamt sind sie völlig geschmacksneutral. Ja, in Ulm ist man einer arglistigen Täuschung aufgesessen. Ein ekstatischer Tanz ums goldene Kalb, hier passender: um den goldenen Ochsen. Ohne Schaumgefühl. Selbst mit Käseunterstützung war da nichts zu machen.
(Brauerei Gold Ochsen Ulm)

Von **Goldener Löwe Vollbier** (4,6% ♭) wird »fein« und »herb« nicht zusammengeschrieben. Ich bestätige ohne Umschweife: ein feines, herbes, wahres, kräftiges fränkisches Vollbier. Die offensichtlich anachronistischen Hopfenausleger von **Altfränkisches Lagerbier** (4,9% ♀) schwelen ungewohnt unterm Gaumendom und schwellen zügig zu einer betont dornigen Vorstellung heran. Notfalls können Sie nachspülen und Trost suchen beim als Zugeständnis an die Großstadtsommerfrischler gedachten **Edel Pils** (4,9% ♀).
(Privatbrauerei Gerhard Först Drügendorf)

Gorden Finest Gold Blond (10,0% ♀) sieht zunächst aus wie Bier. Alles andere – mein Gott, es ist halt doppelt so stark als erlaubt. Warum tut da keiner was dagegen?
(Brewed in Edinburgh for John Martin S. A. Genval/ Belgien)

Via **Gottsmannsgrüner Pils** (4,8% ♭♭) kann man Hopfen und Malz beim Synchronschwimmen zusehen. In einem Pool mit zehn Zentimetern Durchmesser, vulgo Glas. Ferner zu haben ein leicht mattiertes **Bayrisch Hell** (4,6% ♭), ein passendes **Export** (5,4% ♭), ein hervorzuhebendes **Dunkel** (5,0% ♭), ein lobenswerter **Doppelbock** ♭♭ sowie ein absolut grandios malzgrundiertes **Festbier** (5,3% ♭♭). Grüß' Sie abermals beziehungsweise zurück, Herr Sziegoleit!
(V. Koch'sche Brauerei Berg)

Die 7,5 Prozent schweren Alkohole im **Gouden Carolus** ♭♭♭ ziehen die Schaumkügelchen an winzigen kleinen Stricken nach unten. Das ist gut so, denn dann ist der Weg frei an die Luft. Daß sie den vornehm schokoladigen Geschmack sonst erdrücken würden, das wissen sie. Wie klug. Die flüchtigen kleinen Brüder des Geschmacks verteilen sich als zartester Duft in Windeseile über die Atemwege, schaffen ein hermetisches Mikrouniversum,

das augenblicklich mit dem Wirtsorganismus verschmelzen will.
(Brouwerij Het Anker Mechelen/Belgien)

G

Gräfenberger Vollbier (4,8% 🍺) läßt kupferkirschiges Licht im Glas aufblinken, entschuldigt sich für den niederen Spund, der im bemerkenswert schlanken Trunk einem bisweilen apothekischen/apotheotischen Hopfen zum Durchbruch verhilft.
(Lindenbräu Gräfenberg) → *Budweiser*

Gravensteiner Hell (zirka 4,8% 🍺🍺) bläst das Hopfenlalali. Kräftig, fein, schön, saftig, goldig-doldig, bitter. **Dunkel** (zirka 4,8% 🍺🍺) gewährt ceylon-assamfarbene Farbeinblicke, nahe den fränkischen Urtypen. »Selbst die schädliche Wirkung auf den Geldbeutel wird durch den köstlichen Genuß erträglich.« Liest der verwöhnte Gast auf dem Beipackzettel.
(Gravensteiner Brauhaus Hamburg)

Greenleaf Hemp Lager (5,0% 🍺) mit Hanf und Zucker als Ergänzungsstoffen wirkt ältlich-böhmisch, verstrumpft wie »16th Century Greenleafs«. Welche Band war das gleich nomma?
(Hemp Beer Co. Birmingham/England)

Tja, warum besser gleich zum **Greif Hell** (4,9% 🍺🍺) greifen, als beim zu bewertenden Pilsener? Es ist hie die Hopfenumklammerung ganz entschiedensten Zuschnitts, die beim **Edel Pils** (5,1% 🍺) ungleich harmonischer, feiner, lieblicher ausfällt, dann wieder Wünsche für das Hell-Trinken unterstützt. Wenn Sie konzilianter veranlagt sind, steuern Sie **Greif Bräu Weiße** (4,9% 🍺) mit dem förmlich greifbaren Malzabgang an. Gar nicht wünschenswert wäre, wenn es Joseph Greif gelänge, die Welt mit seinen ästhetischen Auffassungen in Einklang zu bringen – nach den Etikettengemälden zu urteilen, wäre sie nicht

mehr erkennbar. **Anna Festbier** ♦♦♦ hat ziemlich klar erkennbare 5,5 Prozent und ist ein stolzes Bekenntnis zum Braustandort im Geltungsbereich der bundesdeutschen Biersteuergesetzgebung. In jeder Flasche eine kleine Mälzerei, nebenan beziehungsweise eigentlich mittendrin übergreifende, kongeniale Hopfenzuarbeitungen. Ein Spitzenerzeugnis allererster Kanone.
(Privatbrauerei Joseph Greif Forchheim)

Greifenklau Rauchbier ♦♦♦ lockt. Renate Schmidt lobt gerade die bessere Welt ihrer Partei über den grünen Klee – es ist 1. Mai, und es tobt der Mensch –, vor den schönsten Pointen probt eine Gewerkschaftsjazzband den Tusch, da ist Ruhe schlecht zu finden im Touristenbamberg. Eiligst also hinauf zum Laurenziplatz, absitzen und rein in die wirklich bessere Welt. Den Kastanien- und Lindenmischwald des Kellers auf sich wirken und fürsorgliche Bierteilchen die blessierte Seele streicheln lassen.
(Brauerei Greifenklau Bamberg)

Greizer Schloß Pils (4,9%), **Greizer Diät-Pils** (4,9%), **Greizer Urbräu** (4,9%), **Greizer Bock** (6,7%), **Greizer Zwickl** (4,9%, vom Faß) und **Greizer Maibock** (6,7%) darf ich aus Befangenheitsgründen nur erwähnen. Aber die Kerstin Trommer, die möchte ich an dieser Stelle wenigstens ausgiebig grüßen. Hallo Kerstin!
(Vereinsbrauerei Greiz)

Der Schaum von **Grimbergen Dubbel** (6,5% ♥) knufft grob, schmeckt superb-hopfig, die rotbraune Flüssigkeit dagegen süßlich-aromatisch. Erklären Sie mir das bitte. Sie haben zehn Minuten, der Rest geht von der Pause ab. Dubbel daher, weil zwei völlig konträre Geschmacksmuster zum Tragen kommen? **Grimbergen Blond** (7,0% ♥♥) ist dumm wie ein Blondinenwitz, ein mißglückter Schaumabort, der sonst als Geruchsverschluß seine Dienste tut, der Geschmack hat sich heimlich aus dem Staub gemacht.

Es muß eingeschätzt werden: ein ärgerliches Imitat unter den Abdij-Bieren!
(Brouwerij Alken-Maes Kontich/Belgien) → *Maes Pils*

G

Gröninger Pils (5,1% 🍺) läßt einen möglichen Schluß zu: Pilsener ist das freilich überhaupt nicht. Ein Zwischending von Märzen und Dunkel, mit auffrischender Säure. **Weizen** (5,3% 🍺) mit viel zu viel Röstmalz, die gleiche Leier wie beim Pilsener also, ein richtiger Rosinenbomber. Schmeckt erst mal nicht und zweimal schon gar nicht.
(Dehn's Privatbrauerei Hamburg)

Grohe Pils (4,8% 🍺🍺). Toll.
(Brauerei Grohe Darmstadt)

Grolsch Premium Lager (5,0% 🍺🍺🍺). Auch toll, sogar noch viel toller. Die Zunge suhlt sich förmlich im Hopfenfond – ich habe mich selber gewundert. Ganz fein und glanzfein im visuellen Bereich, die Krone aus gefrorenem Brauwasserdampf. Ab initio eine wohlige Malzintonation, in recessu der bereits angesprochene Hopfenfond (first flush). Paßt zu allen Gelegenheiten, zu weißem Fleisch, Meeresfrüchten oder einfach für das Glas zwischendurch. Und zwischendurch kann weiß Gott fast immer sein.
(Grolsche Bierbrouwerij Groenlo/Niederlande)

Grünbacher Weissbier (5,1% 🍺) und **Altweizen Dunkel** (5,1% 🍺) kann man so stehen lassen. Am besten im Ladenregal. Halt! **Braumeister Weizen** (5,3% 🍺) bitte auch wieder zurückstellen.
(Schloßbrauerei Grünbach)

Wir entspannen von der Vorlesefron und trinken **Guama Calidad Superior** (4,8% 🍺🍺), die freundlichen Herren Büsser, Paasch und Willmann sorgen für harmonisches Gespräch im kubanischen Lokal um die Ecke. Eigenartigerweise rüsten sich die anderen Gäste → *Radeberger* zu.

Der Grund liegt in der Hand: drey Euro für ein winzliges Longneckampüllchen, darin ein exportdunkler, gelatinöser Gelegenheitstrank. No hops! – Man fühlt sich manchmal so alleine, das können Sie mir glauben, ganz da oben an der Spitze der Bierverkosterriege. Ständig mißtrauisch beäugt von der Menge. Die anderen Phrasen zum Komplex Kulturpessimismus fallen Ihnen sicher selber ein.
(Brewed and delivered for Cuba products Moisburg)

Günther Premium Pilsener (4,9% ✤), **Bernstein** (4,9% ✤) und **Schwarzbier** (5,2% ✤) werden von der *Privatbrauerei Günther* in *Burgkunstadt* hergestellt. Das liegt direkt an der B 289, auf halber Strecke zwischen Kulmbach und Lichtenfels. Mit der Bahn am besten zu erreichen aus Richtung Bamberg oder Bayreuth. Achtung, aus Richtung Saalfeld in Lichtenfels umsteigen.

Guinness Stout (5,0% ✤) und besonders der kartoffelpüreekonsistente Schaum (eingedeutschte Variante) sind derart stabil, daß, wenn man vorsichtig Flüssigkeit nachkippt, sich sodann kleine Teiche auf der Schaumoberfläche bilden. Dieser anfänglich irisierende Eindruck verliert sich fix in jenen von allzu zahlreichen Carotrinkern bevölkerten Kitschpubs, die unsere Breiten wie ein unschöner Traum überziehen. Die gleichnamige Niederlassung braut zudem das bald zu vernachlässigende, am Alt orientierte Red Beer **Kilkenny** (5,5% ✤). Wäre da noch die in Dunkalk zu verantwortende Pilsenerkopie **Harp Lager** (5,0% ✤), deren »Trinker« lapidar mit »He's got a Harp attack!« bemitleidet werden, wie Leser Ralf Sotscheck berichtet. Nur geht's eben nicht ohne Schaumstabilisator E 405 ab, und auf dem Mais liegt auch kein Segen. Der Hopfengeigerzähler bekommt überhaupt nichts zu tun. Soviel zu *Guinness Brewing Co. Dublin/Irland*. Nun zu → *Gunzendorfer*.

Gunzendorfer Vollbier (4,9% ✤) schreitet anfangs zart, erst später, ab zwote Glashälfte kratzig, eintönig, **Edelpils**

(4,9% 🍺) ist nicht »fein« sondern ballaststoffreich daneben gehopft. Erst **Lagerbier** (4,9% 🍺) bringt den Braugedanken auf den größten gemeinsamen Nenner: dunkel, metallisch groovend, gute Hopfen-Hookline. Für ein **Schlückla** (5,6% 🍺🍺) muß man draußen sitzen können, schönes Wetter, die neue Steve Vai-CD und einen gesegneten Durst haben. Los jetzt! Klosettdeckelgroße Schnitzel ordern und ein Schlückla nach dem anderen. Das kann schnell des Guten zuviel werden, man läßt sich gehen, vergißt beim Gehen seinen Fotoapparat und, was viel schlimmer wiegt, vergißt auch, daß man ihn ausgerechnet beim Sauerbrauer vergessen hat. Die allumfassenden Konnotationen des S. vergißt man nie.
(Privatbrauerei Sauer Gunzendorf)

Gutmann Hefeweizen (5,2% 🍺🍺) blinzelt ohrenschmalzfarben, aber sehr zum Trinken geeignet. Ja, richtig gut, Mann.
(Brauerei Gutmann Titting)

G

H

Haake Beck (4,8% 🍺) wandert in die richtige Richtung, befiehlt geordnete Bittere, dann kommt die Marschordnung durcheinander. Hier gibt es einen einfachen Trick: Man muß das volle Glas ordentlich anbrüllen, dann kommt alles wieder ins Lot. **Edel Hell** (4,9% 🍺) ist der kleine Bruder des H., schön malzsüß, gut abgekuckt in Bayern. **Dunkel** (4,9% 🍺), der nach gelutschten Kaffeebohnen geratene saure und düstere Dunkelversuch, sollte fürder unterbleiben. Mit dem Schaum haben sie's auch nicht so. Gäbe es damit die Möglichkeit, den **Maibock** (6,9% 🍺) abzuschaffen, ich würde den Monat Mai freiwillig aus meinem Gedächtnis streichen. Weitere Schande häuft das Brauhaus über seinem Dach mit dem **Kräusen** (4,8% 🍺🍺), der in Anlehnung an → *Warsteiner*applikationen mit Hefedepot verunzierten Schickimicki-Zwickelvariante des H. Der Malzkörper mit partiellen Lähmungserscheinungen. »Bitte Flasche über Kopf drehen, 2–3 mal leicht schwenken, öffnen und einschenken.« Ist nicht bald Schluß? Ah ja, das Baubudenrülpsbier **Hemelinger Spezial** (4,7% 🍺🍺). Am besten aus einer Schüssel trinken, da lernt man die großen Schaumblasen besser schätzen.
(Haake Beck Brauerei Bremen)

Haberstumpf Landkrönla (4,9% 🍺) entstehe »aus naturbelassenen Rohstoffen« – man schmeckt es beziehungsweise nicht. Über die rechte Gaumenseite diffus-kratzig. **Kupferkrönla** 🍺, ein 4,9 prozentiges Dunkel mit einer klitzekleinen Idee zu wenig Blume, in der Tat kupfrig, leider auch etwas trüb, aber für ein Dunkel hopfig-schön. **Haberstumpf Pils** (5,3% 🍺) läßt vom Geruch her mehr erwarten und dafür via Alkoholstärke einiges rüberwachsen. Gutes Pilsener, aber nicht gut genug.
(Privatbrauerei Haberstumpf Trebgast)

Hacker-Pschorr Dunkle Weisse (5,3% 🍺🍺) überzeugt mit ausgebuffter Aromenbündelung, einem mythischen Dreipunkteplan (Hefe, Malz, Hopfen) folgend. **Brau-**

meister Pils (5,0% 🥄) überzeugt mit kräftig-luminösem Hopfenaufschein aus den »Münchner Kesseln«, bis hinein ins verspielt-bauchige, bisweilen böhmische. Bitte → *Göltzschtal* zur Gegenprobe verwenden. Ein klein wenig schwächelnd das naturtrübe Kellerbier **Hacker Pschorr Anno 1417** (5,5% 🍃), auch scheint mir sein Säurespiel nicht genügend ausgewogen.
(Hacker-Pschorr-Bräu München) → *Paulaner*

Härke Pils (4,9% 🥄) humpelt brausig mit trockenem Finish, das sich nach einem gewagten Schlenker knapp am Grandiosen vorbeimogelt, weil zu verschnürt. Es fehlt an der nötigen Bewegungsfreiheit.
(Privatbrauerei Härke Peine)

Zu **Härtsfelder Gold-Engel Spezial** (5,2% 🍃🍃) folgende Geschichte. Da rast man wie von einer unsichtbaren Macht getrieben durch die Leipziger Tieflandsbucht, klappert jeden Busch nach versteckten Getränkefachmärkten ab, muß achtgeben, daß es einen nicht von den sonnigen Hügeln der Freude am Dasein in die morastigen Niederungen der Verzagtheit schwemmt, da kündet ein Schild Hald-Bräu. Doch alle Wege zum Wirtshäuslein sind wie vernagelt, die Pisten aufgerissen, als ob hier erneut das Braunkohlenfieber ausbrechen wollte, das Automobil und das schwache Nervenkleid mehrfach ernsthaft herausgefordert, lugt hinter welkem Pioniergehölz ein Einfamilienhaus mit Lebensmittelkrämerei und Ausschank nahebei. Keiner will und kann erklären, wie und warum es H. in dieses Braunkohledorf verschlagen hat. Und ich will es nach der Probe gar nicht mehr wissen. Das ist ja schlimm und sauer. Wie apathisch auf Duroplastspänen gereift. Oder wird das am Ende der Reinigungssud gewesen sein? Von dem ich Ihnen lieber nicht erklären mag, was es mit ihm auf sich hat.
(Familienbrauerei Hald Dunstelfingen)

H

Betrifft: **Halida** (5,0% 🍺🍺🍺). Liebe vietnamesische Freunde. Drei verschiedene Flaschen habe ich geöffnet, die erste sofort ausgegossen, bei der zwoten mich anfliegenden Brechreiz mit nicht unerheblicher Willenskraft in die Schranken gewiesen. Erst bei der dritten konnte euer Erzeugnis wenigstens unbehelligt in ein zum Verkosten vorgesehenes Glas gelangen. Doch ihr müßt euch eins überlegen: Diese Art der Umsatzsteigerung funktioniert nur bei Leuten ungebrochen guten Willens. Den besten Willen habe ich aufgespart, um biertypologisch vorwärtszukommen. Vergeblich. Kontrolliert bitte eure Flaschenabfüllung. Gibt es vielleicht Zuleitungen undefinierbarer Herkunft? Ist das Abwassernetz irrtümlich zugeschaltet? Prüft das, bitte! Mit vorzüglicher Hochachtung: Der Endesunterzeichnete.
(South East Asia Brewery Hanoi/Vietnam)

Haller Löwenbräu Mohrenköpfle (5,4% 🍺) rühmt sich seiner rotgoldenen Farbe und seiner milden Hopfung. Warum, ist schwer einzusehen, wobei: es muß ja nicht ewig ein Hopfenherbes sein. Abwechslung tut not, und für ein deftiges schwäbisches Bauernessen ist dieses Getränk gerade ideal. **Haller Löwenbräu Pilsner** (4,7% 🍺) läßt seinen Nachtrunk schon vor dem Runterschlucken verschwinden. Das ist zwar ungewöhnlich, deswegen lange nicht gut. Auf dieses Pilsener können Sie nicht bauen.
(Löwenbrauerei Hall Fr. Erhard GmbH & Co. Schwäbisch Hall)

Mit **Hallerndorfer Kellerbier** (o. A. 🍺), **Hallerndorfer Landbier hell** (4,9% 🍺🍺) und **Hallerndorfer Weißbier** (o. A. 🍺🍺) versucht sich die *Brauerei Rittmayer Hallerndorf* erfolgreich ins brautechnische Abseits zu manövrieren. Glückwunsch beziehungsweise herzliches Beileid.

Hanf-B … (4,9% 🍺🍺🍺) – dafür hetzt man den Dreiradkurier drei Stunden nach Dienstschluß in die Druckerei!

Welch Pleite! »Bier und Bräu darf es nicht heißen, weil es nicht ›rein‹ ist. Brau könnte es heißen, aber was ist das? Darum testen Sie selbst, was H. ist!« – Habe ich. Selbst mit meinem demiurgischen Rührwerk war da kein Leben in den Sektschaum zu bringen. So tot ist dieses »Brau«.
(Brauerei Zur Goldenen Henne Jüchsen)

Entmannen mit **Hannen Alt** (4,8% 🍺🍺), das können gewiß nur Leute mit strähnigen, seitengescheitelten, lötkolbenondulierten Haaren, Al Qaida-verdächtigen Zwirbelbärten und »Trompetenhosen« (G. Henschel), die selbst Pommes mit Stäbchen essen würden. Hätte an sich das Zeug zu einem passablen Dunkel. Aber nein, es muß ja Altbier sein. **Hannen Jung** heißt jetzt **Rave** (3,6% 🍺🍺) und wird von Diederichsen-Typen während der Ravolutionsunruhen als Downer verspeist. **Hannen Narrensud** (4,8% 🍺🍺) – der Schaum trügt, der Name nicht. Trotzdem kleiner Verbesserungsvorschlag: Idiotensud.
(Hannen Brauerei Mönchengladbach) → *Carlsberg*, → *Gatz*, → *Tuborg*

Hansa Pils (4,8% 🍺) wird als Sixpack der *Hansa Vertriebsgesellschaft Bad Sassendorf* in der *Hansa Brauerei Dortmund* gebraut. »Die erste Flasche netzt nur Lippen und Kehle. Die zweite verscheucht meine Einsamkeit, die dritte durchdringt meine grimmigen Kutteln. Die vierte Flasche erregt leichten Schweiß – alles Schöne des Lebens schwindet durch meine Poren dahin; die fünfte – ich kann das Wasser nimmer halten. Die sechste ruft mich in das Reich der ach was weiß ich denn, die siebente Flasche, halt! Das ist ja schon der nächste Sixpack.« So beschrieb der chinesische Dichter Han Sa die Wirkungen eines Sechserpacks Hansa Pils bereits vor mehr als einem Jahrtausend. Dem habe ich nichts hinzuzufügen. Wenn Sie's trinken wollen, dann ist das Ihr Bier.

Harley Davidson Beer (4,9% 🦢🦢🦢) funktioniert nur mit geringfügigen Feinmechanikölbeimengungen, damit sich die Biker, zu deren bevorzugtem Getränk diese Dosensauce hat arrivieren können, beim »Schrauben« den einen oder anderen Fehlgriff leisten können. Bißchen Schalottenschale, bißchen Holzkohle. Wird als Schaumbremsflüssigkeit verjauchten Flüssen in Nordamerika beigegeben. Ich wäre bereit, der Brauerei, wo immer sie sich versteckt hält, den Status einer kriminellen Vereinigung zuzusprechen.
(Irgendwo USA)

Harpoon I. P. A. 🦢 wird ein schaumiges India Pale Ale mit spritig-trockenem Grapefruit-Finish genannt; ähnlich spritig, hier mehr weinig das colafarbene **Harpoon Dark** 🦢, ein stark verklärtes Röstmalz-Münchner.
(Massachusetts Bay Brewing Co. Boston/USA)

Hartmann Edel Pils (4,9% 🦢) entspricht einem durchaus nicht alltäglichen Pilsener, großzügig hopfiert, satte Farbe, ein höherer Spund vielleicht noch. Der **Felsentrunk** (5,2% 🦢🦢) überzeugt bernsteinfarben, hantiert vollsüffig. Die schöne Rauch-, beinahe Whiskynote macht das Bräu auch für Nichtexportfreunde interessant. Der **Erbschänk 1550** (5,2% 🦢) ist ein sehr elendes Dunkel. Wenigstens die angekündigte Spur mehr Hopfen täte ich mir wünschen. Erst im trinkfälligen **Hell** (4,8% 🦢🦢) erscheint des Malzes Bestimmung klar und deutlich. Da wird die Würze in der Pfanne verrückt.
(Familienbrauerei Hartmann Würgau)

Hallo **Hartmannsdorfer Pils** (5,0% 🦢)! Gibt dein Etikett Geschmacksstoffe durchs Glas ab? Das muß doch rauszukriegen sein. Sonst würdest du nämlich *noch* besser schmecken.
(Hartmannsdorfer Brauhaus) → *Mittweidaer Löwenbräu,* → *Singha*

Die **Harzer Tanne** (4,8% 🍺) nennen sie »ein cooles Spitzenpilsener«. Sehr metallisch, ob da der Aludampf durchs Glas osmotiert ist? Nur sehrsehr kalt, cool also, trinkbar, sonst ab in die Harzer Tonne. Kann ein Bier so schlimm schmecken, wie es stinkt? Es ist kaum möglich, **Harzer Bock** (6,8% 🍺🍺🍺) schafft es: Wurmfraß in erbrochenen Nüssen, vergorenes Knochenmehl, alles ist hier versammelt. Werden mit diesem Bier Krankheiten übertragen? Wir hoffen, daß nicht.
(Harzbrauerei Privates Brauhaus Halberstadt) → *Michael Premium*

Hasen-Bräu Extra (5,3% 🍺) zeigt bisweilen schöne Hopfenanklänge und »schmeckt wie vom Faß«, **Urhell** (5,0% 🍺) schmeckt definitiv nach nichts, und **Oster-Festbier** (6,0% 🍺) dampft sauer; sonst wie ein zu stark geratenes Lager. Ein eigenartiges Gebilde. Dem komplett unfruchtigen, bisweilen wenigstens etwas würzigen, ansonsten aber rundherum kaum erfrischenden **Weißer Hase** (5,2% 🍺) wäre ein Rückzug aus der Öffentlichkeit dringend anzuraten.
(Hasen-Bräu Augsburg) → *Tucher*

Hasseröder Ur-Bock (6,9% 🍺🍺🍺) gleitet erstaunlich moderat-malzig heran. Marzipankartoffeln sind das Ergebnis. Der Nachtrunk läßt die Hopfenmuskeln spielen und zeigt Sinn und Wesen der Bockhopfung. Das ist kaum zu übertreffen. So können, so müssen Böcke sein. **Hasseröder Premium** (4,8% 🍺) verzeichnet gespenstische Zuwachsraten im Beitrittsgebiet. Sauerkirschharzfarben. Anfänglich opulenter Schaum, einigermaßen standfest. Angenehm zurückgenommene Malzsüße, ausdrucksvoll aromagehopft, es grüßt zuweilen das Frankenland. Schmeckt allen, die von sauerländischen Designerbieren den Kanal voll haben.
(Hasseröder Brauerei Wernigerode) → *Gilde*

Hatz Export (5,2% 🍺) wirft Fragen auf. Zum Beispiel, warum es zu allem Überfluß ein **Hatz Pils** (4,9% 🍺) geben

muß? Das nämlich hetzt dem »ungebrochenen Trend zum Pils« (K. Leweke) entgegen. Ist trotzdem keines, weil in der Eile wieder die Hälfte vergessen worden ist: richtiger Hopfen vor allem. Das kann ich nicht gutheißen. Hören Sie? – Schon weg.
(Hofbrauhaus Hatz Rastatt)

Hauff-Bräu Pils (5,1% 🍺🍺🍺) muß der Neid den Lichtenauern lassen: So exakt, wie sich der Doldenhopfen, einer gänzlich eigenen Choreografie folgend, hier über und um und zwischen die kunstvoll gedrechselten Malzgerüste schlängelt und rankt und windet, der imaginären Biersonne entgegen, das haben selbst geprüfte Bierbeschauer selten Gelegenheit zu beobachten. Ein erhabenes Schauspiel. More! More! More!
(Hauff-Bräu Lichtenau)

Ich schaute ein tadelloses Bier: **Hebendanz Hell** (5,0% 🍺🍺🍺). Deutlich ansprechen lassen sich Bernstein in der Farbe, überzeugende Lieblichkeit und Geschmack. **Edel Pils** (5,1% 🍺) ließ solche Deutlichkeit auf der ganzen Strecke vermissen. Von der »hochfeinen Hopfenbittere« waren nur Tiefdruckausläufer zu bemerken. Zu dunkel das Ganze, und der Schaum will tatsächlich wieder ins Glas zurück.
(Brauerei Hebendanz Forchheim)

Ganz cool im Vorbeifahren vom ungespundeten **Heckel Hellen** 🍺🍺 genippt, ganz wenig nur, die *Brauerei Heckel Waischenfeld* macht höchstens 350 Hekto im Jahr, und man will den armen Waischenfeldern ja nix wegtrinken, obwohl … man will es doch …

Heineken Beer (5,0% 🍺) windet sich sehr schlank, trüffelölfarben. »Ich komme!« schreit das Finish präpotent, ganz benommen von der eigenen Exklusivität. Leider viel zu früh. Man vergißt darüber beinahe die äußerst träge, lustlose Krone. Dem **Amstel Bier** (5,0% 🍺) gefällt es,

maischig-hefig und mit zerknittertem Hopfenkleidchen an mediokre US-Lagerbiere zu erinnern. Das betuliche Geschmackspsychogramm der Amstelbrauer wird zudem überlagert von einer nicht zu überhörenden Clausthaler-Note.
(Heineken Brouwerijen Amsterdam/Niederlande) → Amstel, → Mützig

Wer sich einen Kater ersparen mag, der trinke einfach keine größere Quantität Bieres oder behelfe sich mit **Heldbräu Altfränkisches Bauernbier Dunkel** (5,5% ☙☙☙). Da schwöre ich jeden Meineid. Wahlweise schlage ich zu diesem, von großangelegten Hopfenlatifundien umgebenen Spitzendunkel ein dem → *Singer Bier* über drei Ecken verwandtes **Hell** (4,9% ☙☙) oder **Heldbräu Pils** (4,9% ☙☙) mit keckem Schaumhütchen vor. Die beiden sind kolossal gehopft, bei zeitgleich phänomenaler Malzverdichtung und korrespondierender Rauchigkeit, da sind wahre Helden am Werk.
(Heldbräu Oberailsfeld)

Hemsbacher Hell ☙☙ und **Dunkel** ☙☙ sind, Gasthausbrauereien hin, Gasthausbrauereien her, in erheblichstem Maß überflüssig (der Brausparvertrag muß abbezahlt werden), und lassen an längst und Gott sei Dank Vergessenes denken.
(Hausbrauerei Zehntscheuer Hemsbach)

Im Malzbereich des **Henninger Kaiser Pilsner** (4,8% ☙☙☙) werden nur extrakorporale Geschmacksverstärker wirksam. Analog dazu aneinandergestrickte Schaumbällsche, zwei rechts, zwei links, eins fallen lassen. Dagegen strebt die »versorgungswirksam gewordene Finalproduktion« (H. v. Ditfurth) beim **Jubiläums Export** (5,5% ☙☙☙) eine polyphone Hopfendarbietung an. Allein, die Instrumente sind schlecht geputzt. Danach befragt, wie **Henninger Dunkler Bock** (6,7% ☙☙☙) am besten aus-

druckstänzerisch umzusetzen wäre, fiel mir nur Ottfried Fischer als emeritierte, besser: eremitierte Hopfdohle ein. Ein Alptraum, gewiß. Hier hat die Realität ganz konkret versagt. Wie hätte ich mir da gerne einen Ghostdrinker gewünscht. Großklapp(r)ig und selbstverständlich das Neueste und Tollste überhaupt auf dem »schuhschachtelgroßen Frankfurter Bierarchipel« (E. M. Cioran) – **Galaxy Premium Lager** (4,5 % 🍺🍺🍺). Selbst illegal verklappt eine Umweltkatastrophe ersten Ranges. Mit unabsehbaren Folgen für Pflanzen und Tiere. Was H. unter Menschen anrichtet, sehen wir tagtäglich in Frankfurt/Main. Wann schreitet der Gesetzgeber endlich ein? Zu spät, nun hat es → *Binding* übernommen. Samt **Highlander Finest Whisky Malt Beer** (5,3 % 🍺🍺🍺), dem fehlt das Komplement: Hopfen, Bucheckern, Eicheln, Tierkohle, irgendwas. Schaum eingangs kompakt, nicht zu halten, aber nicht haltbar. Honignote. Brezelgeschmack. Als Malzbierhybride gründlich mißlungen, wie zu konstatieren ist.
(Henninger Bräu Frankfurt/Main) → *Eichbaum*, → *Freiberger*, → *Gessner*

Herforder Pils (4,8 % 🍺) zeigt sich nach allen Seiten der Geschmacksvermeidung offen.
(Brauerei Felsenkeller Herford)

Herold (4,1 % 🍺🍺) posaunt sehr rauchigen Geruch ins Universum. Trocken, kräftig, stabil mit nussiger Säure.
(Childe Herold Březnice a Praha/Tschechien)

Herren Pils 🍺 eröffnet den Bierreigen der *Ulmer Münster Brauerei*, und das mit 4,9 Prozent nicht übel. Die um 0,2 Dezibel zu starke Hopfenansprache beschreibt einen fülligen Malzkörper und mündet schließlich in zaghafte Rezens und in einen überstürzten Abgang. Es wollte fast scheinen, als atme das Bukett förmlich in Kooperation mit einem guten Ziegenkäse, nicht zu Unrecht sieht die Münster Brauerei ihre Stärken im Weizenbier- und Spezialitätensektor. Es tendiert **Weihnachtsbier** (5,5% 🍺) zum hellen Bock, ohne zu wissen, warum. Auf die Weihnacht, die im Genuß solch tänzelnder Malzigkeit steht, darf man ausnahmsweise gespannt sein. Angenehmste Räusche stehen in Aussicht, bis daß der/die/das **Märzen** (5,3% 🍺) kommt und sich unvermittelt als kapables Export zu erkennen gibt. **Gulden Classic** (5,1% 🍺) könnte diese Funktion nicht besser ausfüllen und lehnt sich gemütlich an **Zunftmeister Spezial** (5,6% 🍺) an, bei dem ich mir gerne einen Querverweis zum → *Rostocker Hansebräu* erlauben will. **Zunft Weizen** (5,5% 🍺🍺) orientiert seine Schaumstoffperlen spielerisch an dunklen weizenbiersystemaren Zusammenhängen und ergänzt sich prima mit einem leicht süßlichen **Kristall Weizen** (5,5% 🍺🍺). Wie nun den heftigen Getreideantrunk vom **Hefe Weizen** (5,5% 🍺🍺🍺) laudieren? Hier ist die Quellenlage ziemlich eindeutig und kaum zu toppen. Ich suche noch einen geeigneten Komponisten. John Zorn? Bill Frisell?

Herrenhäuser Premium Pilsener (4,9% 🍺🍺), kurz »Herri« (D. Wischmeyer), schmeckt immens nach Kronenkork, wird daher über Land vorsichtigerweise mit Schraubverschluß ausgeliefert. Die auf einen kauzigen Teilaspekt reduzierte Aromatik schneckt träge unter einem Schaum wie, haha, Schaumpolysterol. Beim **Ice Beer** (4,6% 🍺🍺🍺) ist mir das Lachen gleich wieder vergangen: Deckel auf – und dann ist es schwer aufzuhalten, im wahrsten Sinn des Wortes. Auszuhalten dito. »Das hannöversche Bier war noch nie mein Fall gewesen, im Gegensatz zu den hannöverschen Frauen«, schätzt mein Souffleur Jörg Fauser überaus zutreffend ein. Wie gerne gebe ich ihm Recht.
(Privatbrauerei Herrenhausen Hannover)

Hersbrucker Lagerbier (4,6% 🍺) atmet sehr, sehr trocken, mit gentiler Bittere, **Edel-Pils** (4,6% 🍺🍺) ansprechender, über dieser alkoholischen Bescheidenheit wird wahre Hopfengröße zur Schau getragen. **Unser Hersbrucker**

Albweizen (5,1% 🍺🍺🍺) ist das beste Birnenkompott ohne Birne. Nelke, Piment, Lorbeer, glaub ich, und eine Spur Kümmel. **Märzen** (5,1% 🍺) wirkt in diesen Zusammenhängen eher thin, also schmal. Ein winziger Kunstfehler.
(Bürgerbräu Hersbruck)

Das werden die Limburger Brauer selber kaum schlüssig erklären können. Die doch eigentlich alkoholbeschwerten Aromateilchen müssen Flügel haben. Anders quirlten sie nicht so elfig über sämtliche Zungendistrikte; dort ein Hauch, da ein Tupfer, hier eine kluge Andeutung, nebenan eine verschämte Anspielung und vor aller Augen insgesamt jedoch so harmlos tuend, daß man sich in den Finger beißen möchte. Beherrschtere Naturen beißen vorher lieber in den Schaum und wünschen ihre Umgebung so granatengeil angepinselt, wie man sie durch ein Glas **Hertog Jan Grand Prestige** (10,0% 🍺🍺🍺) betrachten kann. Den Herzog **Jan Dubbel** (7,0% 🍺) registriere ich als Gegenpart zu Jan Primus, den sie uns oft als Gambrinus verkaufen wollen. Der Hopfen bleibt in der Schmollecke, lehnt die Mitwirkung im Geschmackskollektiv ab. Verständlich: beim Schaum dachte ich zuerst an Saucenkuchen. Wenn Sie Gefallen an dekorativen Flaschen finden und auch sonst nichts anderes zu tun haben, stellen Sie sich diese Marke ins Regal. Nur nicht aufmachen.
(Arcense Stoom Brouwerij/Interbrew Nederlands N.V.)

Hetzelsdorfer Fränkisches Vollbier (5,0% 🍺🍺) tapst nicht gar zu finsterfarbig, distinkt gehopft, überaus anspruchsvoll herein. Versteckte Pilsenerallüren mit Malzbetonung auf dem zweiten und vierten Schlag.
(Brauerei Penning Zeißler Hetzelsdorf)

Heubacher Albfels Premium (4,5% 🍺) nimmt geringere Haltbarkeit in Kauf, dafür sichere und saubere Belieferung des Um-den-Schornstein-Gebietes. Sehr löblich. Hat freilich keine bleibenden Impressionen hinterlassen, **Uralb**

Spezial (4,8% 🍺) dagegen schon eher. **Mutlanger Gold Spezial** (5,2% 🍺) »gebraut in Heubach« kann freilich das Pausen-Sit in beim CD-Schneiden an einem sonnigen Märztag auf einem Südhang bei Schwäbisch Gmünd wahrlich versüßen, denn süß ist es eindeutig. **Altes Sudhaus Dunkel** (4,8% 🍺) – »das ultimative Trinkerlebnis für eine neue Biergeneration«. Interessant. Wirklich. **Weizen Kristallklar** (4,7% 🍺) mit einem Anflug von Banane, **Hefe Weißbier** (4,7% 🍺) apflig und würzig nach Pflaume. Überredet.
(Hirschbrauerei Heubach)

Hexenbräu (5,4% 🍺🍺) spritet unrein. Kann man höchstens Hexen mit austreiben. Das ehedem stärkste Bier der Welt, **Samichlaus** (14,2% 🍺🍺🍺), ist endlich – endlich – vom Markt genommen worden. Mich laust der Affe.
(Brauerei Hürlimann Zürich/Schweiz) → *EKU (28)*, → *Belzebuth*

Zu **Hiernickel Dunkles Frankenbier** (4,8% 🍺) folgendes: Es regnet Seile. Die Herrschaften haben im Stundenhotel zu Themar eingecheckt, die unterwegs geklaute Flaschenware wegverkosten. Ihre Räder sind erschöpft, und Herr Schmitz braucht dringend eine Mütze Schlaf. H. ist »original eingebraut«. Die Begeisterung verharrt dennoch in den Grenzen von 1937. Vielmehr: Herr Riedel stutzt. **Hiernickel Pils** 🍺 kommt auf 5,0 Prozent und erscheint recht trocken. Herr Riedel meint: trotz Schraubverschluß. Da sind wir unerbittlich. **Spezial Märzen** (5,5% 🍺) kommt auf den Tisch und gewährleistet einen in Maßen erträglichen Verkosterjob. Herr Riedel ist auch zufrieden. Nun der **Theresator** (7,3% 🍺) mit seinem tollen Schaum. Hier stehe »Zahnbeschlag« zu befürchten, schränkt Herr Riedel geistesgegenwärtig ein, und außerdem hätten wir schon dreizehn Biere intus. Ein Streit bricht deswegen nicht aus, denn wir werden abgelenkt: Das Naßwetter ist vorbei, der liebe Herr Schmitz

hat wie auf Bestellung ausgeschlafen, und schon können wir weiterfahren.
(Hiernickel-Bräu Hassfurt)

Hieronymus (4,8% 🍺🍺) ruht hefetrüb und sehr hopfig, wahrhaftig gut. Schöne Überraschung: Der extrem bittere Abtrunk wird nach dem zweiten Schluck weich und blumig. **Geroldsecker** (5,7% 🍺) abgesehen von der Stärke, bronzen, mit schönen Frankenpostkarten und festem Geschmack.
(Schlossbrauerei Stöckle Schmieheim Kippenheim)

Hinano (4,9% 🍺🍺🍺) hat ein Problem. Allein Preis und Ehrlichkeit vor dem Lebensmittel verhindern einen allzu voreiligen Abbruch der Verhandlungen. Es bleibt – gegen alle Gelübde – ein fades Austrinken, was zum Beispiel bedeutet: bis die Flasche leer ist. Hier hat der Trost eine Hohlmaßeinheit: nur 0,33 Liter.
(Brasserie de Tahiti Papeete/Tahiti)

Hirter Privat Pils 🍺🍺 ist »im Antrunk weich und schlank und im Abgang harmonisch zartbitter« und selbstverständlich »naturbelassen gereift«. Da wollten die Herrschaften mir die Arbeit abnehmen. Eine Zusatzfrage hätte ich freilich: Was ist daran und an den ungewöhnlichen 5,2 Prozent »böhmisch«? Denn auf alte böhmische Rezepturen berufen sich die Hirtenbrauer. Okay, es schmeckt, sehr gut, inter maxime deliciosus, aber böhmisch? Ich bitte Sie.
(Brauerei Hirt/Österreich)

Hobgoblin (5,5% 🍺🍺): ein rauchiges Extra Strong Ale mit einem Arsenal an Bitternis, in dem die Hopfenkobolde freie Hand haben, beinahe überhandnehmen. Schadet nix. Ich beantrage die Umbenennung in »Hopgoblin«.
(Wychwood Brewery Witney/England)

Hochstahl Lagerbier (4,8% 🍺🍺🍺) ist und bleibt ein kühles, dunkles Lagerbier, hochausgezeichneter → *Krušovice-*

nachtrunk, bronzegebräunt, auch im Wiederholungstest alle Parameter mit Ausgezeichnet übererfüllt, wenn es kühl und dunkel gelagert wird. Protokollauszug: »Sieht einladend aus, riecht einladend, schmeckt nach mehr. Das Bukettensemble in friedlichem Einvernehmen.«
(Brauerei Reichold Hochstahl)

Neuer Vorschlag fürs Bekennerschreiben von **Hochstift Pils** (4,9% 🍺🍺): mit irgendwelchem runzligen Hopfen und wahllos herausgegriffener Braugerste aus werweißwoher wurde dieses Sowiesopilsener der Premiumklasse in einer Mitbrauzentrale verdorben. Verdünnt sieht **Schwarzer Hahn Original Rhöner Landbier** (4,9% 🍺🍺) dachziegelrot aus. Zugegeben überflüssig. Schreiben Sie dem *Hochstiftlichen Brauhaus in Fulda.*

Hoegaarden Witbier (5,0% 🍺🍺🍺) erstaunt auf der ganzen Linie. Man liest von unvermälzter Gerste und unvermälztem Weizen sowie geringem Anteil Hafer. Das weißbierverwandte Ergebnis kann sich trinken lassen. Zuckrig, pampelmusig, spritzig. Auch Koriander konnte nachgewiesen werden. Mit **De Verboden Vrucht** (8,8% 🍺🍺) hat dieses gar nicht alte Brauhaus einen dunkelroten Klassiker kreiert. Auch hier wieder Koriander, dazu Aromahopfenstrudel erster Güte und feinster Alkohol. Beim Austrinken wünsche ich gutes Gelingen (Patheismusthese evtl. damit beweisen). **Hoegaarden Grand Cru** (8,7% 🍺) ist ein Hochgewächs nun eben nicht. Für den Geruch nach Pferdeäpfeln wäre m. E. ein gutgemeinter Hinweis an den Brauereigründer fällig, es nicht zu bunt zu treiben.
(Brasserie Hoegaarden/Belgien)

Höhns Vollbier 🍺 verantwortet – wer sonst – die *Brauerei Höhn Memmelsdorf.* Eine ganz außerordentliche Belanglosigkeit. Bin bei den Notizen eingeschlafen und konnte dem Glas nicht einmal die volle Referenz erweisen.

Hölzlein Vollbier 🍺🍺🍺. Dort müssen Sie hin! 96123 Lohndorf, Ellertalstraße 13. Ein sehr helles, pilsaffines Erfrischungsgetränk allererster Garde. Mit einem Hopfenfinish, weich und blumig, wie im Umkreis von tausend Meilen nicht. Der Brauer hört's gern, wenn man sein Bräu lobt, erklärt die Sache mit dem Aromahopfen, der ich hundert Mal gelauscht habe. Nur scheint sie hier zu stimmen. Vielleicht zeigt er innerlich längst den Vogel, weil ich mich nicht lassen kann. Stegreifgedichte sage ich bereits auf, denke über Wohnsitzwechsel nach, streite mit Freunden, welcher Gitarrist dieses Hopfensolo adäquat wohl umsetzen könnte. Ich will verdammt sein, wenn nicht eine außerordentlich dicke, schwere Kullerträne aus meinen Drüsen auf den blankgescheuerten Tisch gefunden hat.
(Brauerei Hölzlein Lohndorf)

Hönig Pils 🍺 blitzt blitzeblank. Die Schaumkappe schafft es erst beim zweiten Versuch – die Bläschen sind einfach nicht kleinzukriegen. Rigoros auf zwölf Prozent stammgewürzt, und dann recht (industriell) leere 4,8 Prozent Alkohol mit einem dreisten Verstoß gegen den Zweiten Hauptsatz der Hopfendynamik. Warum? Und warum schwärmt Thomas Kapielski davon? Ist es die gedankliche Nähe zum → *Berliner Schwindl Pils?*
(Brauerei Hönig Tiefenellern)

Nach einem **Hoepfner Pilsner** (4,8% 🍺🍺) fällt mir wieder alles ein, was mir nach einem schlanken, außergewöhnlich leichten, spritzigen, schwebend-grazilen, himmlisch-herben Pilsener alles einfällt. Aber warum Hopfenextrakt? Warum?
(Privatbrauerei Hoepfner Karlsruhe)

»'s Hösl paßt« dem **Hösl Edelpilsener** (4,9% 🍺), behaupten sie. Nachdem man es mehrmals durch die Sudpfanne gezogen hat, ergänze ich pflichtgemäß. Kommando zurück! Schmeckt, hm, wie ein Extrahösl Hopfen in die

Sudpfanne gehängt. Weiter so. Wie beim hellen Bock **Süffikus** (6,5% 🍺) oder, nicht zu vergessen, dem zielsicher navigierenden **Premium Weihnachtsbier** (5,5% 🍺). Für Trassl-Bräu Warmensteinach in Lizenz gebraut wird folgendes: **Trassl Gebirgsexport** (5,2% 🍺🍺) klingt wie Gewerbegebiet hinterste Ecke. Große Pläne da in Warmensteinach. »Von daher« (W. Schäuble) würziger Antrunk, gute Rezens, bestens abgestimmte Bittere. Klassisches Hopfenfinish. Cremiger, standfester, feinporiger Schaum. Goldmedaillenfarbig. Gäbe es T. in fester Form, könnten sich viele ... Moment, Moment: Das habe ich doch schon bei → *Radeberger* geschrieben. Stimmt. Aber hier stimmt es auch. Bald noch mehr. Dem Braumeister hätte ich glatt ein Sonderpostwertzeichen gestiftet. Zweiter Grund: **Trassl Gebirgspils** (4,9% 🍺🍺). Kann gut sein, daß beide jüngst in Steinachtal Export und Pils umgetauft worden sind. Fragen Sie Ihren Fachhändler.
(Brauhaus Hösl Mitterteich) → *Kulmbacher*

Die Testflüssigkeit **Hofbräu Münchner Kindl Weissbier** (5,1% 🍺🍺) verweigert den Schaum, und das ist schlimm, gleich vermerke ich noch schlimmere Parallelen zur → *Berliner Schwindl Original Weissen*, die einander mit Bestimmtheit in der Unendlichkeit schlecht trinkbarer Biere verlieren. Doch trog der Eindruck, die Säure stimmt, im Aromenkörbchen findet man noch manches, versteckt, ganz nach unten gewühlt. Und ich trinke einigermaßen besänftigt aus. **Oktoberfestbier** (5,7% 🍺) dagegen ist, anders als das ähnlich lautende Fest, sehr anständig bis exquisit, ein kleines Fest für sich, hier kann bei der Autopsie allemal interpoliert werden. **Hofbräu Original** (5,1% 🍺) verhalten, leichtsinnig, tändelnd und süß. Vielleicht der Flasche ein kurzes Röckchen umhängen?
(Staatliches Hofbräuhaus München)

Hofpils (4,7% 🍺🍺🍺). Gewächshaushopfen mit darmwarmen Agraralkohol angesetzt, dann hinter schwäbi-

schen Gardinen vorsichtig Weißblech drumgerollt, damit
nichts wegläuft. Die mundbemalten Dosen geschultert,
schicken die Braubehindertenwerkstätten in Schwabach,
den Mitleidsbonus nutzend, ihre Drückerkolonnen in den
Billigkramhandel zum Klinkenputzen. Da fällt es schwer,
in der Hose zu bleiben. Beim **Weizen Exquisit** ♥♥♥ und
Waizenhof ♥♥♥ (je 5,2 %) scheint die eigentliche Gärung
erst im Magen-Darmtrakt anheben zu wollen. Auch fällt
es ihnen leicht, in der Dose zu bleiben.
(Gefco Getränke GmbH Schwabach)

Hohenfelder Lappmann's Dunkel (4,7 % ♥) und
Pilsener (4,8 % ♥): a) Ach pfff; b) maliziös malzig,
hochtrabend hopfig. Ende der Durchsage.
(Privatbrauerei Langenberg)

Hohenschwärzer Export (5,2 % ♥♥) mit aufregend
lichtem Schaum, aufregend dunkelbronzen in der Farbe
und aufregend mild im Geschmack, die Zunge wird ganz
hibbelig.
(Brauerei Hofmann Hohenschwärz)

Holnsteiner Vollbier (4,8 % ♥) wackelt wacker und metallisch in Richtung vollschlank, was bei einem Hellen
kein Vergehen ist. Diese Bestürmung ließ die Geschmacks-
muskulation freudig über sich ergehen.
(Schloßbrauerei Holnstein)

Ende 2001 traf wieder die Arbeitsgruppe »**Holsten**-Ak-
zeptanz in der Bevölkerung« zusammen. Auch diesmal
flirrten nicht allein Fragen simpler Sensorik im Raum:
Wird der zunehmenden Globalisierung Rechnung getragen? Für welche Styles steht Holsten? Anders: Ist
Holsten heute noch/wieder Camp? Nun ja, lesen Sie
selbst: **Pilsener** (4,8 % ♥) verschafft trinkbewußten
Managern bei beinharten Konferenzen den ultimativen
Holsten-Kick für zwischendurch. **Edel Pils** (4,9 % ♥) gibt

ordentlich Tinte auf den Füller, bestens geeignet für tabu-lose Holsten-Spiele. Ist auch zum Verfeinern von Saucen geeignet. Aufgeschlossene Singles, aufgepaßt! **Maibock** (7,0 % ✏) und **Festbock** (7,0 % ✏) quälen mit unhippem Hausfrauengeruch. Schnittwunden beim Öffnen vorpro-grammiert; stärkt höchstens die Wegwerfmuskulatur.
(Holsten-Brauerei Hamburg) → *Feldschlößchen Braun-schweig,* → *Lüneburger*

H

Eine kleine Malerkolonne zückt im **Holzar-Bier** (5,2 % ✏) behende die Roßhaarpinsel und malt die Glaskulisse von innen kupfrig-kastanienbraun aus. Dann werden hefig-hopfige Duftlampen aufgestellt, die haben sich so wichtig, die würden am liebsten selbst über den Glas-rand klettern. Auftritt eine bunt zusammengewürfelte Sensorentruppe. Die Vorstellung ist kurz, doch mitrei-ßend. Im **Neuschwansteiner Weihnachtsbier** (5,2 % ✏) zückt eine ebenso kleine Malerkolonne behende die Roßhaarpinsel und malt die Glaskulisse von innen kupfrig-kastanienbraun aus. Dann werden hefig-hopfige Duftlampen aufgestellt, die haben sich so wichtig, die würden am liebsten selbst über den Glasrand klettern. Auftritt eine bunt zusammengewürfelte Sensorentruppe. Die Vorstellung ist kurz, doch mitreißend. But folks, ich will verdammt sein, wenn da nicht bis in den letzten Zipfel astrein dasselbe Programm gespielt wird. Wie würden Sie entscheiden?
(Privatbrauerei Höss Sonthofen)

Honer Gold (4,9 % ✏) geht sparsam im Schaum, dafür hopfenmäßig geschönt, mehr als für ein Export nötig. So würde ich's klassifizieren. Die **Hirsch Jubiläums Weisse** (5,1 % ✏) wird als dunkel apostrophiert. Ist sie gar nicht, vielleicht dunkel bernsteinig, okay. Dazu win-zigste Hefegeschmacksfetzen, mit Piment und Lychees angerichtet.
(Hirsch Brauerei Honer Wurmlingen)

Hopf Dunkle Weiße (5,0% 🍺) – rezent, kupfrig, malzig, **Weiße Export** (5,3% 🍺🍺) schmeichelt mit einem Honig-Pflaume-Quitte-Stilleben. Stattgegeben.
(Weißbierbrauerei Hopf Miesbach)

H

Im **Hopfengold Premium Pils** (4,9% 🍺) haben wir ihn wieder, den Superaromahopfen – kurz vor dem Verfallsdatum. Aber nur kurz. Um das **Helle Landbier** (4,8% 🍺) ist der Ländler zu beneiden, um **Alt Pahreser Dunkel** (5,0% 🍺) freilich nicht, eher dafür auszulachen (»Mit Original dunklem Malz gebraut«). Das ice-teafarbene **Festbier** (5,3% 🍺🍺) lacht abermals superb gehopft, modern malzig, ein Klassebier allemal, ein Festbier, ein Fest von einem Bier.
(Privatbrauerei Hofmann Pahres)

Hornecker Hell (4,8% 🍺🍺) stammt aus der einzigen Privatbrauerei Bayerns, die ausschließlich mit eigenen Rohstoffen braut. Wie, das soll ein Hell sein? Vor dieser Hopfeninszenierung müssen sich glatt einundachtzig Prozent aller Pilsener verstecken. **Edel-Hell** (5,0% 🍺) ist das Hell für gehobene Ansprüche. Die Tester attestieren jedoch: im Zweifelsfall lieber das Hell. Gut. Für **Pils** (4,8% 🍺) konnten wir uns auf »nicht übel« einigen. Warum das Hell wie ein Pilsener und das Pilsener wie ein Hell geraten konnte? Darüber haben wir noch nächtelang gestritten und beinahe **Hornecker Märzen** (5,5% 🍺) als schwächstes Glied in der Hornecker Indizienkette übersehen und das glückliche zwote »r« im Namen.
(Brauerei Stempfhuber Horneck)

Hostan Granat 🍺 wurde von der *Brauerei Hostan Znojmo/Tschechien* 1993 am Markt vorgestellt. Sein Grundstoff ist das Pilsner Malz mit weiteren drei Sorten Spezialmalz: Münchner Malz, Karamelmalz und Farbmalz, das ihm die Granatfarbe verleiht. Geschmack und Aroma sind angenehm, leicht karamelig-malzartig mit einer leichten

Bitterkeit. Der Alkoholgehalt beträgt maximal 4,2 Prozent. **Znaimer Pils** ♠ erschien auf dem Markt in 1995, und gleichzeitig wurde es exportiert. Das Bier hat eine ausdrucksvoll hellere Farbe, sein Geschmack zeichnet sich durch niedrigere Bittere aus, ist hochvergoren und dadurch kommen feine Geschmackseigenschaften voll zur Geltung. Der Alkoholgehalt ist 4,7 Prozent. **Hradni** ♠ ist ein Bier für den anspruchsvollen Konsumenten mit 4,9 Prozent Alkoholgehalt. Es zeichnet sich durch vollen Geschmack, mittlere Bittere und reines Aroma aus. Seine Beliebtheit basiert auf den ausgeglichenen Eigenschaften der verwendeten Rohstoffe. **Premium** ♠ ist wegen seiner hohen Qualitätsansprüche für ruhige Stunden und festliche Gelegenheiten bestimmt. Es ist ein Bier Pilsener Art mit einem Alkoholgehalt von 5,3 Prozent. In seinem Geschmack tritt die charakteristische, ausdrucksvolle Herbe hervor, die im idealen Gleichgewicht mit den anderen Komponenten des Malzextraktes steht. Es empfiehlt sich daher als Getränk zur Mahlzeit mit einer mittleren Vollmundigkeit aufgrund der langen Lagerung, mit einer stärkeren Spritzigkeit und schönem, festem Schaum. Das am meisten verlangte Bier ist **Naše pivko** ♠♠. Sein Alkoholgehalt beträgt maximal 4,2 Prozent. Es ist ein Bier der Pilsener Art mit feiner Bitterkeit, mit einem schwächeren Hopfenduft, gut schäumend, mit einem entsprechenden Geschmack.

Huber Weisses (5,3% ♠♠) verständigt sich mit Aphorismus auf dem Backcover. Auf dem Kronkork: »Öffnen … bewußt genießen«. Sollen wir nun das »Öffnen« bewußt genießen? Oder soll es eine however Reihenfolge sein? In Anbetracht der erschütternden Testergebnisse (Dokumente können beim Autor eingesehen werden) empfehle ich: bitte vor dem »Öffnen« einhalten. Ist denkbar sauer, mit Magermilchschaum, die Hefepartikel finden keine Ruh und wären lieber Buchteln geworden. »Innere Stärke fühlen«, lautet der Sinnspruch für **Helles Urfelder** (5,1% ♠♠♠). Das Gegenteil trifft zu. Ein angesäuertes, abgehärmtes, aus

dem Mund diabolisch nach altem Dörrobst qualmendes Malzmännlein wird auf einem klapprigen Rollstuhl über die Zunge geschoben. Böse Buben (die Brauer?) haben ihm die letzte Hopfenluft aus den Reifen gezapft. Der schiebende Zivi ist passenderweise sternhagelvoll. Sie können sich vorstellen, daß kein einziges Freisinger Alkoholmolekül in seinen Blutbahnen zirkuliert.
(Hofbrauhaus Freising)

Hubertus Pils (4,9%) und eine sich verdammt spät einschleichende Kratzigkeit bedeuten mir: hier ist Hopfen mit im Spiel. Wie ungarisches Bier. Das Zerplatzen der Schaumperlen klingt nach leise köchelndem Pilzsüppchen (auf dem rechten Ohr besser & prononcierter). Die Nottaufe in **Ratskrone Pilsener** (4,9%) hat nicht verhindern können, daß der Trinker sich vehement, notfalls mit Waffengewalt gegen die »Erinnerungsmuster« (Holger Sudau) von H. wehren möchte. Genau wie ab heute ein unmißverständliches Verbot an die Welt ergeht, Biere Ratskrone zu nennen.
(Burgbrauerei Hessberg)

Kaum Platz genommen auf ein **Hübner Dunkles** , wird man in die dörflichen Diskurse eingebunden. Das geht so: Die Schankstube ist knapp bemessen. Viele wollen jedoch ihren Feierabendtrunk nicht drangeben. Eng hockt man demnach aufeinander. Als Fremder wird man selbst von den derb zwischen ihren Promillen Schaukelnden ausgemacht. Ein kurzer, wenngleich zusammengestotterter Exkurs über die Brauereienmisere in der Fränkischen Schweiz: Der hat zumachen müssen und der. Und der »aaah«. Leute mit zweitem Wohnsitz in der Schank trinken ihr Dunkles aus mit wäscheklammerähnlichem Stiftlein zusammengeleimten Fäßchen plus Henkel. Hefig und dunkel. Mittelschwere Hopfenhanteln stemmt der münchermalzgestählte Brauwasserathlet.
(Brauerei Hübner Wattendorf)

Sowas wie **Hübner Vollbier** (4,7% 🍺🍺🍺) haben Sie noch nie getrunken. Sollten Sie aber. Das beste Vollbier der Welt. Selbst als Märzen hätte es keine Mühe, unter die ersten Zehn im Weltmaßstab zu gelangen. Daß sich die untergehende, hin und wieder angewärmte Sonne eines späten Märztages (zirka 17.50 Uhr) in ein Glas füllen läßt – ich gerate ins Schwärmen, ins Taumeln; die Chauffeuse sagt: »Ist ja schon gut, jetzt fang dich halt wieder. Du kriegst ja nix von der herrlichen Landschaft mit.« Was soll man darauf sagen? Ihnen kann ich höchstens sagen, daß seither alle Tage im Zeichen von Hübner Vollbier stehen. Und jetzt auf nach Steinfeld an der Quelle der Wiesent c/o Fränkische Schweiz, möbliertes Zimmer suchen.
(Hübner Bräu Steinfeld) → *Palm Speciale*, → *Rossdorfer*

Wenn ein untergäriges, malziges, säuerliches (nach Rosinen schmeckendes), hochgespundetes, honiglich ausschauendes **Hümmer Lagerbier** (5,0% 🍺) beabsichtigt war, dann ist es Hümmer voll gelungen.
(Brauerei Hümmer Breitengüßbach)

8,8 🍺 zeigt bei aller Sympathie für unsere französischen Brauhausnachbarn an: die ziemlich heterogene Exotenfruchttafel und der entschieden zu waghalsige Alkohol (8,8%) waren kein sehr passender Einstieg für unsere Fibel. Daher gibt es einen neuen Anfang: → *Aass Bock*.
(Brasserie de Saverne/Frankreich)

Auf **Humbser Export** (5,4% 🍺🍺) fällt natürlich keiner mehr rein. Ist ja klar, die Brauerei gibt's seit Jahrmillionen nicht mehr. Humbser Export und das schrecklich anverwandte **Humbser Pils** (4,9% 🍺🍺🍺) gehen eindeutig auf den Deckel von → *Kaiserdom*.
(Brauerei Humbser Geismann/Fürth)

Huppendorfer Pils (4,9% 🍺🍺) liegt schaumlich im guten Mittelfeld, mittelgelb mit lieblichem Grünstich. Zungen-

mäßig eine Komposition aus distinkter Bittere und listiger Aromatik.
(Privatbrauerei Grasser Huppendorf)

Hoppla, wo sind wir denn jetzt gelandet? In der Konditorei? Der Konfiserie? Der Patisserie? **Imperial Extra Double Stout** (9,0% 🍂🍂🍂), im folgenden I.E.D.S. geheißen, baut, geschützt von braunem Qualitätspanzerglas und einem zu allem entschlossenen Korken, ein dreihundertdreißig Milliliter großes Imperium auf, extra ölig, mit Pro-forma-Schaum, die Bezeichnung Bier damit zu rechtfertigen, und schwarz wie eine mit feinstem irischen Stout durchzechte Nacht. Da verschwindet jedes zum Anstrahlen eingesetzte Licht im Flüssigkeitskorpus, während man noch Gedanken darüber verliert, I.E.D.S. sei nur was für doppelt geübte Zungen. Denn wer vermag dem Röstmalzbitterhopfenoverkill unbeschadet standzuhalten, bis sich endlich Pflaumenkuchen-, Heißeschokolade-, Türkischmocca-, Plombenzieher- und Russischerübenliköraromen zur Entschlüsselung ihrer geschmacklichen Geheimnisse entschlossen haben. Da ist die Flasche meist schon leer und der Proband voll. *(Harvey & Son Ltd. Lewes, Sussex, England)*

Die Blume des **Indianhead** (5,0% 🍂) ist gut und die Farbe okay. Amihopfen plus Weizen jedoch erzeugen einen artfremden Geschmack, der mir gar nicht behagen will. *(The Rock Springs Brewery Co./USA)* → *Red Dog*

Ingobräu Edel Weisse (5,4% 🍂) bemüht sich um wenig Milde, wenig Säure, wenig Frucht. Der Doppelbock **Honorator** (7,0% 🍂🍂) amtiert herzlos und versoffen, eine halber Bock hätt's auch getan. Dann heißt es **Altbayerisch Dunkel** (5,2% 🍂) und verspricht »Lust auf guten Geschmack«, und den hatte ich nach dem Test. Denn das Besondere an ihm ist, daß es nichts Besonderes ist, zu kratzig, erdig und alt ist es geraten oder besser »herzhaft«, wie zutreffend draufsteht. Das Bierherz könnte einem brechen. **Ingobräu Hell** (4,9% 🍂🍂) von der abgrundtief verzweifelten Brauerei im Netto Marken-Discount zu Vierneunundneunzig die Kiste verramscht, still glaubend beziehungsweise hoffend, daß mich der Kleckerbetrag von der berechtigten Forderung nach einer generellen Geld-zurück-Garantie abhalten würde. Wahrlich, ich sage euch: Glaube und Hoffnung allein genügen nicht. Der Eingang zum Himmelreich wird euch von der Liebe gewiesen. Die Liebe zu einem guten und bekömmlichen Getränk. Über **Pils** (4,9%) lesen Sie bitte bei Jürgen Roth (Bier! Das Lexikon, S. 127) nach. *(Ingobräu Ingolstadt)*

Ingolstädter Privat-Pilsener (5,2% 👅👅) schmatzt mir einen intensiven Hopfenzungenkuß zu. Als wollte der royale Bitterstoff in solch alkoholfülligem Milieu erst recht erblühen. Hier wurde vorher nachgedacht. **Schanzer Weisse** (5,4% 👅👅) hat wirklich alles, was ging, aus dem Hefedepot herausgeholt, **Wappen** (5,6% 👅) trägt eine gut sitzende Schaumkappe, während Dunkel **Anno Domini** (5,6% 👅) auffallend geschmacklos und, ich will ehrlich sein, gar nicht richtig dunkel ist. *(Nordbräu Ingolstadt)*

Innstadt Pilsener (5,0% 👅) gefällt mit großzügiger Hopfenausstattung, das beste der Passauer, so gesehen. Anders gesehen, natürlich nicht. **Batavia Pils** (5,0% 👅): ein für allemal: »Aus kristallklarem Fels-Quellwasser« – das kann nichts werden. Ich empfehle Leitungswasser, da wird zwar keine Spezialität draus, aber ein Bier. Und das dürfen Sie dann trotzdem B. rufen. → *Glückauf*. Doch was ist das? Dunkel dräut die Malzeinrichtung und ist vergnatzt, weil sie keiner recht mag. Der Formwille verliert sich im Rosinenbereich. Das kann nur **Innstadt Export** (5,2% 👅) sein. *(Innstadt Brauerei Bierspezialitäten GmbH Passau)*

Dem **Irlbacher Premium Pils** (5,2% 👅👅) helfen nur Salzstangen weiter. Nicht dazu, sondern anstatt. **Graf Bray Klassik** (4,8% 👅) ist partiell unterstrichen und ebenfalls als Premium im Umlauf. Man möchte Helles dazu sagen und korrespondierend einen »mild-würzigen« Käse essen. Denn dieses Versprechen löst das Getränk nicht ein. *(Freiherr v. Poschinger-Bray'sche Schloßbrauerei Irlbach)*

Irseer Klosterbräu Pils (5,0% 🍺🍺🍺) deutet ein erloschen und verlassen wirkendes Zwickel an, die sonst mit einem solchen zu verbindenden Eigenschaften konsequent negierend. Unter einem blubbernden Unstern steht die Koinzidenz von Malz und Hopfen. Nichts wie weg (damit). *(Klosterbräu Irsee)*

I

Iwate Morio Beer (5,5% 🍺🍺🍺), »Tränen vom roten Kobold« genannt, riecht in meiner Ausführung wie Fernostmeeresfrüchtediscount und soll einem japanischen Altbier nachempfunden sein. In Deutschland nachgebraut mit der Lizenz zum Mißlingen.

Turnvater Jahn hätte seine Freude an **Jahnsbräu Pilsener** (4,8% 🍺🍺) gehabt, ich habe sie nicht. Keineswegs aufregend. Aufgeregt haben mich dafür das ewige Hausierengehen mit diesem ewigen Felsquellwasser, die peppigen Etiketten und die unsaubere Hopfeneinflugschneiße, die den hinfälligen Körper – bei volkstümlich-hefiger Nase – decouvriert. Mit **Burgbräu Pilsener** (4,8% 🍺🍺) und **Unser hell** (4,8% 🍺🍺) liegt das grausige Sortiment als Volksausgabe vor. **Falkensteiner Premium Hefeweizen** 🍺🍺 [Verkostungsprotokoll unleserlich]. Alkohol bei 5,2 Prozent. Der Rest wird portofrei nachgeliefert. Angelegentlich **Brandmeister Trunk St. Florian** (4,8% 🍺🍺🍺) kann ich nur ausrufen: »Heiliger Sankt Florian! Verschließ dies Faß, stich andre an!« Eine neue Stufe der Anbiederungsbrauerei erklimmt **Lehestener Premium Pilsener** (4,8% 🍺🍺).
(Jahnsbräu Ludwigsstadt)

James Boag's Premium (5,0% 🍺🍺) birgt hopfenangereicherte Malzbrennstäbe. Approx. 1,4 Standard drinks.
(James Boag's & Son Brewing Ltd. Launceston Tasmania/ Australien)

Jehle Privat Pils (4,9% 🍺) flötet unreintönig mit einer parfümierten Beinote, chinesenlokaltauglich. Das misthaufensaure **Schwarzwälder Landbier** (5,2% 🍺🍺) treibt Badens Wirte scharenweise in die Fänge von → *Ganter,* von denen man sich schon die fünfzigstündige, bedingungslose Gefolgschaft stolz per Urkunde bestätigen läßt.
(Landbierbrauerei Gebr. Jehle Biberach)

Jenlain Bière de Garde Ambrée (6,5% 🍺🍺). Entre nous: gutes Crossover aus einem guten Bock und einer guten Beerenauslese. Oder Tokaijer mit Schaum. Im **Sebourg** (6,0% 🍺🍺🍺) ist Eichenholz mit im Spiel, das findet sehr Anklang, das kann ich in den wärmsten und tiefsten Farbtönen loben. Tja, der Franzmann.
(Brasseurs Duyck Jenlaine/Frankreich)

116

Jever Pilsener (4,9% 🍺), gebraut in Jever, dann per Tankzug nach Hamburg (für die Westausgabe) und nach Leipzig (für die Ostausgabe) zum Abfüllen gekarrt. In Tateinheit mit langsam immer schneller rückwärtslaufendem Hopfenzählwerk ist das Ergebnis selbst Laien evident. Dahin die friesische Herbe, dahin ein weiland wegweisendes Pilsbier, dahin der hopfige Imperativ. Fulminante Rezens machen sie durch dürftige Blume wett. Die Hopfeninsuffizienz erfährt Momente tragischen Ausmaßes. So wurde mit einiger Vehemenz aus einem erstklassigen Spitzenprodukt ein durchschnittliches Erzeugnis gezaubert. → *Warsteiner* ist damit freilich kaum einzuholen. Dafür müßten die letzten Hüllen der Würde fallen. Noch will ich daran nicht glauben. Besinnt euch! **Jever Dark** (4,9% 🍺🍺) dürfte ein Riesenschritt mit Siebenmeilenstiefeln aus der selbst gewählten Hopfenisolation sein. Knackig-geile Röstmalzkombination.
(Friesisches Brauhaus zu Jever) → *Kujawiak,* → *Schloßbräu Rheder,* → *Stiftland*

Jihlavský Ležek (4,5% 🍺) war sehr stachlig gehopft, die Mälzerei unausgeschlafen, dafür eine rassige Säure im böhmischen Schaumprotektorat. **Pivoj** (4,1% 🍺) stand in allen tschechischen Supermärkten wie Sauerbier herum, und trotzdem war es immer frisch. Wie der Gasttest von und mit Jürgen Roth.
(Pivovar a sodovkárna Jihlava/Tschechien)

Jörger Weisse (5,1% 🍺) blufft mit ausbleibendem Schaum und einer dicken Fehlstelle im Frischebereich. Aaaaaber es drängt sich da eine Rauchbeimengung an die Bühnenrampe, die alles wieder ausbügelt und dem Getränk ansatzweise zu einer großartigen Großartigkeit verhilft.
(Brauerei Grieskirchen/Österreich)

Darf man zu **John Bull Bitter** (4,5% 🍺🍺) elegant-bullig-bitter sagen? Gut, dann elegant-bullig-bitter. Die Röstmalznotate vergessen nicht zu erwähnen? Nein.
(Ind Coope Ltd. Burton-On-Trent/England)

117

Jupiler (5,2% 🍺🍺🍺) erinnert mich daran: In Liège und so ziemlich überall in diesem »Land« liegen äh, hängen mehr Jupiler-Schilder herum als es wohl Einwohner hat daselbst. Ein spritziges Hopfenminifinish ohne Schaumdeckung – ob man davon Kinderschänder wird?
(Brasserie Jupiler Bruxelles/Belgien) → *Maes*

J

Jura Weizen (5,0% 🍺) murmelt mollig wie Marzipanzwiebeln. Hier wird schnell der Eindruck erweckt, es könne auch Backhefe mit hinein gepurzelt sein.
(Brauerei Plank Schwandorf-Wiefelsdorf)

Für **Kaiser kult!** (4,8% 🍺🍺), diesen abgestandenen Mist (auf Schwäbisch »a gscheits Bier«), mußte ich im kleinen Großdeindorfer Getränkemarkt der Verkäuferinnenschönheit die allerschönsten Augen machen, die ich überhaupt machen kann. Es war die letzte Flasche. Das »geile Aufreißvergnügen«, wie einem die *Kaiser-Brauerei Geislingen* verspricht, hätte ich dann lieber anders haben wollen.

Kaiser Pils (4,7% 🍺🍺) ist an guten Tagen ein mehr als gutes Pilsener. Hopfeninflation. Sogar in der Dose. **Echt Veldensteiner Landbier** (5,3% 🍺) opulent im Schaum, malzige Fülle, akkurat bronzebraune Färbung, zu spritzig. Kühl und halbdunkel gereift. **Veldensteiner Lager** (4,9% 🍺) wäre mit einem Überseebier zu vergleichen, zero Sensorik. **Veldensteiner Premium Pils** (4,9% 🍺) lagert nervös-überreizte Malzbestände ein und schneidet im Vergleich zum Kaiser Pils eindeutig schlechter ab. **Kaiser Hell** (4,8% 🍺) könnte eine Schaufel mehr Hopfen vertragen. Pro Flasche, versteht sich, nicht pro Sud. Eine **Kaiser Weiße** (5,0% 🍺) gibt es auch.
(Kaiser Bräu Neuhaus/Pegnitz) → *Rhöner Urtyp*

Kaiser Pilsener (4,9% 🍺🍺) belegt: Die Zeiten, als »bayerisch« in Bierbelangen für »gut« gestanden hat, sind längst verstrichen und in Aktendullis verstaubt. Ob sie in Kaiserslautern jemals überhaupt angebrochen waren, steht dahin. Ich konstatiere unreine Hopfentöne mit erschreckenden Disharmonien gerade im Obertonbereich bis hin zur astreinen Verzerrung, unterbrochen von okkasionellen Flageoletts. »Fuckin' Jesus!« (O. Osbourne) Eine reichlich schief angelegte Unternehmung.
(Bayerische Brauerei Kaiserslautern)

Kaiserdom Premium Pilsener »Extra Dry« (4,9% 🍺🍺🍺) beziehungsweise das, was die Flasche zu verlassen bereit war, erinnert mich zwangsläufig an Bundeswehrsoldaten in

der Bahn. Alkohol, gemischt mit säuerlich Erbrochenem, Samenstau und Landserschweiß. So geht's beim besten Willen nicht, **Kaiserdom Premium-Pils** (4,8% 🍺🍺🍺). Doch ich will in meinem gerechten Zorn **Weizenland Weissbier** (5,3% 🍺🍺🍺) zu rügen nicht versäumen: Schöne, volle Flasche, schöne, volle Farben auf dem Zettel, sonst schön und voll an meinem Wohlwollen vorbei, wirklich. »Das Gute vom Lande« – ähem, welches Land soll das bitteschön sein? Es soll aus der Völkergemeinschaft auf immer ausgeschlossen werden! Die für Norma Nürnberg produzierte **Bayerische Edelweiße** (5,3% 🍺🍺🍺) schnappt skandalös spritig untersetzt nach Luft, keineswegs typisch für ein Weizenbier. »Bayerisch« mag ja stimmen, aber ... (Rest unleserlich). Beim **Klosterhof Pilsener** (4,9% 🍺🍺🍺) läuft einem glatt die Hopfenlaus über die Leber. Auch hier: Test abgebrochen. **Burgkrone Pilsener** (4,9% 🍺🍺🍺) ist in billigen Hopfenfummel gekleidet, und fürs Etikettdesign gibt's paar auf die Nuß. Aus der Krüppelflasche: **Felsenbrunn Pilsener** (4,8% 🍺🍺🍺). »Genuß bekömmlicher Reinheit« – dabei weiß jeder Brauerstift, daß mit Felsquellwasser gar nichts auszurichten ist, man plant denn die Endlösung der Pennerfrage im Großraum Nürnberg-Fürth-Erlangen. Ganz schön mutig von Kaiserdom, sich hier zu outen.
(Kaiserdom Privatbrauerei Bamberg) → *Humbser*

Mit **Kaiserhof Pils** (4,8% 🍺) versprudelt jede Menge billiges Wasser. Mit Malzsüßungsmitteln und einer Hopfenart.
(Privatbrauerei Frank Neunburg v. Wald)

Kaltenberger König Ludwig Dunkel (5,1% 🍺🍺) hätte angesichts des Siegeszuges von → *Köstritzer* ein Schock mehr Rampenlicht verdient. Pech für den ewigen Zweiten, muß man hier sagen, größeres Pech, der Zeit einige Jahre voraus gewesen zu sein. → auch *Mönchshof Kloster Schwarze* respektive *Schwarzes Pilsener*. **Prinzregent**

Luitpold Weissbier Dunkel (5,5% 🍺🍺) heißt ein milch-
kaffeebrauner, grandios malziger Trunk, der in seiner
Weissbier Hell-Ausbildung (5,5% 🍺) drei Milligramm
weniger ausgeprägt ist. **Kaltenberg Spezial** (5,6% 🍺)
ist noch kein Märzen, aber kein Pilsener mehr, doch von
beidem das Charakteristische vermengend. Und das mit
Würde. **Königl. Festtags-Bier** (5,6% 🍺) hat uns nicht ge-
schm., nur mit Apf., Nuß und Mandelk. zu gen. Als völlig
ungenießbar erwies sich eine kroatische Übersetzung von
Kaltenberg Pils (4,6% 🍺🍺) aus der Jadranska Pivovara
Split. Brechreiz, laß bitte nach.
(Schloßbrauerei Kaltenberg Geltendorf)

K

Kapsreiter Landbier Hell (5,3% 🍺) und **Kapsreiter
Landbier goldbraun** (4,4% 🍺) reiten weich, mild, gar
nicht ländlich, vielmehr vornehm, distinguiert, nonchalant
auf dem Kaps, auch ein bißchen arrogant. Merke: aus Kap-
sen wird eigentlich getrunken. Und noch fünf Seiten bis
zum Gasttest von und mit Jürgen Roth.
(Brauerei Kapsreiter Schärding/Österreich)

Der flüchtige Schaum von **Karg Weißbier** (5,0% 🍺🍺🍺)
hätte mich fast vom kinderspielzeugtauglichen Hefepar-
tikelgestöber abgelenkt. Die »ausschließlich obergärige
Hefe« sucht ihr (Un)Heil arschbombig am Glasboden
und hinterläßt dort nach der Leerung einen ernsthaft
unappetitlich-kargen Eindruck. Nicht genug damit, aber
genug davon! Der Hefefladen im dunklen Hefeweißbier
Schwarzer Woipertinger (5,2% 🍺🍺) sieht aus wie rohe
Geflügelleber. Sensorisch bin ich unschlüssig, rohe Leber
habe ich bisher nicht probiert.
(Brauerei Karg Murnau am Staffelsee)

Porenflacher Schaum, doch ganz fein, blendend hell. Wer
sich davon täuschen, blenden läßt, findet **Karlovačko**
(5,4% 🍺) trinkenswert. Der Schaum einem aufgeschnit-
tenen Tortenboden nachgebildet, spritig-bockig-brandig

assistiert **Karlovačko Crno Pivo** (6,0% 🍺🍺). Das ist kein Geschmackserlebnis. Beides nicht.
(Karlovačko Pivovara Karlovac/Kroatien) → *Heineken*

Karlsberg Ur-Pils (4,8% 🍺) schwelgt unter Zuckerwatteschaum, sehr stabil, streng hopflig. Die Aromakörperchen leiden nicht eben unter Mitteilungsdrang, ich aber unter Harndrang. **Black Baron** (4,9% 🍺) formt aus der sensorischen Entsprechung metallischer Oxidation einen zunächst verblüffend energischen, jedoch flüchtig ausgeprägten Korpus. Von einem Dunkel ist mehr Präsenz zu erwarten. Von mir augenblicklich nicht. Gleich wieder da.
(Karlsberg Brauerei Homburg) → *Schloß Edelpils*

So. **Karlsquell Edel Pils** (4,9% 🍺🍺🍺). Angesetzter Grapefruitsaft? Wilde Hefen? Neue Fruchtbierkreation? Obergäriges Pilsener? Bierbowle? Lange habe ich gerätselt. Auch die Dosenaufschrift »Edel Pils« erwies sich als kaum zweckdienlicher Hinweis. Sowohl als ob. Wer seine Zähne in dieses Bier schlägt, kann sie sich ebensogut ausschlagen lassen. Freund Schäfer nimmt das Zeugs immer mit nach Wacken. Im ALDI heißt K. **Maternus Premium Pilsener** 🍺🍺🍺, hat 4,8 Prozent und paßt am besten zu einem richtig schlechten Essen.
(Brouwerij Martens Bocholt/Belgien)

Kasztelanskie (7,8% 🍺🍺) trägt einen nahezu silbernen Schaumhelm überm Getränk, das schon rein visuell blank zieht. Darin ein Hopfen, der sich mühsam zwischen den Ethanolen durch kämpfen mußte, letztlich erleichtert lachend seine ganze Größe entfalten kann. Und wenn ich mich nicht täusche, hat er mir eben verschmitzt zugezwinkert.
(Browar Sierpc/Polen)

Den Genuß von **Kathi-Bräu Braunes Lagerbier** 🍺🍺 sollten Sie sich erarbeiten, indem Sie von Aufseß den

»Wellness-Wanderweg« nach Heckenhof nehmen, möglichst in der Woche, wenn nicht so viele Biker die *Brauerei K. Meyer* heimsuchen. Denn Sie brauchen Konzentration! Das Getränk nämlich gastiert trocken malzig, proklamiert im Antrunk ansatzweise eine Schwarzbiersimulation, die sich auch in der Optik niederschlägt. Die Bekömmlichkeit darf nicht angezweifelt werden. Mit den Herren Roth, Sokolowsky und Büsser gelang der Nachweis, daß sogar ausgewachsene → *Aufseß*-Kater damit kuriert werden können. Im Jahr 2000 (Mai) konnte zudem eine Raupe des Zitronenfalters beim Genuß von Bierpfützen auf dem Tisch beobachtet werden. Selbige Kreatur verfolgte das Team bis hin nach → *Reichold Hochstahl,* wo es seiner Daseinsform weitere Glückselemente zufügte. Von dem mittlerweile legendär gewordenen Tier erfuhren wir, es pendele zwischen beiden Brauereien, die Bierwanderer als Mitfahrgelegenheit nutzend, und könne sich nicht entscheiden. Tragik. Ein anderes Wort fällt mir dazu nicht ein.

Kauno Alus (5,2% 🍺) besitzt höfliche Malzanklänge, leicht, nicht unangenehm versauert. Ausbaufähig. Bei Alus denke ich schnell an Alu. Die sonstigen historischen Bezüge eher marginalisiert.
(Ragutis Brauerei Kaunas/Litauen)

Kauzen Premium Pils (4,9% 🍺) sei phänomenal gut, trocken hopfig, wird erzählt. Obendrein »Sympathisch, fränkisch, creativ«. Man denkt es nicht. »Die Zutaten« und »ihre Herkunft« sind tabellarisch aufgeführt. Ich glaub's auch so.
(Kauzen-Bräu Ochsenfurt)

»Be happy and Drink Well.« – Steht so auf **Keo Beer** (4,5% 🍺) drauf. Reine Chronistenpflicht. Die gelbe Testflüssigkeit, sympathisch trocken, wurde durch flauschige Hopfenwatte geträufelt, die sogar eine Handvoll lieblich-

traubige Fusseln passieren läßt. Nicht allein darüber habe ich mich gefreut.
(Keo Ltd. Lemesos/Zypern)

Die Eindrücke vom **Kesselring Premium Pils** (4,9% ♙), besonders im nichthöpfelnden Abgang waren so nichtig und nichtssagend, daß man beziehungsweise ich gar keine Ausdrücke dafür hat. Unterdessen **Urfränkisches Landbier** (5,1% ♙) an Stillstand und schlechtere fränkische Dünnbier-Traditionen gemahnt. Keine ontologische Annäherung möglich.
(Privatbrauerei Kesselring Marktsteft)

Kingfisher (4,8% ♙♙) wedelt mit einer vereinnahmenden Kostprobe der vier edlen Malzwahrheiten. Das Hopfentantra auf Dillspitzen orientiert. Wer soll das glauben?
(Shepherd Neame Ltd. Faversham/England in Lizenz der United Breweries Ltd. Bangalore/Indien) → Bishops Finger, → Cobra

Den federleichten Nachtrunk des **Kirin Beer** (4,8% ♙♙) werde ich mir merken. Wie bei einem guten Hellen, mit einer Stange zuviel Rhabarber drin, jedoch zwei zusätzlichen Unzen Hopfen, die über den Glasrand lümmeln.
(Charles Wells Bedford/England in Lizenz für Kirin Brewery Co. Tokyo/Japan)

Kirner Pils (4,8% ♙♙) heißt das zurechtgebügelte Premiumpilsenerimitat. Grünlich schimmernd, selbst dem Blinden den inhärenten unreifen und grünen Geschmack ankündigend. Der Kohlensäure-Rest flüchtet beim Dekantieren. Hinterläßt einen isolierten Hopfen, der nichts mit sich und mir anzufangen weiß. Hopfenisolationshaft ist Folter!
(Privatbrauerei Andres Kirn)

Pilsener möchte man zu **Kitzmann Edel** (5,0% ♙) nicht sagen. Edel ist es selbstverständlich niemals adjektiviert.

Wie verstohlen die Flüssigkeit die allzu heißspornigen Blasen wieder zurück beordert. Schaumträume zerplatzen wie Seifenblasen. **Urhell** (4,9% 🍺🍺) verläßt zielstrebig das Reich der darstellbaren Form. Für **Jubiläums Erlanger** (5,7% 🍺🍺) gilt künftig: Freiwillige vor! Die Assistenzverkoster A. und B. (vollständige Namen sind dem Verlag bekannt) hielten sich die Ohren zu, sodann Augen und Nasen und schließlich auch den Mund. Alles muß man alleine machen. Trotzdem hat der Verlag eine Erschwernispauschale rundweg abgelehnt. Erlangen liegt nicht im Sauerland, das weiß ich spätestens seit Foyer des Arts. Trinker des Kitzmann-Sortiments wissen schon längst, daß Erlangen keine Biere sauerländischen Typs hervorbringt, was eigentlich gut wäre, wäre es nicht und in diesem Fall besonders das glatte Gegenteil. Die Mitglieder der Erlanger Blödelrockkapelle J.B.O. gehen allerdings einen verhängnisvollen Schritt weiter und nennen K. im *Spiegel* »das beste Bier der Welt«. Das dürfte dann der berühmte Schritt zuviel am Abgrund sein. Übrigens: Kärwa ist nicht die fränkische Entsprechung für Kehrwoche. Soviel zu Erlangen.
(Privatbrauerei Kitzmann Erlangen)

Klášter Světlé (4,0% 🍺) riecht faulig-appetitabregend, dann erstaunlich dunkelvoll und mannhaft herb, die Krone wieder eine herbe Enttäuschung. **Klášter Ležák** (5,6% 🍺) versteckt sich hinter einem unharmonischen Geschmacksnebel. Bitter-nussig, sehr dunkel und noch weniger Schaum. Fragen Sie trotzdem nach **Světlý Speciál** (5,8% 🍺). Riecht gut und ist ein schlag- und trinkkräftiger Beweis, daß in Hradiste noch nicht – auf den Spruch haben Sie sicher schon das ganze Buch über gewartet – Hopfen und Malz verloren sind. Das Nußaroma operiert völlig ungestört vom hohen Alkoholgehalt und beeinträchtigt nicht einmal den gutgemeinten Hopfenzuschuß. Auch eine gewisse Rezens möchte sich einstellen. Was will – wuff, da schlägt eben ein gigantischer Karamel-Komet ein – was will man jetzt

mehr? Vielleicht ein → *Kraus Pils*? Oder den Gasttest von und mit Jürgen Roth im übernächsten Eintrag?
(Pivovar Klášter Praha, Niederlassung Hradiste/Tschechien)

Betont sauer und experimentell karamelbraun, verschlossen im Geruch; auch den Rest muß man mit der Lupe suchen, nur den Namen nicht: **Klute's Münsterländer Landbier** (4,8% 🍃). Das ganze ohne Säure, daher beflissen bitter und zuweilen ins betont Angenehme flutend: **Klute's Hell** (4,8% 🍃).
(Klute's historisches Brauhaus und Museum zu Havixbeck)

Knallhütter Schwarzes Gold (4,9% 🍃) ist nachweislich nicht schwarz. Und Gold auch nicht. Und für schwarzes Gold zu wenig ölig. Für ein schwarzes Bier, was wohl gemeint sein dürfte, zu charakterarm. Tut wie ein Pilsener, das bei schwarzem Licht gebraut wurde, bei dem erfahrungsgemäß selbst ich nichts mehr sehen kann. Solchen Burschen sollte der Bierteufel rosa Schleifchen an die Ohren binden.
Lassen wir nun endlich meinen Gasttester Jürgen Roth zu Wort kommen; Sie haben schon lange genug darauf warten müssen: »**Hütt Pils** (4,8% 🍃) nennt sich, Le Pen oder wen zitierend, ›Premium regionalis‹. Aus-der-Flasche-in-den-Mund-Pils. Aber fragen Sie den Mund nicht nach seiner Meinung. Sonst beginnen noch Zunge und Kehlkopf zu sprechen. Und das verspräche nichts Gutes.« So sieht's aus.
(Hütt-Brauerei Bettenhäuser Baunatal-Knallhütte)

Tja, ein dunkler Doppelbock würde ich zu **Kniazeskoe tjomnoe Piwo** (7,0% 🍃🍃) sagen, denn die Röstmalzbittere wird von einer exakt darauf justierten Hopfenbittere disloziert. Und daß sich allein dafür der Unabhängigkeitskampf gelohnt haben dürfte.
(AO Gubernija Schjaulijai/Litauen)

126

»Bière de luxe« nennt der Elsässer **Kochersbier** (4,5% 🍺), und doch ist es nur ein breiig dicker Exportbastard.
(L. Haag-Metzger et Cie F. Hochfelden/Frankreich)

Köbánayai Világos Sör (4,5% 🍺🍺) stemmt exemplarischen Maisschaum, also fast keinen. Wie ein Wiener Würstchen. Oder wie der Ungar sagt: »Jobb, mint valaha.« Genau.
(Köbányai Sörgyar rt. Licence Alapján Gyárt ja a Kanizsa Sörgyár rt. Nagykanizsa/Ungarn)

K

Mit **König-Pilsener** (4,9% 🍺🍺) gefällt sich eine amorphe Aromamasse im Tummeln und Toben. Tölpelhaft und hyperpasteurisiert, ein Hauch von Jauche, nö, eine ganze Bö. Darüber gespannt ein kariesgetöntes Etwas, das dem Trend zum einblasigen Schaum folgt. Und was tun die Duisburger? Werden sie kraft dieser Zeilen endlich aufstehen und sagen: »Heute mal kein König«? Wieder nicht.
(König Brauerei Duisburg-Beeck)

Im **Königsbacher Pils** (4,8% 🍺🍺) tobt ein schlammgeborener Sturm. Durch Putzwolle filtriert? Dafür hatte ich gerade keinen Mund frei.
(Königsbacher Brauerei Koblenz)

Königseer Schwarzburg Pilsener (4,9% 🍺🍺🍺), **Königsee Pilsener** (5,1% 🍺🍺🍺), **Export** (5,6% 🍺🍺🍺), **Schwarzburg Schwarzbier** (5,5% 🍺🍺🍺), **Festbier** (6,0% 🍺🍺🍺) und **Bockbier Hell** (7,5% 🍺🍺🍺) werden derzeit von der Brauerei → *Pyras/Franken* verantwortet. Hier sind wahres Geschick und Können am Tun. Ist Pyraser Braukunst ansonsten über wenige Tadel erhaben, so ist es echt bemerkenswert, daß es gelang, den berüchtigten Gifthauch der Königseer Originalprodukte exakt nachzuempfinden. Wie machen die das? Alpträume hindern das Königseer Kirchspiel noch heute an reproduktivem Schlaf, wenn es ans Erinnern kommt. Salpeter, Hausschwamm, schwefelidiomatischer Hopfen, all diese Indikatoren sind schon für sich rechtserheblich und ein wahrer Geistertanz auf dem schwachen Nervenkostüm einer von schlechtem Bierschicksal gebeutelten Region.

Köstritzer Schwarzbier (4,8% ♠♠♠) dürfen Sie getrost im Stehen trinken. Da verneigt sich's leichter vor vollendeter Braukunst. Durch die Übernahme (→ *Bitburger*) freilich einiges an Charakter und Kantigkeit eingebüßt, sucht Köstritzer trotzdem seinen Meister. Lässig malzig, rezent, optimal gehopft. Keinesfalls brandig im Nachtrunk. Hier sind Braumagier am Werk. Eine Vorreiterrolle auf dem Diätbiermarkt dürfte, richtig, dem **Köstritzer Diät Bier** (5,0% ♠♠) zufallen. Feinkörnig gehopft, trocken und fürnehm. Das leider viel zu wenig verbreitete, zierliche **Kranich Bräu** (5,0% ♠♠♠) hätte ich ganz gern in der gedachten Mitte zwischen → *Trassl Gebirgspils* und → *Veltins* angesiedelt, das einen Zacken schärfere **Edel Pils** (4,8% ♠) lieber nicht.
(Köstritzer Schwarzbierbrauerei)

Für **Köthener Spezial Pils** (4,7% ♠) und den Rest des Sortiments hat die → *Pfungstädter Brauerei* im Dienst der nicht mehr produzierenden *Köthener Brauerei* am Rad der Geschichte gedreht. Und zwar zurück. **Hubertus Jubiläumsbier Johann Sebastian Bach** (4,9% ♠) wagt sich eine Spur milder in Festbierqualität in die Flasche, **Export** (4,9% ♠) überrascht mit stecknadelkopfgroßen Schaumpastillen, und die **Sachsen Krone** (5,1% ♠) mit Scheuersandpapierhopfen. **Hubertus Bock** (6,5% ♠) offenbart sich dunkel, röstig, in Spuren Aceto balsamico, doch gut, da bleibt der Strohhalm drin stehen. **Sachsenkrone Dunkler Bock** (6,5% ♠) – noch mal schreibe ich's nicht hin. Siehe eine Zeile weiter oben.

Angesichts **Kongens Bryg** (1,7% ♠♠♠) könnte man jetzt sagen: reingefallen. Und daß, weil der Alkohol mit 4 Punkt Augenpulverschrift chiffriert ist. Trotzdem behauptet → *Tu-*

borg, dies sei »prima Mørkt Hvidtøl«, was zur Hölle das sein soll. Im Osten sagen sie Doppelcamel dazu. **Paaskeøl** (1,7% ♦♦♦) ist haargenau dasselbe. Unverschämt süß. In echt. *(Kongens Bryghus/Tuborg Hellerup/Dänemark)*

Kraus Pils (4,7% ♦♦♦) flaggt profund gelbgefärbt, Hopfen Golden top first flush, hier koordiniert die Projektwerkstatt Hopfenkampagne ihre globalen Aktivitäten. Richtige Richtigmacher. Im Schaumvolumen zu schüchtern. *(Brauerei Kraus Hirschaid)* Achtung: hohe Verwechslungsgefahr mit → *Göltzschtal Premium,* → *Singer Bier.*

Krombacher Pils (4,8% ♦♦♦) hat alles, was ein Bier nicht braucht: Isolierschaum aus der Tube, pfützigen Nebentrunk, höhlengleich muffige Malzsüße, dafür die stinkige Nähe gemälzter Kartoffelstärke, Hopfen konnte gar nicht nachgewiesen werden (vergessen?). Man freut sich auf die Zigarette danach. Wird im Modelleisenbahnfachhandel in kleinen Infusionsflaschen für das Nachbasteln von Klärwerken angeboten. Einen eklatanten Verstoß gegen die UNO-Bierrechtskonvention stellt das extrafrech angebotene **Krombacher Extra Mild** (4,8% ♦♦♦) dar. Hört das denn nie auf? *(Brauerei Krombach)*

Endlich hält der Hopfenkaiser im **Kronacher Kaiserhof Pilsner** (4,8% ♦♦) hof. Nomen est omen. Da K. kein Bier ist, sondern ein kordial auratisierter Kaisertrunk, darf es nicht durch einen profanen Kaufvertrag entehrt, d. h. verkauft werden. K. wird verdienstvollen Verkostern höchstens verliehen, weiterhin an Bedürftige verschenkt und allen, die nicht zu diesen, zugegeben, verschwindend kleinen Teilpopulationen gehören, gegen eine symbolische Schutzgebühr ausgehändigt. Ist gegenüber dem dürftig eingedunkelten **Lucas Cranach Hopfenfrisches Lagerbier** (4,5% ♦) in jeder Beziehung zu präferieren. Dies ein voller Schuß in den Hopfenofen. **Kaiserhof Weisse**

(5,1% 🍺🍺, aus der → *Schaller Bräu Bonstetten*) auffallend leichtmetallisch, kommt endlich aus dem Knick. Zum **Urtyp Pils** (4,8% 🍺) meinte Holger Sudau sel.: »Hat gar keine Ausmaße, denn es besteht kein Unterschied zwischen all dem, was sich darin befindet, und ich habe nicht die geringste Vorstellung vom Grad seiner unwandelbaren Gleichrangigkeit.«
(Brauerei Kaiserhof Kronach)

K

Kronen Premium Exquisit (4,9% 🍺) sei »Badens schönste Krone«. Wollen wir's hoffen. Enorme Hopfendüfte. Die fehlen **Kronen Pilsner** (4,7% 🍺). Die Hopfensendung verschlüsselt, ein Testbild. Beim **Export** (5,4% 🍺🍺) ist der Hopfen sauer eingelegt. **Anno 1847** (5,6% 🍺) bleibt unfiltriert – und das ist die Rettung beziehungsweise klug angestimmt. So erreicht man ein fruchtiges mitteldunkles Jubiläumsbier. Unerreichbar für jeden lieben Trinker sollten **Burg Pils** (4,5% 🍺🍺) und **Burg Export** (5,2% 🍺🍺) sein und bleiben. Ebenso die Offenburger Bestückung des Ratskrone-Morastes: **Ratskrone Pils** 🍺🍺 und **Ratskrone Export** 🍺🍺.
(Kronen Brauhaus Offenburg)

Kronen Premium Pilsener (4,8% 🍺) stellt ganz gewiß keine Krone der Wertschöpfung im Dortmunder Brauwesen dar. Kleckert kandiszuckrig an sämtlichen mit Hopfenextrakt überhaupt möglichen Nachtrünken vorbei.
(Kronen Privatbrauerei Dortmund)

Kronenbourg 🍺 – das Bier für Freunde der Bruchrechnung. Vorn steht groß »5%« (typisch), hinten klein »4,7%«. Und in der Mitte? Nichts. Ach doch. Schwebend-leichter Malzkörper zuzüglich »schmackhafter« Bittere.
(Brasserie Kronenbourg Strasbourg/Frankreich)

Zum **Kronprinzen Edel Pilsener** (4,8% 🍺🍺) notierte ich schon vor fünfundzwanzig Jahren: Man ist bestrebt, vorsichtig wie möglich einzuschenken, um keines der zärtlich geformten Schaumbläslein zu verbiegen. Mit von der Partie: Glycin (Karamelaroma), Alanin (Brotkrustenaroma), Leucin (Schokoladenaroma) und Phenylalanin (Veilchenaroma). Dazwischen kommt eine steife Hopfenbrise auf. Eben die berühmte Prise Hopfen mehr. Ahoi, die Gaumensegel gehißt!

(Zum Alten Brauhaus Rheinsberg)

Hatte keine Gelegenheit, die Eindrücke von **Krug Golden Pils** (4,9% 🍺) zu verarbeiten, so schnell war das Bier hinabgeflossen. Die **Original Krug Weisse** (5,0% 🍺) betont wild-aromatisch. Richtiger mild-aromatisch. Zu anständig. **Krug Altfränkisch Märzen** (5,3% 🍺🍺) reißt es wieder raus. Herzhaft-süß-karamelig. Kompliment.

(Brauerei Krug Ebelsbach)

Krug-Bräu Lagerbier (5,0% 🍺) dunkelt wie fast ein Dunkel. Wer nicht weiß, wie ein Dunkel aussieht: fast wie ein Dunkel bedeutet annähernd cognacfarben. Rezent, sehr hopfiges Timbre, bisweilen (nach dem dritten, auch nach dem siebten Schluck) recht trocken-rauchig, knackig und sinnlich. Fast übersinnlich. Ähnlich zu verorten **Krug-Bräu Pilsner** (4,9% 🍺), das nach Verzehr diverser Lagerbiere »der Region« überraschend an Frische und Frequenz gewinnt.

(Privatbrauerei Krug Breitenlesau)

Die Farbe **Krušovice Imperial** (5,0% 🍺) dunkelt immer noch ins bedrohlich Safrangelbe ab, das kann an → *Binding* liegen, muß aber nicht. Doch was ist geschehen? Haben die Binding-Kontrolleure endlich auf mich gehört? Beim Hopfen nachgeschraubt? Das neue Geschmacksprofil deutet darauf hin. Kruzifix! **Krušovice Světlé** (3,8% 🍺🍺) war trotz der Schankbieraffinität bis, sagen wir, 1992, klarer Weltmeister im zehngrädigen Hopfenverwertungsbereich. Klassisches Durst- und Dienstbier in Böhmen. Die eingefangene Sonne über den Hopfenlatifundien von Saaz. Dafür hatte der Braumeister sorgsam den reinen,

silbernen Tau ersammelt, der in den Hopfendolden ver-
weilte. Klar wie das Himmelswasser, rein wie der zuneh-
mende Herbstmond. Ein Sammelplatz der Feinheit, der
es verdiente, auf erzene Tafeln gegraben zu werden. Ein
Trunk, der ehedem alles, aber auch alles in den Schatten
stellte, was sonst zur Hopfensonne drängte. Ein stabiles
Luft-Hopfen-Gasgemisch schützte im Luftzylinder vor
dem Schalwerden, trieb vielmehr bei jedem Schluck die
Sensoren zu höchster Aufmerksamkeit an. Im Verein
mit Süßwerk genossen, machte sich im Hopfendistrikt
eine Wellenfrequenz transparent, die ... unglaublich ...
Malz und Hopfen, so innig ineinander verwoben, ja gar
nicht mehr unterscheidbar, ein Idealfall, gewiß, der ...
äh, Nächste: **Krušovice Černé** (3,8% 🍺🍺) beleuchtet
Zentralböhmen brombeersaftfarben. Ein ganzer Malz-
notenständer mit den schönsten und höchsten Tönen.
Die ich auch zum Lob dieses Bieres auf ewig angestimmt
haben wollte. Das frühere Renommierbier und seit 2002
reanimierte **Lager Mušketýr** (4,5% 🍺🍺) braucht noch
etwas Zeit. Mal gelingt es, mal nicht.
(Královský Pivovar Krušovice/Tschechien) → *Hochstahl,* → *Lech,* → *Rossdorfer,* → *Samuel Adams Boston
Lager*

Küppers Kölsch (4,8% 🍺🍺) gerät mit seinem bläßlichen
Gelb und seinem ebenso bläßlichen Geschmack nicht di-
rekt in Unordnung, aber Bierkönner sind das nicht, da bei
Küppers, ehrlich nit.
(Küppers Brauerei Köln)

Unheilschwangere Wolken auf der Dose **Kujawiak** (5,5%
🍺🍺🍺) kündigen die internierten Antagonismen an. So
schmeckt in Underberg eingelegtes Hühnerbein. Meine
Zungen vorsorglich »plombiert« (A. Schmidt). Sterbe-
hilfe at its best. **Dragon Premium** (5,5% 🍺🍺🍺) riecht
zunächst wie → *Jever,* bricht dann mit vollem Malzgetö-
se über einen herein. Ich ergebe mich auf der Stelle und

gebe Kunde vom polnischen Pilsudski-Spitzenreiter. Einen Sonderpunkt gibt's für den Schaum.
(Kujawiak Browar Bydgoszcz/Polen)

Kuck' an, der Industriefranke kann gute Alltagspilsener. Schlanke, hopfige Pilsener kann er noch besser. Und wie! Nämlich **Kulmbacher Premium Pils Edelherb** (4,9% 🍺🍺). Schaum, Farbe, Geschmack. Und erst das Aroma! Finish mit winzigen Fehlbeträgen exzellent. → *Mönchshof Original.* **Kulmbacher Export** (5,4% 🍺) partiell weniger doll geraten, **Kulmbacher Feinmild** (4,9% 🍺) dito. Ein Mode-Lager darf auch nicht fehlen: **Kulmbacher Lager Hell** (4,9% 🍺) heißt das. Lädierte, erwiesenermaßen prähistorische Hopfenrelikte gehen in einer mediokren Malzkollektion auf. Beinahe noch ärgerlicher das dumme **Kulmbacher Gold** (4,9% 🍺🍺) – dafür müßte es körperliche Strafen hageln. **Kulmbacher Festbier** 🍺 irgendwie nach 5,6 Prozent und nach Datteln. Und ich verhärte mein Herz vor **Kulmbacher Eisbock** (9,2% 🍺🍺), diesem »Original Bayrisch Gefrorn«, einem bratzig-kratzigen → *EKU 28*-Bastard.
(Kulmbacher Brauerei) → *EKU*, → *Mönchshof*

K

133

La Becasse Gueuze (5,3% 🍷) – Bier mit Kiwi. Soso. Warum nicht? Korrigiere: Warum? Und noch mal: Warum! *(Gebraut in Bruxelles für Interbrew France Armentières/ Frankreich)*

La Binchoise Spéciale Noël (9,0% 🍺🍺) mit einem ausgiebigen, sehr klebrigen Schaum, der, wenn ich mir den Querverweis erlauben darf, sehr an den vom La Binchoise Spéciale Noël gemahnt. Trüb und wie neun Minuten zu lang gezogener Darjeeling eingefärbt. Als Weihnachtsbier (Malzaroma + Pfefferkuchengewürze) deklariert. Besitzt die Fähigkeit, sich direkten Zugang zum Blutkreislauf zu verschaffen, mit verheerenden Folgen. Dem Glühwein jeglicher Art- und Gesinnung vorzuziehen. Unbedingt. Eine schöne Bescherung. *(Brasserie la Binchoise Binche/Belgien)*

La Dragonne (7,5% 🍺) mit Honigzusatz liefert einen aus der Flasche stark nach Magenbitter, später nach Lebkuchen duftenden Biercognac, **La Torpille** (7,5% 🍺🍺) zimmert ein feines Schaumpodest, riecht hefig und nach fast schüchterner Säure, schmeckt nach bitteren Mandeln, die einen Hauch Hopfen anklingen lassen, **La Mandragore** (8,0% 🍺🍺) mit Dinkel tritt hefetrüb und schwarzdunkel auf, der Schaum in Hellbeige gehalten. Soviel zu den Bière de gardes. Wäre da noch ein Stout de garde, ein Bier, das in die Jahre kommen muß, das Wesentliche scheinbar gegensätzlicher französischer und irischer Brautradition wunderbar vereint: **Cuvée du 5éme** (7,5% 🍺🍺🍺), gebraut am 2. November 2002, abgefüllt im Juli 2003 und limitiert auf 1.400 Flaschen, gibt die Richtung vor. Wuchtige Säure, würzige Malzsüße und trockene Bittere, die Schaumkrone unangetastet, und doch, wer sich Mühe gibt, erfährt die ganze Fülle dieser Lieblichkeit, die sich hinter diesem Wall of sound verborgen hält. *(Brasserie des Franches-Montagnes Saignelégier/Schweiz)*

La Trappe Dubbel (6,5% 🍺) lagert im Kelchboden ein warmes Gelb, das sich zum Blutorange und letzthin Maronrot transformiert, leicht opalisierend, mit beigem Schaum, ein kurzer alkoholgestützter Antrunk, der (sich) in gemessene Bittere auskling/kt. Koriander mäandert im bedeutend helleren, dafür weniger beschäumten, trotzdem erfrischend trockenen **Tripel** (8,0% 🍺), und im Abtei-champagner **Quadrupel** (10,0% 🍺) war einfach zuviel Geschmack. Ich den Stift nicht in der Gewalt, keiner kann Steno. Auswendig lernen? – zu spät. Einfach zuviel. Farbe, das weiß ich noch: hellbronzen. Fluchwürdig allein der Alkohol.
(Bierbrouwerij de Schaapskooi/Abdij O. L. V. Koningshoe-ven Tilburg/Niederlande) → *Achel,* → *Chimay,* → *Orval,* → *Rochefort,* → *Westmalle*

Labatt's Blue (5,0% 🍺) parliert durchschnittlich gut, mit einem → *Wernesgrüner* Anflug von Wichtigkeit. Im **La-batt Ice** (5,6% 🍺🍺), diesmal *Interbrew Bruxelles,* schwim-men kleine Eiswürmer drin, wie in der Ursuppe. Initiator der Bewegung »Unser Bier soll scheiße schmecken«. Die Farbe des ausschließlich für Rollkuren bestimmten **Rol-ling Rock** (5,0% 🍺) liegt bei zirka 0,3 EBC. Kann ich ge-rade so durchgehen lassen. Ge-ra-de-so. An die Originale war nicht ranzukommen, nicht ums Verrecken.
(The Whitbread Beer Co. London/England in Lizenz für Labatt Breweries of Canada) → *Whitbread*

Ladenburger Exklusiv Pils (4,9% 🍺) kündigt sich gut an, kündigt dann aber vorzeitig auf. Sehr schnell.
(Brauerei Ladenburger Neuler)

Lammbräu Zwickel 🍺🍺 und **Hell** 🍺🍺 sind beide einla-dend mild, die Krügla optimale Voluten am Grabmal des Unbekannten Gerstenkorns.
(Lammbräu Eltmann)

Landsberger Premium Pils (4,9% ♦♦) schmeckt doch richtig gut, nur einen Zacken zu leer, da brummt noch zuviel »Heimat im Glas«. Aber die Blume hat sich gebessert. Ein herziger Einstieg, schaunwirmal, was sich bei dieser Neugründung noch tut. **Landsberger Schwarzes** (5,1% ♥) changiert nämlich noch zu unentschlossen: Für ein Zitat böhmischer Vorbilder doziert es zu stark und zu sauer, für ein Schwarzbier zu süß und zu schlapp.
(Privatbrauerei C. H. Thormann Landsberg)

Landskron Helles (4,7% ♦) aus der östlichsten Brauerei der Republik ist sahnig-nett, abgerundet, zurückhaltend und könnte wohl mehr von der Säure gebrauchen, die ich beim **Dunkel** (4,7% ♦) überzählig vorgefunden habe. Der **Goldbock** (6,2% ♦) angenehm im Antrunk und auch sonst gottseisgedankt wenig spritig. Warum ein **Pils** ♦ 5,1 Prozent haben muß, – die älteren Lesern werden sich besinnen – fragte ich schon in früheren Auflagen. Einsichtiger zeigt man sich beim **Premium Pilsner** (4,9% ♦): Zurückhaltender Schaum, leicht opalisierend, entspricht nicht unbedingt alter bürgerlicher Schule. Im vollen Mund vergleichbar den südwestdeutschen Bieren. Da staunt der Pole. Vielleicht. **Lausitzer Kindl** (4,9% ♦) schlüpft aus der kleinen Longneckbuddel. Herbfrisch.
(Landskronbrauerei Görlitz)

Lapin Kulta Export (5,2% ♥♥) lautet übersetzt: Die Zone lebt. Garstig-gerstig, Ascorbinsäure und Zuckerzusatz. Wie in alten Tagen. Ich habe einen gehörigen Schluck aus dem Lethe getan und die Erinnerung auf den Heimweg geschickt.
(Lapin Kulta Tornio/Finnland)

Lausitzer Schwarzes Porter (4,4% ♦♦) ist überzeugend würzigsüß geraten. Bier steht nirgendwo drauf, weil drei Kilo Zucker auf einem halben Liter mit bei, also heißt der ganze Laden »eine sagenhaft süffige und dunkle Brauspezialität«. Kann man so sagen. Man kann's aber auch lassen.

Lausitzer Hefe-Weizen (5,1% 🍺) ist nicht wesentlich schlechter, steht nur ein bißchen matt in der Frucht. Hier könnte mehr Süße ran. Stopp! Ganz kurz: Was könnte das sein? Bucheckernextrakt? Salbeiaufguß? Badesalz? Falsch, es ist einwandfrei: **Bergquell Gold** (5,1% 🍺).
(Bergquell-Brauerei Löbau)

Lauterbacher Bräutrunk Hell (4,8% 🍺) dampft dampfig, nudelig, dampfnudelig. Große Premiere hingegen beim **Bayerischen Hiasl** (5,3% 🍺). Ein Weizenbier, bei dem man den Hopfen explizit schmeckt, das gibt es selten. Daher verstört der Etikettenzweizeiler »Wie zu Hiasls Zeiten wir das Bier bereiten« – ich will es nicht hoffen, wirklich nicht. **Lauterbacher Pils** (4,7% 🍺): frisches, trockenes Finish mit verspielten Vorankündigungen. Den Testern wird gern als Durstlöscher vorab ein **Urtyp** (4,8% 🍺) kredenzt – man weiß schließlich, was sich gehört.
(Privatbrauerei L. Ehnle Lauterbach)

Lech Mocny (7,0% 🍺), ein löwenstarkes Erfrischungsgetränk, kaum spritig und schwindelerregend hoch vergoren (14,8% Stammwürze), nimmt der Lech Waleza bestimmt zum Nachspülen, während er sich den nächsten Wodka eingießt. Das 5,3 Prozent starke **dziesiec ipól** 🍺 will aus 10,5 Prozent Stammwürze vergoren sein, wo es doch sehr light wirkt und Hopfen vielleicht gar nicht hineingefunden hat. Irgendwie mogeln die da, ehrlich. **Lech Premium** (5,3% 🍺🍺) ist ganz anderer Natur. Polenbier mit Schaum? Auch das gibt es. Ein Sahnepilsener, liebe Volkspolen, das habt ihr richtig fein gemacht. Schade, daß man vor lauter Zischlauten auf dem Etikett nicht lesen kann, wie ihr das macht, was drin ist und so. Und doch schwingt es sich während des Testaktes ganz nebenbei, mit heldenhafter Geste zu modernen Superlativen auf. Sofort will man an → *Krušovice* denken und vergleichen. Biertrinken kann so schön sein.
(Lech Browary Wielkopolski Poznan/Polen)

Lederer Pils (5,1% 🍺🍺) lügt, abseitig verhopft und unrein-tönig, seinen schwundsüchtigen Körper allein mit Rezens zurecht. Quittegelb. Schaumblasen nach der Natur (d. i. Froschlaich) aufgepustet. Aber die große Klappe. In summa: archetypisch für ein Aushilfspilsener.
(Lederer Bräu Nürnberg) → *Patrizier*

Für **Leffe Vieille Cuvée** (8,1% 🍺🍺) zelebriert *Interbrew Bruxelles* im Namen der Mönche einen tüchtig johannis-beerlikörigen, im Geruch weinig-komplexen, hopfig-trok-kenen, coca-cola-farbenen Zaubertrank. Die mit Eierlikör bedampfte Flasche läßt bisweilen irrtümlich an Eierlikör denken. Irrtümlich.
(Für Brasserie Abbaye de Leffe Dinant/Belgien) → *Labatt's,* → *Stella Artois,* → *Whitbread*

Nun lasse der Kenner seinen Blick auf dem leichten **Leicht Bräu Export** (4,8% 🍺🍺) ruhen. Nahezu optimal. Teilnehmer der kleinen Frankenspritztour verstiegen sich sogar zur Bezeichnung »Das Export«. Ich werde das weiter prüfen. Um **Pilsner** (4,7% 🍺) wollte sich in der Euphorie gleich niemand mehr recht kümmern. Es hat auch einen schweren Stand gegen seinen Exportkollegen. Vermittelnd könnte da ein **Ungespundetes Lagerbier** (5,1% 🍺) aktiv werden, sorgsam ausstaffiert, milde, malzigsüß. Da heißt es, Kräfte sammeln für die entschieden zu stark hefedominierte **Ott'n Weisse** (5,0% 🍺). Niemand hätte erwartet, daß **Ott'n 1774** (5,2% 🍺) das Ruder noch rumwirft. Es scheint alles um Längen besser zu laufen, doppelt geglückt. Das Herz der »Ausnahmebrauer« (G. Kühnemund) scheint dran zu hängen, so blitzig-blank, so vorbildlich, wie ein Glück-wunschbier nur eben sein kann. Bildlich gesprochen.
(Brauerei Leicht Memmelsdorf)

Leikeimer Premium (4,9% 🍺) schäumt passabel. Mit dem großen L auf dem Zettel, damit's keiner übersieht. Wer es nicht mehr trinken kann, dem dreht man es als **Landbier**

Hell (4,7% 🍺) an, trainiertere Zungen ködert man mit dem furchtbar angeschwärzten **Schwarzbier** (4,9% 🍺). Das hat immerhin einen Nachtrunk, auch wenn er erst beim Aufstoßen spürbar wird. **Leikeimer original Landbier** (5,4% 🍺) ist dann wieder völlig unverständlich: das Pilsener ohne Hopfen? Ein modernes Lagerbier? **Kunator** 🍺🍺🍺 bringt es auf hirnverschissene 8,2 Spätleseprozente, dürfte aber gänzlich andere Adressaten ansprechen. The difference between them: Spätlese hält alte Leute jung. Kunator läßt junge Leute unversehens ziemlich alt aussehen. Auf den Index damit. **Schwarze Weiße** (5,3% 🍺🍺) und **Premium Weiße** (5,3% 🍺🍺) dürften als grundmißlungen gelten. Gleich hinterher.
(Brauerei Leikeim Altenkunstadt) → *Altenburger*

Das »Original« vor **Leipziger Gose** (4,6% 🍺🍺🍺) ist ausnahmsweise mal kein grober Unfug, wie sonst. Mit der Dame Rudolf und mit den Herren Roth und Sander wurden Stachelbeersaft, Rhabarbersaft, Erdbeerkompott (!) und Grapefruitsaft als kombinierte Konkordanzen nachgewiesen. Die schwächliche Rezens hat niemanden gestört. Im Gegenteil, sonst wäre es vielleicht zu schnell mit einem Weizenbier zu verwechseln gewesen.
(Gasthaus & Gosenbrauerei Bayerischer Bahnhof Leipzig) → *Goedecke's*

Ein strikt lemonsaures **Leipziger Pils** 🍺🍺 und ein lakritzsaures dunkles **Leipziger Spezial** 🍺🍺 werden in der *Brauerei an der Thomaskirche Leipzig* gereicht. Mir hat es auch gereicht. Tags zuvor eine Lesung um 18 Uhr in der Moritzbastei. 18 Uhr! An einem Samstag! Und jetzt das. Herr Roth hielt sich die Nase zu, Frau Rudolf sank unter den Tisch. Bezahlt haben wir nicht, dafür die Schließung der Lokalität mit sofortiger Wirkung verfügt.

Leopold's Zwickel 🍺 gibt es in Berlin. In der Galerie der Markthalle am Alex kann man sich im aufsteigenden

L

Dunst der muffig-mißmutigen, unkritischen Verbraucher-
herde mit befreundeten Zeitungsredakteuren treffen, eine
längst fällige Umwertung aller Leberwerte vornehmen und
ein paar genehme Schlucke zurüsten. Neben L. gibt es ein
Hell ♦ und ein **Dunkel** ♦. Sieger im Wettlauf um unsere
Unaufmerksamkeit ist in allen drei Fällen ein wie wegge-
zauberter Schaum, dicht gefolgt von der ebenso absenten
Rezens, alsdann gerettet von einer gentilen Hopfenprä-
senz. Es ist mit diesen wuchernden Gasthausbrauereien so
eine Sache. Selten sticht eine exorbitant herfür. Lästerer
behaupten, deren Erzeugnisse schmeckten auf alternative
Art und Weise uniform.
(Leopold's Brauerei Berlin)

Licher Premium Pilsener (4,9 %) und **Premium** (!) **Export**
(5,4 %) **Licher ICE** (4,9 %), **Licher Leicht** (2,8 %): O. B.
(Licher Privatbrauerei Ihring-Melchior Lich)

»Wer Liefmans wählt, wählt Kriek!« Mit diesem packenden
Wahlslogan haben es die unerschrockenen Brauersleut aus
Dentergem noch immer geschafft, die ostflandrischen
Massen zu mobilisieren. Traumhafte Wahlergebnisse,
weit über der Hundertprozentmarke, lohnen es ihnen
sowie eine dafür verantwortliche weil in sämtlichen
Bierbelangen rundherum zufriedene Bevölkerung. Nichts
ist da von Braupolitikverdrossenheit zu spüren, nichts von
Wahlbetrug, nichts von Selbstbedienungsmentalität »ab-
gehobener« Braupolitiker. Frucht und übermütiger Bieral-
kohol müssen eben kein Widerspruch sein. In **Liefmans
Kriekbier** (6,0 % ♦♦♦) schmecken Sie den Beweis. Aus
purer Dankbarkeit für unser Vertrauen packen einem die
Brauer ihr auf Brown Ale basierendes Flüssigwunder auch
noch in rotes Geschenkpapier ein.
(Brouwerij Liefmans)

Lindemans Kriek (4,0 % ♦♦) hat mir mit seiner fruchtigen Süße von den vier durch diesen Eintrag kullern-

den Lambics am zweitbesten geschmeckt, erinnert stark an Kirschschaumwein für lesbische Volksmusikanten. **Pecheresse** (2,5% 🍺) hinkt mit seinem feinfühligen Pfirsicharoma etwas hinterher. Ein bis zwei Jahre braucht ein Lambic zur Reifung oder drei. Bei Pecheresse frage ich mich allerdings, wem der Aufwand nützen soll. Für die Prävention der Mundverkleisterungen durch Himbeertrunk **Framboise** (2,5% 🍺) schlage ich dreimal täglich **Cassis** (4,0% 🍺🍺🍺) vor, wenn vom Arzt nicht anders verordnet. Da weiß die Schwarze Johanna endlich, wo sie im eigentlichen Sinn ihre Bestimmung zu suchen hat: nämlich in dieser Flasche. Der Verkostator ist mehrfach niedergekniet.
(Brauerei Lindemans Vlezenbeek/Belgien)

L

Litovel Classic (4,0% 🍺) leuchtet rein und hell und klar, nicht nur ein klassisches Schankbier, sondern ein klassisches Geschenk, ein klassisches Geschenkbier. Für das Dunkel **Ambrosius** (3,8% 🍺) sollte ich der *Pivovar Litovel/Tschechien* eine kleine Schaumanfrage stellen. Das Malz aber ist süß verschmacklicht, und die Farbe ist auch gelungen: Waldbeerenaufguß an Kathedralenfenstern. Und sowas lassen sie im Kaufland herumlungern.

Das Bukett von **Lobkowicz Kníže** (5,0% 🍺) übertrifft den Rest nur um weniges. Und dann die strahlende Krone. Hopfenrauch, Malzsalz, es geht bergauf damit. Liebevolle Kenntnis besitzen wir item vom Hellen **Lobkowicz Princ** (4,0% 🍺) sowie von der graduell angedickten Installation **Lobkowicz Vévoda** (4,5% 🍺🍺). Desgleichen **Lobkowicz Baron** (4,7% 🍺), das chiantifarbene Schwarzbier mit einer Extraportion Hopfen. Ein komfortabler etikettiertes **Lobkowicz Kaiser Premium** (5,0% 🍺) ist seit unlängst zu haben, das verdächtige Parallelen zu → *Tuborg* aufzeigt. Bitte die Flaschen besser vollmachen. Neueste Errungenschaft auf dem Kitschmarkt das handgeschöpfte (»hand crafted«) **Démon** (5,4% 🍺) aus der Bügelverschleißflasche.
(Lobkowiczký Pivovar Vysoký Chlumec/Tschechien)

Löwenbräu Buttenheim Pilsner (5,0% 🍂🍂), **Löwenbräu Buttenheim Weissbier** (5,0% 🍂🍂) und **Löwenbräu Buttenheim Kellerbier** (5,0% 🍂🍂): Alles (vom) Mist!
(Löwenbräu Buttenheim)

Löwenbräu Premium (5,2% 🍂) braut ein himmelhochvergorenes Pils, so deprimierend hopfungslos. Dafür täten wir den Löwenbrauern gern die Koteletten neu scheiteln. Ansonsten gilt: der Münchner und ein gutes Pilsener, selten lagen zwei Dinge weiter auseinander. **Löwenbräu Dunkel** (5,5% 🍂🍂) liegt uns noch ferner. **Schwarze Weisse** (5,2% 🍂) ist einen Tick mundiger als **Hefe Weissbier** (5,2% 🍂). Dies lehmig in Aussehen und Geschmack, verweist mit ungewöhnlich hopfendominierter Blume strikt ins Regal mit **Triumphator** (7,6% 🍂🍂). Dessen blödsinniger Schaum will und will nicht weichen. Fünf Minuten. Zehn Minuten. Zwanzig Minuten. – Ich habe das schon mal für Sie vorbereitet, Sie wollen ja weiterlesen. Aber Sie haben nichts verpaßt. Oder doch: eine große Zumutung. **Löwenbräu Original** (5,2% 🍂), das ist dann sogar süß. »Bäst före: Se botten.« Hier kann man Größe beweisen und nicht auf den nächstbesten Joke verweisen. **Oktoberfestbier** (6,1% 🍂🍂🍂): ganz schlimm.
(Löwenbräu München)

Lohrer Urtyp 1878 (5,2% 🍂) wurde »1978 zum 100jährigen eingebraut« – und so stumpf schmeckt es auch. Schade um die schönen Rohstoffe.
(Brauerei Stumpf Lohr)

Lone Star (5,0% 🍂) trinkt man als Einsamer. In den Weiten von Texas wird der Hopfen selbstverständlich nicht mitgekocht, sondern unterm Sattel weichgeritten. Mit einer Hardrockband gleichen Namens hatten schon »Sänger« John Sloman und Gitarrist Paul Chapman

– bekannt durch gelegentliche Handreichungen bei Uriah Heep beziehungsweise UFO – keinen Erfolg.
(Lone Star Brewing San Antonio/USA)

Nicht alle böhmischen Billiganbieter haben unsere Verachtung verdient, das können Sie mir glauben. Bei seiner beschaulichen Reise in die böhmische Brauvergangenheit pumpt **Louny Světlý Ležák** (5,3% &&) seinen cremeweißen Zellstoffschaum schon fast eine Spur zu stolz auf. Obwohl dieses Lagerbier deutlich höher vergoren ist als viele seiner Brüder, schmeckt es im ersten Testdrittel fast zuckrig, dann wälzt sich eine aufregende Würze über die Geschmacksknospen, die sich skrupellos an den schönsten Dingen, die die Malzwelt bieten kann, bereichert hat, und im letzten Drittel kommt die hochwohllöbliche Saazer Hopfenansprache der ipsissima vox gleich. Das können wir, glaube ich, so lassen. **Louny Světlé Výcepní** (4,3% &) riecht erst mal wie eine Ferkelei, schmeckt dann um einiges besser, fast zuckrig. Visuell ein Waldbeerenaufguß, ansprechend dünn, süßlich, flankiert vom **Louny Tmavý Ležák** (5,1% &&). Dies bereichert sich skrupellos an den schönsten Dingen, die die Malzwelt bieten kann. Mit, nicht lachen, Heidelbeeranwandlungen und mit Bedacht gehopft. Im Augenblick noch ausführlich zu vernachlässigen: ein dünnes Dunkel **Louny Tmavé Výcepní** (4,1% &), ein Baustellenbier **Louny Klasik** (3,3% &) und das Diabetikerbier **Louny Diamant** (3,8% &). Schlußendlich hervorzuheben **Benedikt** (4,0% &&), welches in der Tradition böhmischer Kräuterbiere stand: Lavendel, Koriander, Jasmin und dazu ein Schaumperpetuum. Hervorzuheben, weil der Tscheche eben ein Schankbier machen kann und weil und wie die Hopfenapokryphen zur Geltung gebracht werden. Und dann bricht er ohne Angabe von Gründen die Produktion dieses Himmelsgetränkes ab.
(Pivovar Louny/Tschechien) → *Březnák,* → *Zlatopramen*

Lübzer Export (5,4% 🍷) ist trotz seiner Betulichkeit eine schlanke, runde Sache. Ferner ein reintönig-leichtes **Pils** (4,9% 🍷) mit guter Hopfenblume und angenehm taktilen Sensationen. Aber ab und an schwächelndes Hopfenaroma. Rezent. Ein Schaum wie ein Fest und auch noch standfest, ja füllig. Hellnektargoldgelb, nicht immer hinreichend blank. **Lübzer Bock** (7,0% 🍷) ist wohlweislich ohne Schaum. Meckpomms Streetworker werden damit ausgerüstet, um es den Skinheads als Schnapsersatz zuzuleiten. Seither sieben Prozent weniger ausländerfeindliche Straftaten.
(Mecklenburgische Brauerei Lübz)

Lüneburger Pilsener (4,8% 🍷) mit extra wenig Schaum, aggressivem Hopfenfinish und einem potthäßlichem Malzkörper muß man dafür verantwortlich machen, daß die freundlichen Bügelverschlußflaschen nur unfreundliche Verbrauchergesichter zu Gesicht bekommen. Hingegen **Moravia Pils** (4,8% 🍷) sehr schaumig, trocken und doch naß, ein forscher Hopfen, gar nicht ordinär, vielmehr extraordinaire.
(Lüneburger Kronen Brauerei) → *Feldschlößchen Braunschweig,* → *Holsten*

Luisenburg Pils (4,9% 🍷) meldet den Hopfen durch geringe Übertragungsfehler verspätet. Voll präsent ist er beim **Wonnesud** (5,4% 🍷🍷), der, ohne mit seinen Schwarzbierqualitäten zu prahlen, gemessen rauchig die Wonnen der Brauer bei ihrem Bemühen um wahre Kunst reflektiert. Der eigens für einen erzgebirgischen Getränkekrämer verfüllte **Schwarzenberger Doppelbock** (7,4% 🍷) ist nur ein die Doppelbockplage unnötig bereicherndes Etwas. Tja, zwischen Hof und Wunsiedel liegen (Brau-)Welten. Überzeugen Sie sich im Direktvergleich **Wunsiedler Weißbier** (5,4% 🍷) mit der inferioren → *Scherdel Weissen.* **Unser Landbier** (4,8% 🍷) ist wohl schon von östlicher Identitätsjapserei inschpiriert. Und angepflaumt außer dem. Dunstet in Ansätzen obergärig.
(Hönicka-Bräu Wunsiedel)

Luxembourg 95 Black Lager (4,8% 🍺) darf natürlich kein richtiges Black Lager sein, dafür Spitzenreiter des Abends im Direktvergleich mit → *Labatt's Rolling Rock,* → *Nastro Azzurro* und → *Marathon.* Gnadenvoll malzig, wenngleich der Nachtrunk mit sich geizt; der ist flink wie Patrick O'Hearns Finger during the Baß-Solo auf »Zappa In New York« (1977).
(Brasseries Remies Luxemburg)

L

Maccabee (4,9% 🍺) läßt unter der geschlossenen Schaum-decke einen obstigen Appendix durchblicken. By the way durchblicken: farblich wie zertrampeltes altes gelbes Plexiglas, über welches meine Omi ihre Stützstrümpfe gezogen hat.
(Tempo Beer Industries Nelanya/Israel)

Beim **Mack Juleøl** (6,5% 🍺) überwiegen die unange-nehm-pappigen Eigenschaften, dem Schankbier **Haakon Spesialøl** (4,5% 🍺) eilt würziger Gasaustritt voraus, befremdlich whiskymalzig. In der dunkelbernsteinigen Flüssigkeit residiert eine Malzigkeit, die noch nicht alles aufgegeben hat. Gestützt von Hopfensupplementen wird dann der notwendige Nachtrunk ganz gut simuliert. **Arctic Beer** (4,5% 🍺) ist gar nicht mal so interessant. Was macht ihr falsch? Was mälzet ihr? Hafer? Algen? Hirse? Wem schmeckt denn euer Bier? Höchstens Wolfgang Thierse.
(Mack's Brauerei Tromsø/Norwegen)

Maclay Wallace (4,5% 🍺🍺) kann nur ein India Pale Ale mit märzeniger Farbe sein. Mehr karamelig, ernstgemeinte Hopfenverweise in Rufweite und ein Schaum-Suspensorium, härter als die erste »Scheibe« von Metallica. **Thrapple Quen-cher** (5,2% 🍺🍺) nicht nur ein adäquater Durstlöscher mit bissigem Finish, sondern auch eine gute Referenzgröße.
(Maclay & Co. Thistle Brewery Allodia/Schottland) →
Old Jock

Märkisches Pils (5,1% 🍺). Hm. Hopfenherb, aber so, als machten die Hopfenisohumulone Stagediving auf die Zunge. Eisekalt, aus der Flasche, durchaus zu empfehlen. **Urbräu** (5,6% 🍺) schäumt sehr laut. Mit den besten Grü-ßen aus der Hopfenheilanstalt (Geschlossene Abteilung). Unter ärztliche Aufsicht gehören spornstreichs die Trinker von **Kyritzer Mord und Totschlag** (5,3% 🍺), ein geschei-terter Versuch über das Schwarzbier.
(Schloßbrauerei Dessow) → *Gothaer,* → *Oettinger*

146

Maes Pils (5,1% 🍺🍺) heißt einer von den berüchtigten belgischen Marktführern. Für Leute, die (sich) etwas verpassen wollen.
(Brouwerij Alken-Maes Waarloos/Belgien) → *Grimbergen,* → *Jupiler*

Mahr's Weisse (4,9% 🍺🍺) hätte die Anlagen für den Titel »Die Bamberger Weisse«, gäbe es nicht → *Maisels* viel zu bescheidene »Eine Bamberger Weisse«, die den Titel auch in dieser Saison wieder erfolgreich verteidigt hat. Dem hefetrüben **Mahr's Bräu Ungespundet** (5,2% 🍺) wohnt ein kräftig-herber Kellergeist inne, dem man nicht zum Feind haben sollte. Mich hingegen hat zum Feind, wer dem **Pilsner** (4,9% 🍺🍺🍺) seinen Rang streitig machen will, den es brüderlich mit dem → *Maisel Pils* teilt. Hier zeigt sich in voller Blüte, daß extrem trockene Bittere nicht mit ihren Reizen geizen muß.
(Mahr's-Bräu Gebr. Michel Bamberg)

Maisel Pils (4,7% 🍺🍺🍺) – es lebe hoch! Doch verstehe einer die Bamberger Bierwelt. → *Kaiserdom* brummt wie Ochse, und Maisel mit seinem nobilitierten, hopfenthaumatologisch schier unschlagbaren P. fristet ein schüchternes Nischendasein. **Kellerbier** (4,9% 🍺🍺) ist, obwohl ungespundet, ein Gedicht, zarthauchigrauchig, etwas Münchner Malz, fast in Richtung der Schwarzbiergottheiten optierend und, nicht lachen jetzt, auch in Richtung Ale (→ *Shipyard*). Die **Eine Bamberger Weisse** (5,2% 🍺🍺) hätte es bald gar nicht gebraucht. »Krönt die Freude am Genuß« – nein, stimmt nicht. Sie ist zwar exzellent, aber die ersten beiden im Assortment sind nicht mehr einzuholen. Ihr Vorsprung ist zu groß. Andererseits: die Ehrlichkeit der Brauer rührt mich an. Sie hätten auch schreiben können: Die Bamberger Weisse. **Benediktiner Dunkel** (4,4% 🍺) siedelt im unteren pH-Bereich und bleibt beängstigend spack und schüchtern. Mutig und kräftig zum Ausgleich und irgendwie zu unser aller Beruhigung **Benediktiner heller** 🍺 und **dunkler**

M

Bock ♨ (je 6,7%). Ein hochnotpeinlicher Ausrutscher **Maisel Hell** ♨ vom Faß. Bannig Hopfen, wenig Spund, zum Lob hier demnach wenig Grund.
(Brauerei Maisel Bamberg) → *Mahr's Weisse*

Angelegentlich **Maisel's Weisse Original** (5,7% ♨♨♨) wird die Spreu vom Weizenbier getrennt. Schöner Bernsteinton, nearly optimales Aroma, fruchtig-erfrischend, klasse! Banane, Vanille, Birne, Zimt und Zunder, einfach alles. Nur um eine verschwindend kleine Spur weniger dezent die **Weisse Dunkel** (5,4% ♨♨). **Dampfbier** (4,9% ♨) wirkte auf mich, weil obergärig, leicht »alt«. Untypisch für eine fränkische Braustätte. Kein Wunder, daß Maisel konkret mit seiner Weissen in die Offensive geht. **Maisel's Wintertraum** (5,7% ♨♨) und **Maisel's Weisse Kristallklar** (5,2% ♨) sind mit grünem Apfel und Grapefruit dekoriert und das Diätbier **Edelhopfen** (4,9% ♨) ist ein schlagender Beweis, daß es mit Schankbieren auch völlig anders geht. Im **Original 1887 Helles Festbier** (5,5% ♨) schön zu beobachten die ziehharmonikaähnliche Blasenreihung beim Ausgießen. Klappt wie geschmiert, wie auch die gesamte Flüssigkeit, daß man meinen will, das sei der Braugebrüder Maisel Lieblingskind und Nesthäkchen. Wie könnte da ein **Pilsner** (4,8% ♨♨) erst schmecken? Hand in Hand schlendern die Hopfenmädels über die Zungenstraße, grüßen bald nach da, bald nach dort, werfen Kußhände. Himmel, hinterher pfeifen möchte man! Das geht natürlich schief mit vollem Mund und wäre auch schade um das heraus spritzende, auf immer verlorene Bier und doppelt schade für den anstelligen Verkostungsvolontär Roth, der dies alles prompt nebenan verschlafen hat.
(Privatbrauerei Gebrüder Maisel Bayreuth) → *Borbecker,* → *Veltins,* → *Zwieseler*

Malmöhus Guld (3,5% ♨) ist ein Zwickel »med lagom mycket arom och mild behaglig beska«, darüber Hefeschaum.
(Hallsta Bryggeri/Schweden) → *Rosenbräu Ekelhell*

Mammut Export Edel-Hell (5,5% 🍺🍺🍺) und **Mammut Ur-Pils** (4,8% 🍺🍺🍺) sind mit Mammutknochenmehl angesetzt? Bei der Dosenabfüllung gewinnt man den Eindruck. **Mammut Ur-Bock** (6,9% 🍺🍺) ist ein falliertes Dunkles. Der porentiefe Schaum von **Ratskrone** (4,9% 🍺🍺🍺) ist mit Klettverschlüssen an der »Flüssigkeit« befestigt. »Es« klirrt vernehmlich beim Eingießen. In meinen hopfenhermeneutischen Ansatz muß ich, wie ich glaube zu Recht, einbeziehen, daß, sollte es hier eine Hopfung geben, ich an der Transkription ins Trinkbare durchaus kein Interesse bekunde. Woher soll es denn rühren, wenn man sich in Sangerhausen nur zween Trotteldutzend teigiger Hopfenstreusel pro Monat leisten kann und will?
(Mammut Getränke Sangerhausen) → *Henninger Bock*

M

Die Flasche mit **Marathon Export Beer** (5,0% 🍺) läßt sich wie eine Bierflasche öffnen, ebenso ins Glas entleeren, aber was rauskommt, erinnert mich an Dinge, die ich schon mal gesehen habe, nur wo? Bohnerwachsgeruch, getoastetes Malz, zu dunkel die Krone, → *Pilsner Urquell*-Farbe, kein Lemma hilft weiter. Ein wirkliches Dilemma.
(Athenian Brewery/Griechenland)

Mariestads Special (3,5% 🍺) heißt ein Spitzenreiter, worin alles außer dem Alkohol stimmt. Würzig-herb, mittelgelb.
(Mariestads Bryggeri Ab/Schweden) → *Spendrups*

Martini Meister Pilsener (5,1% 🍺🍺) – »Spitzen-Premium« – geht gründlich in die Hosen (diuretische Wirkung), **Edel Pils** (4,8% 🍺) eine Spur gefälliger, »typisch nordhessisch« und ergo ein »Deutsches Qualitätsbier«, wie es auch das kongruente **Nörten Hardenberger Pils** (4,8% 🍺) von sich behauptet. Der Brautermin des **Hellen Urtyps** (4,8% 🍺) läßt sich problemlos via Carbontest auf das Jahr 1648 datieren, oder 1209. Keine schöne Sache. Was das wieder soll. Für dunkle Doppelböcke gilt: die Guten

bei mir ins Töpfchen, der sündhaft schlechte **Martinator**
⸙⸙ bleibt bei A. Kröpfchen. Da helfen ihm auch seine
outrierten 7,7 Prozent nicht weiter.
*(Martini Braubeteiligungs GmbH/Privatbrauerei A. Kropf
Kassel)*

Via **Mauritius Spezial** (5,3% ⸙) soll der Hopfenolymp
mit einer wilden Opferzeremonie besänftigt werden. Das
klappt nicht immer. In maischigem Environment fühlt
sich der goldwerte Bitterstoff selten wohl. **Festbier** (5,5%
⸙), **Dunkler Bock** (7,1% ⸙), **Zwickauer Urtyp** (5,5% ⸙)
und **Pils** (5,1% ⸙) haben besser geschmeckt. **Mauritius
Jubiläumsbier** (5,6% ⸙⸙) bemerkenswert trockenmal-
zig, kaum verbesserbar. **Schwarzes Gold** ⸙⸙⸙ absolut
deliziös, mit richtigem Brummhopfen. Warum schmeckt
man die 5,8 Prozent eigentlich nicht? Ja, warum eigentlich nicht?
(Mauritius Brauerei Zwickau)

Mayer's Stammhaus Export Urtyp (5,1% ⸙) trübt opak,
tiefmalzig. Sehr handwerkliche Attitüden. Erst beim dritten Reinkucken zum Austrinken entschlossen. Ihr mode-
bieraffines **Mayer's 150er Black & Dry** ⸙⸙ samt seiner
4,7 Prozent dürfen sich die Hersteller sonstwohin stecken,
in die finsterste Ecke ihres Lagerkellers vielleicht.
(Privatbrauerei Gebr. Mayer Oggersheim)

McEwan's Export (4,5% ⸙⸙⸙) liebäugelt als lieblich-
säuerliches India Pale Ale, besser Scottish Ale, grandios
hopfig und super malzig. Damit nicht genug: pathbreaking
Riesenabgang für eine Billig- und Allerweltsmarke, die es
sogar auf Dose gibt.
(Scottish & Newcastle Breweries Edinburgh/Schottland)
→ *Newcastle Brown Ale*

Meckatzer Pils (4,8% ⸙) hüstelt premiumfad, seicht, leer,
typisch unbayerisch. Hinter dem **Meckatzer Weiss Gold**

(5,2% 🍺) verbirgt sich ein Export. »Der milde Geschmack [nur 24 Milligramm Isohumulone/Hopfenbitterstoffe] findet auch bei Frauen hohe Akzeptanz«, schreibt der *Welt Report Bier* in seiner Ausgabe 1998. Das muß man sich mal vorstellen.
(Meckatzer Löwenbräu Benedikt Weiß Heimenkirch)

Meininger Frisches Pilsener (5,0% 🍺), ein mit Erbswurst statt Hopfen vermengtes Produkt, repräsentiert auf geradezu gargantueske Weise die Deliktpalette der *Meininger Privatbrauerei*, für deren Entschuldigung angeführt werden mag, daß wenigstens die aus den Eisenacher → *Wartburg-Sudhaus* zugelieferten Würzen ganz passabel vergärt werden und streckenweise prima geraten.

M

Meißner Schwerter German Porter (5,8% 🍺) besteht aus münchnermalzangereichertem schwerem Brauwasser mit stoutverdächtig an die Wand gespielter Rezens. **Privat Pils** (4,9% 🍺) irrt unsicher im tiefen Premiumbecken umher. Ohne Hopfenschwimmring ist sowas kreuzgefährlich. **St. Afra Dunkel** (4,9% 🍺) ackert beträchtlich unharmonisch bitter, dafür seltsam schlank und kurz. Richtige Dunkelkenner würden jedoch darauf (Wort einsetzen, das sich auf Meißen reimt).
(Schwerter Brauerei Wohlers Meißen)

Meister Vollbier (4,8% 🍺🍺) sowie das aber sowas von tadellose **Festbier** (5,5% 🍺🍺) eignen sich hervorragend für Biergartenausschweifungen. Nebenan, in der Trubach, äugt häufig ein vorwitziges Forellenfischlein über die Wasserunterfläche, was denn die Leute ausdauernd da säßen und nicht wieder abkämen von den Krügen, die sie unermüdlich zum Mund führten. Dann ist es Zeit für den Koch zuzupacken. Die Gäste belohnt er mit kostbarster Forellenaufbereitung für ihren freundlichen Durst.
(Brauerei-Gasthof Meister Unterzaunsbach)

Meine Probe **Memminger Hell** (4,9% 🍺🍺) war ein halbes Jahr vor Ablauf der Galgenfrist bereits sanft umschleiert. Einen extra Trauerflor wird's kaum geben, sollte dieser Braustandort schließen. Trucksammlerbier.
(Memminger Brauerei)

Menabrea (4,8% 🍺🍺) wirkt sehr hell, bionda. Der Gummihopfen. »Du schmeckst genau wie Blut, du schmeckst genau wie Milch / du schmeckst genau wie Schnee, du schmeckst genau wie Gift / du schmeckst genau wie Erde, du schmeckst genau wie Licht / ja, ja, ja deutsches Bier«, formulierte die Florentiner Band Pankow (LP »Gisela«; 1989). Sicher handelt es sich nicht allein um Übermittlungsfehler; nein, das Wesen des Bieres bleibt auf dem Stiefel grundsätzlich unerkannt. Mindestens haltbar bis Ende: Sehen Kronenkork.
(Birra Menabrea Biella/Italien)

Ein Sechserpack **Met-Bräu** (5,9% 🍺🍺🍺) kommt zwölf Mark, so viel wie das Dutzend Mitglieder hat. Authentizitätschwindel, weil viel zu stark. Ein rechter Kitsch und Riesenquatsch. Dreinschlagen müßte man, wenn's nicht so weh tun würde.
(Metbrauerei Schmitt Zeutern)

Meteor (4,6% 🍺) verdient ein Wohl bekomm's und ein Hoch! Auf die Clochards vom Gutenberg Platz in Strasbourg.
(Brasserie Meteor Hochfelden/Frankreich)

Meusel Bräu Kellertrunk (4,8% 🍺) tappt tatsächlich sehr im Dunkeln, bietet aber in einiger Trinkhinsicht eine geschickt unterkellerte Überredungskunst auf. Die Flasche wird also leer. Vor allem, weil und wenn man sie mit Freunden und nicht auch zuletzt mit Freuden teilt. Anders ergeht es dem Rumpfsortiment: Sowohl **Hell** (4,6% 🍺🍺), **Pilsener** (4,8% 🍺🍺) als auch **Spezial** (5,4% 🍺🍺) sind

einander bisher nicht einig, wer die passablen Eindrücke vom Kellertrunk am schlüssigsten konterkarieren möchte. Ein falbes Gemisch aus kartonager Pappigkeit und Buttersäureoverkill mit variablem Anteil gelösten Alkohols hilft ihnen dabei.
(Meusel Bräu Dreuschendorf)

Michael Premium Pilsner (4,9% 🍺) staubt sehr trocken, leicht unreintönig, leidet an Nachtrunkverknappung. **Fränkischer Maitrunk** (5,2% 🍺) bernsteinig, kratzig unreintönig, und nur sehr kalt, im kalten Mai draußen zu genießen. **Weißenstädter See-Weisse** (5,6% 🍺) würzig, kräftig durchfruchtet, der Spitzenreiter. **M. Lager** (4,5% 🍺), Emmpunktlager, jaucht säuerlich aus dem Longneck, macht schlimme Flecken. Ei, Blut, Kakao.
(Privatbrauerei Michael Weissenstadt) → *Harzer Tonne*

Michelsbräu Export (5,4% 🍺) schreckt mit seiner kaum anders als größenwahnsinnig zu nennenden Finishverhütung genauso ab wie sein Gevatter **Michel's Kellerbier** 🍺. Hier kommen zwar vergleichsweise bescheidene 4,9 Prozent auf die Zungenwaage, und doch ist es ein Angeberbier. Wenn ich Vitamine haben will, kaufe ich Frischobst. Compri?!
(Privatbrauerei Michelsbräu Babenhausen)

Miller Genuine Draft (4,7% 🍺🍺🍺) ärmelt schaumarm, äußerst dry und viel zu adrett. Ein Großfressenbier. Da gehörten die Kronkorken festgeschweißt. **High Life** (o. A. 🍺🍺🍺) und sein obszöner Geruch setzen jegliche sensorischen Fähigkeiten für zwei Tage außer Kraft. Sonst könnte man wenigstens verifizieren, daß es ein richtiges Güllebier ist. Und was hätte der in Sachen High Life posthum zu divinatorischer Referenzgröße anschwillende Frank Zappa zu berichten? »Mit meinem ersten Lohnscheck ging ich zu einem kleinen Filipinomarkt am Fuß des Hügels und kaufte mir einen Sack Reis, einen Sack rote Bohnen, einen Liter

Miller High Life und ein paar Gewürze für den Reis und die Bohnen. Ich ging nach Hause und kochte einen großen Topf von dem Zeug, das mich nächste Woche am Leben erhalten sollte. Ich aß einen großen Teller und trank etwas Bier. Mein Bauch blähte sich, als würde im nächsten Moment ein Alien herausplatzen. Ich fiel vom Stuhl, krümmte mich im Todeskrampf – und verfluchte die Miller High Life-Brauerei.« Dieses traumatische Erlebnis aus dem Jahr 1962 darf man bestimmt für seinen bekennenden Antialkoholismus verantwortlich machen. Es soll uns Mahnung und Belehrung sein.

(Miller Brewing Co. Milwaukee/USA)

Mississippi Mud Black & Tan (5,0 % ♠♠) gibt sich in den maßgeblichen Belangen smooth. Nach Etikettenbekenntnis stellt Black & Tan einen Mix aus kontinentalem Pilsener und englischem Porter dar – und das aus den Vereinigten Staaten. Die Leute da mögen ja partiell sehr eigentümliche Vorstellungen von Dingen haben, die »Englisches Porter« oder »Kontinentales Pilsener« heißen, MMBT aber figuriert als eine der wenigen Ausnahmen, der Sie unbesehen glauben dürfen. Ja, strenggenommen, möchte man diesen Schlamm essen, sich mit dieser Schlammpackung einreiben. Nehmen wir also vorerst mit der flüssigen Version vorlieb. Is ja auch nich janz billich.

(Mississippi Brewing Company Utica/USA) → *Saranac*

Oppl Willis **Mitterteicher Zoigl** (♠♠♠) lugt fast blank bernsteinig unter seinem nicht allzu gewaltigen Blasenhut hervor, zeigt eine überraschend feine Nase und bedient sich rührend schamlos aus vollen Malz- und Hopfenregalen.

(Kommunbräuhaus Mitterteich) → *Eschawecka*, → *Falkenberger*, → *Neuhäuser Zoigl*

Mittweidaer Löwenbräu Pils (4,6 % ♠) täuschte schon ein schlankes Export vor, roch hopfigherb, doch der Hopfengabentisch war vorzeitig abgeräumt, das macht

Export (5,1% 🍺) auch nicht wieder gut, wenn es eine Spur milder, aber fruchtiger geriet. **Black Lions** (5,4% 🍺) Farbe lockt schamlippenrot, mit altem Nußgeruch, aber bemerkenswert trocken.
(Mittweidaer Löwenbräu) → *Hartmannsdorfer*

Mögglinger Kristallweizen (4,9% 🍺) bleibt sehr flach und dünn, auch bitter, nicht süß, nicht fruchtig, eigentlich gar nichts Weiziges. Vincent wundert sich auch drüber. **Meister Pils** (4,8% 🍺🍺) erinnert sehr an → *Rudolfs Selbstgebrautes.* Und mit **Echt Mögglinger Premium** (4,8% 🍺) schließt die *Adler-Bräu Mögglingen* den Kreis zum Kristallweizen wieder. Seltsam, das alles.

M

Mönchshof Schwarzbier (4,9% 🍺🍺) ist taubenblutfarben, durchsichtig bis durchscheinend, Glas- bis Fettglanz, schöner Katzenaugeneffekt, selten kirschrote Lumineszenz, meist Opaleszenz. Gesamturteil: sehr gut. **Mönchshof Weihnachtsbier** (5,6% 🍺🍺🍺) scheint akkurat genau das, was wir davon erwarten: himmlische Malzwölkchen. Kann man so stehen lassen. Besser nicht. Austrinken. Und mehr davon. **Mönchshof Original** (4,9% 🍺) → *Kulmbacher Premium Pils.* **Kapuziner Weizen Kristallklar** (5,4% 🍺) ein Weizen-Pilsener-Hybride. Davon sollte man ablassen. Für Unentschlossene genau das Richtige. **Kapuziner Schwarzes Weizen** (5,4% 🍺) mit einer Farbmalznuance zuviel, das **Kapuziner Weisses Weizen** (5,4% 🍺) und **Winter-Weißbier** (5,4% 🍺) mit einer schönen Balance aus fruchtiger Hefenote und anregend untypischer Malzkomponente im Abgang. **Mönchshof naturtrübes Kellerbier** (5,4% 🍺) schreibt einladende Biergarteneinladungskarten. »Traditionell vollmundig, reiht sich **Maingold Landbier** (schon wieder 5,4% 🍺) in das vielfältige Mönchshof-Sortiment und damit die große Kulmbacher Brautradition ein.« Lese ich. Was mitnichten richtig, vielmehr unrichtig, um nicht zu sagen: grundfalsch ist. Moment, ich erfahre eben: neu

auf dem Markt der Beliebigkeiten ein auffallend dunkles **Mönchshof Lager** (4,9% 🍺). Neu na ja, nötig nicht. Und das helle **Mönchshof Bockbier** (6,6% 🍺) kommt zum Schluß, damit hier Schluß ist.
(Kulmbacher Brauerei) → *EKU,* → *Hösl,* → *Muldentaler,* → *Sternquell*

Molson Canadian Lager (5,0% 🍺) führt eine reichlich lasche Veranstaltung mit fast zu gut versteckten Hinweisen auf ein Münchner Helles vor. Gemeint war aber sicher ein Helles, das sich nicht verstecken muß. Ein Helles soll ans Licht, damit es erstrahlen kann. Sonst ist doch alles umsonst.
(Molson Vancouver, Edmonton, Regina, Toronto, Montreal & St. John's/Kanada)

Kalt ist **Moninger Pilsener** (4,9% 🍺) ziemlich frisch. Mit einem unverhofften Nachhänger, vulgo Finish. Trotzdem sollte der Hopfenkompaß neu eingenordet werden.
(Brauerei Moninger Karlsruhe)

Trotz gelinder 4,7 Prozent muß ein unharmonischer Alkoholüberhang beim **Moosbacher Pilsener** 🍺 konstatiert werden. Dagegen helfen wieder nur ein zu vielem entschlossener Malzzucker und ein Bitterarrangement alter Schule. So schmecken Kleinbrauereienbiere. Wollen die guten Leut über ihre kognitiven Verhältnisse brauen, schmecken ihre Erzeugnisse wie **Moosbacher Classic Gold** (5,0% 🍺🍺) – der Test an diesem Bier »Pilsner Art« mußte sogar abgebrochen werden, lediglich um schlechtes Zeugnis davon abzulegen. Nur graduell besser erging es **Alt Moosbacher Kellerbier Dunkel** (5,4% 🍺) und **Moosbacher Weissbier** (5,0% 🍺).
(Private Landbrauerei Scheuerer Moosbach)

Mit den kleinen Flaschen **Moretti Export Pils** (4,6% 🍺🍺) bewerfen sich oft im Scherz die italienischen Trüf-

felsucher, wenn ihre Jagd erfolgreich gewesen ist. Ans Trinken denkt da freilich keiner. Woher denn?
(C. D. B. Milano/Italien)

Moskowskoje Piwo (4,7% 👎👎👎) und **Schigulewskoje Piwo** (4,1% 👎👎👎) kommen aus einer »Bierfabrik«. Folgerichtig kommen beide komplett ohne Schaum aus, beide braungelb, beide als staatlich geprüfte Foltermittel für die Russenmafia freigegeben. Der Testakt hätte mich beinahe zum Opfer eines wohl kalkulierten Auftragsmordes machen können. Aber nach zwanzig → *Wernesgrünern* sind die schlimmsten Übel vorerst behoben. Vorerst.
(Badajewskij Piwowarennyi Sawod Moskwa/Rußland)

M

Zum Thema **Mühlen Kölsch** (4,8% 👍👍👍) herrschte, wie in seltenen Fällen nur, Einigkeit, Einmut und Einvernehmen, hier wird der Kölschgedanke zur materiellen Gewalt. Warm und dunkel und betörend wie ein Sunset im März, vielleicht ist es auch ein Märzen. Wenn, dann mit Sicherheit eines, welches zu trinken und zu preisen es lohnt.
(Brauerei zur Malzmühle Schwartz KG Köln)

Mühlenbräu zeigt ein formidables **Hell** (4,8% 👍) an und ein am Alt und am Märzen geschultes dunkles **Spezial** (4,8% 👍), des weiteren **Hefeweizen** (5,2–5,4% 👎) in erschröcklichster Milchsäureeinbettung (oder was ist das sonst?). Blieben noch **Maibock**, **Märzen** und **Nicolator**, die, gerade nicht vorrätig, mich erbärmlich Umherirrenden freilich kaum Labsal verheißen hätten. Die sture Mühle will nämlich erst mal gefunden sein.
(Stuhrer Mühle Bremen)

Münchsteinacher Zwickelbier (4,8% 👎👎) habe ich getrunken. Aus meiner Enttäuschung mache ich keinen Hehl. Die Brauer haben den Hopfen an der Pfanne vorbeigetragen. Unter solchen Bedingungen ist kein zeitgenössisches Pilsener vorstellbar. Selbstverständlich auch kein Zwickel. **Loscher Pils** (4,8% 🍺) ist ziemlich schwach auf der Hopfenbrust, sehr verklemmt wie der **Export**-Kumpel (5,2% 🍺). Da sondern die Schaumdrüsen einfach zuviel Parfüm ab. Und zu dunkel ist es obendrein.

(Brauerei Loscher Münchsteinach)

M

Um einen profitablen Mindestabsatz zu garantieren, wird **Mützig** (4,8% 🍺) in 0,75 Liter-Patronen verabreicht. Austrinken, oder nicht austrinken? Das ist hier keine Frage.

(Amstel Service Consommateurs Rueil Malmaison/Frankreich) → *Amstel,* → *Heineken*

Muldentaler Classic (4,8% 🍺) hat in seiner Hopfenphänomenologie keine wesentlichen Fortschritte zuwege gebracht, das ist bedauerlich, zumal die Ansichtskarte auf dem Etikett mehr verspricht. Die stotternde Hopfenansprache von **Peniger Pilsner** (5,0% 🍺) mußte schon nach einem Schluck unterbrochen werden. Hilft alles nix, Gesundheit ist ein heilig Gut. **Peniger Weihnachtstraum Spezial** 🍺🍺 → bitte unter *Mönchshof Weihnachtsbier.* Hat zwar nur 5,2 Prozent, das ist aber verständlich: die Peniger Brauerlöhne sind ja auch auf 93 Prozent des Westniveaus.

(Peniger Spezialitätenbrauerei)

Murphy's Irish Stout Draught (4,0% 🍺) und schon wieder sehr feinporiger Schaum und wenig Alkohol in Anlehnung an den fast außer Gebrauch gekommenen Rübensaft. Aus einer der vielen »ältesten« Brauereien Irlands und aus der »revolutionären Zapfflasche«, that means: mit »Draughtflow-System-Kartusche«. **Mc Farland Red Beer** 🍺 wirkt trotz eingesickerter 5,6 Prozent wie wunderlich angegangenes Erdbeerkompott aus Aladins Wunderlampe (die Flaschenform), bei allem ein schönes Wochenendbier. Und gleich schiebt Murphy's noch ein **Irish Red Beer**

(5,0%) hinterdrein. Als quasi Alt-Entsprechung außerordentlich weich, ja samtig. Röstmalz wird zugeschaltet, und alle sind zufrieden.
(Murphy Brewery Cork/Irland)

Der Mythos hält sich hartnäckig, ausländische Biere, vor allem aus dem Einflußbereich des Mittelmeeres, seien auch nicht zu verachten. Das mag temporärer Urlaubshochstimmung geschuldet sein. **Mythos** (5,0%) räumt mit diesem Mythos auf, schließlich bekäme jeder einheimische Brauer für solch eine Belanglosigkeit das Sudhaus angezündet. Zugereisten Münchnern könnte man es bisweilen als Münchner Helles andrehen. Es bleibt lediglich ein durchaus erfrischend fruchtiger Habitus.
(Mythos Breweries Sindos/Griechenland)

M

Mit **Naabecker Pils** ⚐ steigt die *Schloßbrauerei Naabeck* bei irre günstigen 4,6 Prozent ein, es folgen ein **Hell** ⚐ und ein **Dunkel** ⚐ (nicht enteisent) bei turbo-coolen 4,8 Prozent, ein **Spezial** ⚐ bei absolut krassen 5,5 Prozent und ein **Edel Märzen** ⚐ auf tierisch angesagten 5,7 Prozent. Allein, die Mühe war vergebens, Trinkbiere sind das alles keine. Genaugenommen können Sie das gesamte Sortiment in der Pfeife rauchen.

Nastro Azzurro (5,0% 👍) bleibt ganz anders als zum Beispiel das → *Marathon Export Beer*. Hopfiger, guter Körper, Parfüm nestelt um den Schaum, und ein paar Weinbeeren sind wohl auch mit hinein gemogelt worden.
(Birra Peroni Industriale Roma, Niederlassung Padova/Italien)

Neder Keller Bier (5,2% 👍) ist weich wie eine moderne Frauenbrust und **Schwarze Anna** 👍👍 gönnt sich noch etwas Lack und Leder drumrum. Meinliebermann!
(Brauerei Neder Forchheim)

Negombo Gold (5,0% 👍) könnte ein gutes mittelständisches Pilsener abgeben; die Voraussetzungen stimmen: trocken, hopfig, ein Lüftchen voller Früchtchen.
(Kochikade Beer Company Kochikade/Sri Lanka)

Neptun Guldøl (5,0% 👍) ist Klasse 2. Ich habe gelernt: Klasse 1 – giftig bis ungenießbar! Klasse 2 – genießbares bis gutes Speisebier. Meist jedoch nur als Mischgetränk tauglich.
(Neptun København/Dänemark)

Neuhauser Märzen 👍 regiert mit weichem Schaum, weichem Antrunk, weich-opakem Aussehen und weichem Nachtrunk. Passend dazu Akkordarbeiterbrotzeitportionen, deutlich unter vier Euro.
(Kommunbräu Neuhaus/Pegnitz) → *Reundorfer*

Alfred (Käck'n) Schönbergers **Neuhäuser Zoigl** (🍺🍺🍺) ist der vorläufig hopfigste der mir geläufigen. Mit einer wirklich lang anhaltenden Bittere. Da können Sie dreimillionenmal Purzelbaum um den Markt schlagen und währenddessen die Bibel rückwärts ins Koreanische übersetzen. Schon der Malzantrunk kann es mit jedem Flugzeugträger aufnehmen. Die körperliche Fülle entspricht annähernd einer guten alten Omi, zu deren weicher Kraft und Strenge man als Winzlingsbub jederzeit flüchten kann. Wow!

(Kommunbräuhaus Neuhaus) → *Eschawecka,* → *Falkenberger,* → *Mitterteicher Zoigl*

N

Neumarkter Edel Pils (4,8% 🍺) dürfte seinen Namen nach geltendem Hopfenrecht weiß Gott verdient haben, eine achtbare **Hefe Weiße** 🍺 mit 5,1%, ein **Lammsbräu Urstoff** 🍺 mit 4,7 Prozent, der leider für zu beerig befunden werden mußte, und **Dinkel** (5,2% 🍺) scharen sich frohgemut ringsum. **Schwarze** (**Dunkles Hefeweizen**) (5,1% 🍺), **Helles Hefeweizen** (5,1% 🍺), **Lammsbräu Pilsner** (4,8% 🍺), **Lager** (4,7% 🍺), **Schankbier** (2,4% 🍺), **Kristall Weizen** (5,1% 🍺) und **Dunkel** (4,8% 🍺), in der kleinen grünen Longneckbuddel auch **Zzzisch** 🍺 geheißen, füllen das Ökotragerl auf. Trotzdem: freilaufender Hopfen, Brauwasser aus Bodenhaltung, glückliches Malz und zufriedene Hefezellen sind a priori kein Garant für selige Biertrinker. A posteriori gleich überhaupt nicht.

(Lammsbräu Neumarkt)

9 Springe Pils (4,9% 🍺) scheint sehr im Hellbereich lokalisiert, große Sprünge sind damit kaum zu machen. **Dunkel** (5,2% 🍺) ein typisches Katholenbier, schwarzrot, mit trockenem Bukett. Vielleicht sollte man die Brauer ein bißchen reizen und wütend machen, dann, unter Umständen, schäumten ihre Biere besser?

(Brauerei Neunspringe Worbis)

Zum **Neuzeller Kloster-Bräu Schwarzer Abt** (3,9% 🍺) läßt sich folgendes sagen: daß es tatsächlich singulär in seinem Habitus sei und wegen einer lächerlichen Zuckerbeigabe laut Landwirtschaftsministerium Brandenburg kein Bier sei, man daher seitens der Brauerei Etiketten schuf, auf denen das Wort »Bier« von einem Balken verdeckt wird, oder daß man es in einer 100.000er Auflage und mit der Sortenbezeichnung »Brandenburger Amtsposse Jahrgang 1996« verbreitete. **Extra Stark** (7,0% 🍺) stellt auf dem Rücketikett »innovative Firmen aus Brandenburg vor. Heute: Ohra GmbH aus Rathenow. Hochwertige und elegante Kaminöfen«. Was jetzt von Extra Stark nicht zu behaupten wäre. Den **Bibulibus** (4,8% 🍺) haben wir uns für ein Zwikkel reichlich kartoniert vorzustellen, **Mönchspils** (4,8% 🍺🍺) für ein Pilsener noch kartonierter. Leider. Weiterhin werben diese verdammenswürdigen Mittelständler per 2/3-Seiten-Anzeige in der taz für Unseligkeiten wie **Closter Zell Refugiumbier** (6,3% 🍺🍺), einen **Bock** (6,2% 🍺🍺), ein **Winzerbier** (4,9% 🍺🍺) sowie ein **Original Badebier** (o. A. 🍺🍺), um sich den kontinentalen Markt der Nichtbiertrinker zu sichern.
(Kloster-Bräu Neuzelle)

Newcastle Brown Ale (4,7% 🍺🍺) lebt johannisbeerfarbig und labt wohltuend, mit geröstetem Weizen angereichert. Das bringt milde Fruchtigkeit und Malzkörper. »Man muß den Leuten ein Lied geben, damit sie was zu singen haben, wenn sie nach ein paar Pints Newcastle Brown an einer kalten Bushaltestelle rumstehen«, meinte Ozzy Osbournes Vater noch zu Lebzeiten. Und Vaters Sohn hat sich das hinter die Löffel geschrieben. Absolut.
(Newcastle Breweries Ltd. Newcastle Upon Tyne/England)
→ *McEwan's Export*

Klar, feste Mais mit rein ins **Nigeria Pal Lager Beer** (5,0% 🍺🍺🍺). Der kann dann gerne in der Flasche bleiben. Sonst geht's weitgehend wieder. Halt noch auf Krücken und recht

mühselig, aber es geht. »Under german technical supervision.« Wer hat hier seine Hände im Kapitalexportspiel? → *Löwenbräu*? → *Patrizier*? Müllermilch? Gerolsteiner? Schreiben Sie mir.
(Pal Breweries Ltd. Oko/Nigeria)

Noche Buena (4,5% 🥄🥄🥄) riecht nach übernächtigter Buttermilch, schmeckt nach ... verrat' ich nicht. Beim **Dos Equis Special Lager** (Etikett vorn: 4,5, hinten 4,8% 🥄) aus dem Betriebsteil *Ori Zaba* schwindelt bereits im Antrunk ein feiner Hopfenstrahl herein. Und das ist schön so. Für **Dos Equis XX** 🥄 hingegen haben sich beide Etiketten auf 4,8 Prozent und einen verschwitzt rauchigen Zwetschgenzwischenton verständigt. Die Szeneheinis werden's ihnen danken.
(Moctezuma Monterrey/Mexiko)

Nordbräu Pilsener (4,8% 🥄) wird jetzt aus den Lübzer Fehlzündungen bereitet. Farbe nun erst recht von → *Beck's* geklaut. Voll stulle gehopft. Ein sogenanntes **Diät-Bier** (4,9% 🥄) verweist auf seine 134 kJ. Und Minus 134 kJ Schaumeinheiten, ergänze ich still. In **Nordbräu Premium Pilsener** (4,8% 🥄🥄) vegetiert der Geist des alten Nordbräu Pilseners aus Neubrandenburg weiter. Rette sich, wer darf.
(Mecklenburgische Getränke-Vertriebsgesellschaft Lübz)

Nothelfer Trunk (5,1% 🥄) wäre als geräuchertes »Export Dunkel« primstens zum Abfüllen der Kaffeetouristen geeignet, besser noch zum Trinken, wenn sie wieder alle weg sind. **Nothelfer Pils** (4,7% 🥄) sehr malzig, komplett vermalzt, übermalzt, bitter, unrein, kein Pilsener, eindeutig.
(Alte Klosterbrauerei Vierzehnheiligen)

Nothhaft Pilsener (4,9% 🥄), **Nothhaft Rawetzer Weißbier** (5,0% 🥄), **Nothhaft Ur-Hell** (5,1% 🥄), **Nothhaft Edel-Pils** (5,2% 🥄), **Rawetzer Premium Exportbier**

(5,4% 🍺) und ein **Nothhaft Märzen** (5,8% 🍺), das die *Brauerei Nothhaft Marktredwitz* je nach Jahreszeit auch als **Nothhaft Festbier** (5,8% 🍺) ausgibt, bestätigen: der Name ist Programm. Wird im südlichen Zonenrandgebiet und in weiten Teilen der Marktredwitzer Fußgängerunterführung tatsächlich gesoffen. Except for **Rawetzer Zoigl**: (5,4% 🍺🍺). Sagenhaft spritzig und hefetrüb. Bronzerot, guter Schaum, karamelig, fein abgestimmt. Folgt den obergärigen Lagerbieren der letzten Kommunbrauereien, ohne jedoch deren Originalität gänzlich einfangen zu können.

Nova Scotia Stout (5,1% 🍺) blafft zappenduster mit Sichtweiten von minus unendlich, caroschaumfarbener Krone, streng limitierter Milde und extended Röstmalz. *(The Queen Molly Brewery Yarmouth/Kanada)*

Gläser mit **Nürnberger Altstadthof Hell** 🍺🍺 schleppen sich stichig und ohne erkennbaren Schwung zum Trinker. Man merkt, daß die 4,8 Prozent ein erbarmungsloser Kampf gewesen sein müssen, verblieben sind eine Handvoll Blessuren im Aroma. Auch der siebenprozentige **Bock** 🍺🍺 wäre allenfalls eine morsche Rüstung gegen des Daseins Widrigkeit. *(Hausbrauerei Altstadthof Nürnberg)*

Das einzigartige **O'Hara's Celtic Stout** (4,3 % 🍺🍺🍺) trägt seit seiner Invention, 1998, malzige Papierschlangen auf einer weichen Fruchtmatratze, mit jauchzenden Hopfenpünktchen bemalt. Meiert ziemlich voluminös (reichlich zehn Prozent Stammwürze), dabei klumpt es nicht. An Düsternis kaum zu übertreffen. Schätze auf 3574 EBC. Mit allerhand betörenden Gewagtheiten: allen voran ein unbesiegbarer Schaumblock, der Rekord liegt bei 3,2 Zentimeter über dem Glasrand – ein Achttausender unter den Schäumen. Erst Atompilzform, dann Dolomitispitze, dann erloschener Vulkan, dann zerknitterter Luftballon, dann Atoll. Ah, toll auch das, was darunter zu tun hat. Alte Kaminschwaden sind im Geruch genauso zu vernehmen, wie gebratene Schokolade und eine multiple Räucherhopfenpersönlichkeit im Geschmack. Well done. Very well.

O

Moling's (4,3% 🍺) erfüllt den Tatbestand des Red Ale nur zu neunzig Prozent, weil die Weizenfrüchtelei den nach der Vorhersage zu erwartenden Röstmalzsturm gelinde gesagt ausbremst. Ganz anders **Curim Gold** (4,3% 🍺🍺🍺) – ein brillantes Weizenbier, ein märzenfarbiges Schaumfest, schmackhaft wie → *Falkenberger Zoigl*. Große Kunst!
(Carlow Brewing Company Carlow/Irland)

Obaladara (4,9% 🍺) schmeckt kräftig-kratzig, **Oberleinleiter Edel-Pils** (4,9% 🍺) pappig-pampig und **Weißbier** (5,2% 🍺) sowas zwischendrin. Fragen Sie die *Brauerei Ott Oberleinleiter.*

Obolon Lager 🍺 haben sie jetzt für international auf 5,2 Prozent hochgepitcht – ohne spürbare Entlastungen auf dem Belästigungssektor. Für den Unterschied zu **Obolon Premium** 🍺 gilt: esse est percipi. Dritter im Bund ist **Obolon Light** 🍺🍺 mit seinen 3,8 Prozent, welches energisch an Malzverbrennungen dritten Grades gemahnt. Ein wahrer Obolus für den Höllentrip.
(Obolon Brauerei Kiew/Ukraine)

Ochsenbräu Dinkel (5,0% 🍺). Obergärig. Nach. Über-reifer. Pflaume.
(Ochsenbräu Gebr. Schlumberger Nattheim)

Odense Classic (4,6% 🍺) wird »En gylden Pilsner« genannt – zum Farbenspektrum schnüren unsere nörd-lichen Nachbarn eigenwillige Thesenpakete. Golden be-deutet hier katzengoldig, der Schaum will einfach nicht, und der Geschmack hat Urlaub.
(Albani Bryggerierne/Dänemark)

Oettinger Bier Brauhaus Oetting? Mensch, die können ja alles. Oder nichts: **Original Oettinger Pils** (4,7% 🍺🍺🍺), **Original Oettinger Schwarzbier** (4,9% 🍺🍺🍺), **Original Oettinger Alt** (4,9% 🍺🍺🍺), **Original Oet-tinger Hefeweizen** (5,2% 🍺🍺🍺), **Original Oettinger Winterbier** (5,6% 🍺🍺🍺) und **Original Oettinger Hefe-weißbier naturtrüb** (4,9% 🍺🍺🍺), **Original Oettinger Export** (5,4% 🍺🍺🍺) und **Original Oettinger Urtyp** (5,6% 🍺🍺🍺), diverse Brauerselbsthilfegruppen im Lohn-brauverfahren, sind zweifellos noch nicht die letzte Ant-wort auf die Frage nach dem schlechtesten Bier der Welt. Aber man gibt sich Mühe. → *Dessower,* → *Gothaer,* → *Schweriner*

Ohlssons's Lager (5,0% 🍺) vom Kap der guten Hopfung odelt würzig, maisig, im »Geschmack« marzipandomi-niert, trotz alledem bekömmlich, ja wohlschmeckend.
(S. A. Breweries Johannesburg/Südafrika)

Okocim Light Beer 🍺 soll ein Lightbeer sein. Mit 5,5 Prozent – sehr interessant, denn es ist wie ein Helles. Um einen Gang saurer geriert sich **Okocim Browar** 🍺 mit der gleichen Prozentzahl. **Porter** (9,5% 🍺) ist schwarz wie die Nächte über den Schwarzmärkten im polni-schen Grenzgebiet. Ein idealer, spritziger Morgentrunk für Bierschmuggler. **Mocne** (7,8% 🍺) wirkt danach wie

ein frisches norddeutsches Pilsener. Schwer zu glauben, ich weiß.
(Browar Okocim Brzesko/Polen)

Olbernhauer Stülpner Bräu (6,5% ♨♨♨) heißt eine Starkbierattraktion mit Schaumgebirge. Hell. Rezent. Süffig. Klasse! Ungewöhnlich geschmeidig. Keineswegs verbockt. Vergessen Sie also beim Genießen nicht: das ist ein Starckbier. Vergessen Sie lieber **Olbernhauer Edel Pils** (4,9% ♨; seit neuestem auch als **MEK-** [d. i. Mittlerer Erzgebirgskreis] **Pils Premium** oder als **Seiffener Zwitscherbier** zu haben) und seinen verhaltensauffälligen Hopfen (ziemlich unbeherrschtes Auftreten) oder das in jedem Jahr umbenannte, heuer **Erzgebirgs Premium** lautende Pilsener (4,9% ♨). – Jessass, wer bloß hat den Erzgebirglern verraten, wie man ein dergestalt fettes **Bockbier Dunkel** (6,0% ♨♨) fabriziert. Nur etwas mehr Mousseux, bitte. **Export** ♨♨ klettert auf 5,2 Prozent und rettet das Pilsener, und **Olbernhauer Jahrhundertbier** ♨ reimt sich auf 5,4 Prozent, mit einem fauchenden Hauch von Schmauch, kurvenreichem Körper, einem guten fränkischen Märzen (zum Beispiel → *Fäßla*) entsprechend. Selbst **Böhmisch** ♨ mit antithetischen 2,8 Prozent kann man ohne Spätfolgen trinken. Mit dem **Erzgebirgischen Weihnachtsfestbier** (5,6% ♨) liegt ein weiterer Grund vor, dieses Fest zu negieren.
(Stadtbrauerei Olbernhau)

Old Jock (6,7% ♨♨), der ultimative Schottenrotwein, sollte bei Raumtemperatur serviert werden. Paßt vorzüglich zu Käse und Fleischgerichten.
(Broughton Ales Peeblesshire/Schottland) → *Maclay*

Old Speckled Hen (5,2% ♨) brilliert als whiskytrockene Angelegenheit mit Unterstützung eines seit 1896 reingezüchteten Hefestammes. Nicht zum Kampf geboren und auch nicht entschlossen wie das Panzerfahrzeug, nachdem es benannt worden ist. Ein Kampf jedoch wäre dringend nötig,

um mich von seinen Genußmittelqualitäten nachhaltig zu überzeugen.
(Morland Abingdon/England)

Oranjeboom Premium Lager (5,0% 🍺🍺). Nicht toll.
(Brouwerij de Oranjeboom Breda/Niederlande)

Kaum Taglicht wird je durch die meterdicken Butzenscheiben der **Orth-Bräu** *Zum Fuchsbeck Sulzbach-Rosenberg* gedrungen sein, daher findet im Gastraum eine mehr als finster beisammen hockende Runde Autochthoner Platz. Ein **Pils** 🍺 im Stehen gibt's zum wässrigen **Hellen** 🍺, doch die Hopfenbewegungsmelder blitzen nur flüchtig auf. Auf dem Weg zum Örtchen bleibt dafür alles ziemlich duster, und man verirrt sich leicht ins Sudhaus. Darüber und über die auffällig verhangene Symbolik habe ich noch lange im Stillen grübeln müssen.

Orval (6,2% 🍺🍺), gewandet in ein Schaumpilzgeflecht von sehr merkwürdiger Konsistenz, vermerke ich primär bieruntypisch, sekundär eine sacht-staubige Bittere, von fruchtiger Hefe eingeschachtelt. Zunächst aber denke ich an Nähmaschinenöl, keine Angst, das ist nicht weiter schlimm. Nehmen Sie den Schaumdeckel vorsichtig ab, so ist mit einem Gutteil Geduld und bei 12 bis 14°C ein braver Kardamom zu erschmecken. (Wird in den nächsten Auflagen ergänzt.)
(Brasserie D'Orval Villers devent Orval/Belgien) → *Achel,* → *Chimay,* → *La Trappe,* → *Rochefort,* → *Westmalle*

Wie ein Pott Ostfriesische Teemischung mit einem gefühlten Alkohol von 4,8 Prozent walzt **Ostfriesen-Bräu Landbier Dunkel** 🍺🍺 über die Zunge. Der tonnenschwere Röstmalzeinsatz muß mit ungesund kräftigem Hopfen kompensiert werden. Von allem zuviel. Vielleicht kann man das mit Sahne trinken? Der Schaum deutet farblich in diese Richtung.
(Historische Landbrauerei Großefehn-Bagband)

Ottakringer Goldfassl Spezial (5,6% 🍺) als verflüssigte Brühwurst, aber vor allem **Goldfassl Pils** (4,6% 🍺) als verflaschte Versinn(bild)lichung Wiener Brauart mußte sich der Endesunterzeichnete während seiner ausgedehnten Ungarnforschungsreisen (per Anhalter) von jedem Mitnehmer, von jedem Gastgeber nur unwesentlich über dem Gefrierpunkt spendieren lassen. Arge Blasennot und gefrorene Schneidezähne zählen zu den erwähnenswerten Ergebnissen. Nicht erwähnenswert dürfte sein, daß er diese Erzeugnisse der *Ottakringer Brauerei Harmer Wien/Österreich* für den Rest seines problemgesegneten Daseins meiden wird.

Ottweiler Pils (4,8% 🍺🍺🍺) ist kaum zu sagen. Farbe wie, ja wie denn bloß? Wie Silberdistelöl, genau, Silberdistelöl. Roch nach Amöbenkutteln. Mehrwegmalz (Grüner Punkt) plus Hopfengabe aus Antimaterie. Schaum gepeitschtem Rahm nachgemacht. Hätte ich die Dose nur nicht aufgemacht.
(Ottweiler Brauerei) → *Schulten*

O

Ožujsko (5,2% 🍺🍺🍺) beziehungsweise an die ulkigsten Namen muß man sich seit dem letzten Balkanfeldzug gewöhnen und an die gewagtesten Auslegungen zum Begriff Bier. Die Erbverbündeten hatten schon zu WWII gerne die Drecksarbeit übernommen. Nichts anderes vermutet man bei O. Wer weiß, welche deutsche Brauerei ihr Tropfbier nach Kroatien beamt, um es via O. an deutsche Weltkriegsveteranen und Touristen zu vertickern?
(Zagrebačka Pivovara Zagreb/Kroatien)

Paceña (5,2% 🍺) trinken und denken: Manchmal bin ich einfach nur ratlos.
(Cerveceria Boliviana Nacional La Paz/Bolivien)

Pacifico Clara (4,5% 🍺🍺) stinkt wie hohler Zahn. 29. Juni 2002: ich schaue beim Verderb zu, der sich offensichtlich im Miniaquarium, vulgo Glas und unfreundlicherweise in Windeseile vollzieht. 19.36 Uhr – die Spannung steigt. 19.37 Uhr – es ist vollbracht.
(Cerveceria del Pacifico Mazatlán/Mexiko)

Paderborner Pilsener (4,9% 🍺🍺🍺) dunstet als Absud aus Drewermanns berüchtigtem Pullover (bei 60°C). Mit dem Haus Cramer, dem neben → *Warsteiner* der Betrieb der Paderborner Niederlage obliegt, war dahingehend vereinbart, daß E. Drew. pro Woche einmal bei der Maltoserast (in Damenbegleitung) in den Sudkesseln Kleiderbaden veranstalten kann. Und muß. P. darf aus Gründen der inneren Sicherheit, wir verstehen uns da recht, nur in der Blechummantelung verbreitet werden. Anzeigen von Zuwiderhandlungen nimmt jede Braupolizeidienststelle entgegen.
(Paderborner Brauerei)

Päffgen Kölsch 🍺🍺🍺 mit flirrendem Hopfenflutlicht eignet sich besonders für tabuloses Outdoor-Kölsching »and all tomorrow's parties« (Christa Päffgen). Gnadenlos endgut.
(Brauerei Päffgen Köln)

Palm Speciale (5,0% 🍺🍺🍺) »schenken 4°C als Dorstlesser – 8°C als Degustatiebier«, verheißt der Etikettenausdruck. Beides probiert und mit Auszeichnung bestanden. → *Hübner Steinfeld*. Sicher wird ihnen das Malz von einem anderen Stern geschenkt, viel zu schade für diese Brauwelt.
(Brasserie Palm Steenhuffel/Belgien)

Der Schaum als Zellteilung in umgekehrter Reihenfolge, der Rest malzverbrannt, mit Orangengeschmack, hopfenunbetont, so könnte man **Pan** (5,2% 🍺) kurz klassifizieren. Aber keinesfalls besser. Ähnliche Results liegen uns für **Tuborg Gold** (4,9% 🍺) in der kroatischen Lizenzausgabe vor. Das ist ja bitter. Leider nur für die Trinker.
(Carlsberg Croatia Koprivnica/Kroatien) → *Carlsberg*, → *Tuborg*

Pardubický Porter (8,0% 🍺🍺🍺) hat neunzehn Prozent Stammgewürz. Neun-zehn. Eines der wenigen außerhalb Polens verbliebenen kontinentalen Porter. Ein lebhaftes, lebkuchenhaftes Starkbier. Besonderheit: düftelt völlig anders, als es schmeckt, beides jedoch exzellent. Volle Kraft voraus! Halt, den **Pernštejn** (4,2% 🍺🍺) mitnehmen. Die Auffassungen zum Bernstein mögen weltweit changieren – egal, in Pardubice wird was davon verstanden. Bald zuviel für unvorbereitete Gaumen. Überzeugende Fülle mit wuchtigrauchigen Akzenten. Standing ovations.
(Pivovar Pardubice/Tschechien)

Park Pils (4,8% 🍺🍺) war leider nur im Stubbi-Sixpack zu haben. Trotzdem Anerkennung für die pirma, äh, prima sensorischen Eindrücke, die noch bis tief in die Nacht vertieft werden wollten. Das macht man ja gern: Zweifel. Vergewisserung. Aber es braucht Zeit. Und gute Gesellschaft.
(Parkbrauerei Pirmasens)

Zu **Patagonia Lager** (4,5% 🍺) folgendes: Antrunk viel, Abtrunk wenig, mit süßem Schaumvertilger versetzt.
(Cervecera Valdivia/Chile)

Patowmack Pale Ale (4,0% 🍺) freut sich über grobblasigen, aber festen Schaum, trockene, distinkte Säure und ansprechende Alkoholigkeit. Gesamteindruck: gut.
(Potomac River Brewing Company Chantilly/USA)

P

Patrizier Königstrunk ☞ tritt ungeniert als helles Export auf, sagt: »Ich habe 5,3% und bin ›des Lebens süffige Würze‹«. **Patrizier Russ** (2,6% ☞☞☞) – ritschratschklick – und der Hades hat einen Eingang. Natürlich rennen alle Experten sofort aufs WC, keiner will die Verantwortung für die Aufzeichnungen zum **Weißbier Dunkel** (5,2% ☞) übernehmen. Nicht hell, nicht dunkel, so dazwischen, Schaumfarbe wie Rettungsambulanz nach halsbrecherischer Offroad-Verfolgungsjagd. In dringenden Fällen, allerdings nur im Rahmen ärztlicher Verordnung wirft man zweidrei **Diät Pils** (4,9% ☞) ein. Das wäre nach **Patrizier Pils** (4,9% ☞) und **Patrizier Urbräu hell** (4,9% ☞) kaum nötig. Da eigentlich so gut wie alles richtig: Schaum oben, Flüssigkeitszylinder unten, durchsichtig, guter Biergeschmack, sogar mehrere Hopfenkomposita, nur das Montagsmalerbild auf dem Etikett hätt's nicht gebraucht. Anders beim **Albrecht Dürer Pils** (4,9% ☞), da habe ich mit dem Verfallsdatum um die Wette getrunken. Und – verloren. *Aus dem Off*: lalülala.
(Patrizier Bräu Nürnberg)

Das sechsprozentige **Paulaner Oktoberfestbier** ☞☞☞ richtet auf dem nach ihm benannten Trinkmarathon eh nur Schaden an. Kein Wunder bei 13,7 Prozent Stammwurzeln. Mühsam fräsen die Zähne Schneisen durchs Schaumdickicht. **Paulaner Premium** (4,9% ☞) ist ein sonnenklarer Fall von Übertreibung, obzwar hinreichend hopfig-herb, zu dürftiger Körper (Malz im Internet eingekauft?) vorzufinden. Schäumt mittelmäßig, aufdringlicher Nachtrunk. Entfernt hefige Nase. **Paulaner Hefe-Weißbier Dunkel** (5,3% ☞☞) ist eins der wenigen Großbrauereien-Hefeweizenbiere, in denen der Bukettstoff wuchert: Birne, Nelken. Dickes Lob. **Paulaner Hefe-Weißbier Naturtrüb** (5,5% ☞) ist piffpaff – i. O., obgleich der kluge Jörg Fauser ehedem meinte, es schmecke »nach Kellerasseln und Kakaduscheiße«. **Original Münchner Urtyp** (5,5% ☞): erfrischender Antrunk. Was daran soll »Original Münchner« sein? Mit der Sortenbe-

zeichnung hat das soviel zu tun wie Weißbier mit weißer Farbe. **Salvator** (7,5% 🍺🍺), der Vater aller Doppelböcke, gibt sich borstig, erinnert an einen versehentlich zu dick geratenen Bock, das Geschmacksbild wie in Holz geschnitten. Eine Fastenzeit mag ich mir damit kaum vorstellen. **Original Münchner Hell** (4,9% 🍺🍺) Jeezus-Mariah! Stichig, fassig, fässelnd, kaum zu fassen, ich fassungslos. Noch heute habe ich die Würgemale im Hals. Und mit seinem sepiabraunen, völlig außer Kontrolle geratenen **Original Münchner Dunkel** (5,0% 🍺) beweist Paulaner, daß es schon längst zum alten Eisen gehört. Daraus gerät, selbst wenn es in großen Maßkrügen verabreicht wird, kein großes Bier. Am wenigsten schlecht schmeckt: **Original Münchner Alkoholfrei** (unter 0,49% 🍺🍺🍺). Und das will was heißen. Ich protokolliere: eine gute Brauerei erkennt man daran, daß sie kein Alkoholfreies Bier machen kann.
(Paulaner Thomas Bräu München) → *Fürstengold,* → *Hacker-Pschorr*

Pauwel Kwak (8,0% 🍺🍺🍺) schimmert cognacfarben, mit traubigen Referenzen. Wird in einem riesigen Stundenglas serviert. Mach es wie die Hopfenuhr: Zähl die schönen Biere nur.
(Brasserie Bosteels Buggenhaut/Belgien)

Pralinesk dampft **Pelforth Brune** (6,5% 🍺🍺) als Strong Ale aus dem Flaschenhals und gibt via Bohrloch im Schaumgeflecht den Blick auf ein venenblutrotes Getränk frei.
(Pelforth/Frankreich)

Pete's Wicked Maple Porter 🍺🍺 hat 6,9%. Schwere Sache, das, immer nur nippen. Trocken, rauchig, Ahornsirup mit drinnen, gegens Licht halten zwecklos. Austrinken hingegen nicht. **Winter Brew** (7,9% 🍺🍺🍺) chattet mit Himbeere und Muskat und noch einem Prozent mehr. American homebrewing at its best. Schön wie eine Mr Bungle-Platte.
(Pete's Brewing Company St. Paul/USA)

173

Pfaffenberger Weisse (5,5% 🍺) beinhaltet unter anderem Nelke, kandierte Marunke, das übliche eben.
(Brauerei Stöttner Pfaffenberg)

Pfister Öko-Pils (4,5% 🍺) schmeckt nur, wenn man vorher die »Lange Meile« mit dem Rad hinaufgeflitzt und anschließend beim Brauerkollegen zu Drügendorf nach einer halben Stunde Warten mit gar nicht so frischem Vollbier genarrt worden ist. Dem **Weißbier** (4,6% 🍺) möchte man seine engelsgleiche Leichtigkeit zugute halten und der Blume zurufen: »Wer wird denn gleich in die Luft gehen?« **Landbier** (4,6% 🍺) ist (trotz Öko) leider, äh, nicht wohlschmeckend und fast aggressiv gehopft. Assistent Krüger läßt bereits mit einigem Schmunzeln wissen, er könne an meinem verklärten Blick, der irgendwo sehr weit oben ins Leere geheftet scheint, leicht ablesen, daß der Genuß vom sehr weichen und charmanten **Pfister Schwarz Kellerbier** (4,6% 🍺) die Krönung der heutigen Veranstaltung vorstellt. Und wenn's am schönsten ist, soll man bekanntlich schnell verschwinden, sonst schimpfen einen die pietistisch vermendelten Wirtsleute aus, man sitze zu lang, wo man doch eigentlich ins Bett gehöre.
(Brauerei Gasthof Pfister Weigelshofen)

4,7% hat die *Pfungstädter Brauerei* ins **Pfungstädter Edel Pils** 🍺🍺 reingepackt. Würzig und doch adrett. Eine prima Vorgruppe für die Hauptband namens **Premium Pils** (4,7% 🍺🍺). Was immer mit »Original Pfungstädter Hopfung« gemeint sein soll, sie hat kein Playback nötig, sie spielt live, mit herrlichen Feedbacks. Ein flammender Hopfenchorus über coolem Malzgroove. Gierig klaubt mein Zungenlappen die letzten Happen aus dem Glas. Das bald zu milde **Export** (4,9% 🍺) trinken Sie am besten in der Umbaupause, den kräftig-schweren **St. Nikolaus Bock** (6,5% 🍺), wenn Sie dann noch wollen, als Zugabe. → *Köthener*, → *Treiber*

Pharaonenbier (5,1% ♻♻) gemächlich in ein geneigtes Glas rinnen lassen, sonst ist der Abend mit dem Warten auf das Schaumende leichtfertig vertan. Das Odium verspricht eine andere gewürzorientierte, orientalischere Angelegenheit. Am Ende bleibt der Geschmack äquili-bristisch-schleckrig. Der Nachtrunk geht eindeutig auf das Hopfenkonto, synchronisiert mit wildem Honig, Datteln und Feigen. Ob das pharaonisch ist? Vorstellbar. Aber Bier? Deutsche Reinheitsgebotsbrauer haben da ihren Corpsgeist. Also hat es der Berliner Braumeister Herbert Schmidt selig mit und bei Meister Strubbe zu Ichtegem gebraut. Große Sache, das.
(Brouwerij Strubbe Ichtegem/Belgien)

Klar, ist der Schaum überm **Pietra** (6,0% ♻♻) schön. Es gehört jedoch mehr dazu. Ein dunkelbernsteiniger Farb-ton – auch okay. Vieles deutet vorsichtique auf obergärige Hefe, und die gemälzten Maronen geben eine majestätische Fülle.
(Brasserie Pietra Korsika/Frankreich)

Pilsner Urquell (4,4% ♻♻♻), die immer noch verblüffend rüstige Patentante aller Pilsenerbiere, marschiert optisch und visuell, also sichtmäßig und äußerlich, nahezu und überraschend zum Export. Das täuscht. Mittelgrober Schaum, aber kompakt. Stolze Hopfennase, salzig-ro-buster Malzkörper, weil gering vergoren. Linder Anklang von Flüssigschinken. Man gärt beharrlich mit dem gleichen Hefestamm von 1842 (als es das erste Mal hieß: A new beer is born) und läßt mindestens sechs Wochen reifen. Aber die Strahlkraft der originären Pilsner Urquell-Sonne habe ihre so unnachahmliche Befähigung der Hopfenver-mittlung partiell eingebüßt, heißt es in gut unterrichteten Fachkreisen. Technologische Traditionalisten schieben den »Niedergang« auf die Anschaffung von Stahltanks statt der alten Holzfässer. Es gibt halt immer was zu meckern. **Plzeňský Prazdroj Desítka** (3,9% ♻♻♻) strotzte ebenso

P

voller Drive (don't drink drunk), ja fast dem Zwölftonner P. vorzuziehen, weil schlanker. Und deswegen eingestellt? Nicht zu glauben, aber wahr.
(Plzeňský Prazdroj/Tschechien) → *Gambrinus,* → *Stadter*

(Original) Pinkus (5,0% ♨♨♨) performt eine mildsaure, obergärige Spezialität; cool, hell, spritzig, mit Malzaromata allerfeinster Güte (Malzwein?), bildhübsch golden getüncht und verlockend karamelig. Völlig atypisch für ein Alt, aber verfahrenstechnisch »alt« im wahren Sinn des Wortes. Beruhigend die vierzigprozentige Weizenbeimengung ebenso wie der geduldige sechsmonatige Ausbau auf hauseigener Milchsäurepopulation im Lagerkeller. Ein barmherziger Durschtlöser. Eine bewußtseinserheiternde Droge. Und ein Fall für unseren umtriebigen Konsekrationsausschuß. Hier mir bitte eine lebenslängliche Flaschenrente aussetzen. Anschrift beim Verlag erfragen. **Hefe Weizen** ♨ kommt mit 5,0 Prozent so stotternd in Fahrt wie die halbherzige Verbeugung vor dem Zeitgeist **Müller's Lagerbier** (4,6% ♨), das unfiltrierte **Spezial** (5,0% ♨) glänzt mit enthemmtem Nachtrunk, **Pils** (5,0% ♨) bescheidet sich und mich. Mit dem **Jubiläumsbier Westfälischer Friede** ♨♨ – nein, keine 5,0 sondern 5,5 Prozent – ist gut Frieden schließen.
(Brauerei Pinkus Müller Münster)

Piraat (10,5% ♨) ist dann kaum mehr als ein gewöhnliches Bockbier geworden. Ganz schön heavy, mit medizinischem Abtrunk. Läßt sich in seiner Entwicklung Zeit – da wäre eigentlich eine Packungsbeilage erforderlich. Richtig getrunken, hilft nicht mal intensives Nachspülen mit konzentrierter Kamillensäure.
(Brasserie Van Steenberge Ertvelde/Belgien)

Platan Premium (5,0% ♨) tänzelt unböhmisch, kräftigvoll, wenngleich schaumarm, aber lege artis gehopft am Verkostertresen auf und ab. Die 3,9 prozentige Ausführung

Platan Světlé 🍺 (ohne Premium-Zusatz) torkelt dann eher unbeholfen und fällt und fällt und fällt und fällt …
(Pivovar Protovín/Tschechien)

Pöllinger Hell (4,9% 🍺) singt keine (!) Hymne auf die Hallertau, wie lauthals annonciert. Hopfen wird nicht sauer eingelegt! Merken! **Pöllinger Export** (5,2% 🍺) und **Pöllinger Pils** (4,9% 🍺🍺) schneiden da schon wesentlich besser ab. Sehr gut sogar. Ja ja ja.
(Brauerei Pöllinger Pfeffenhausen)

Pokal Pilsner 🍺🍺 möchte die Werte für Protein und für Fett mit Null Gramm angeben – es ist schwer nachzuprüfen. 2,5 Prozent Kohlehydrate – auch damit läßt sich's leben. Aber 4,6 Prozent Alkohol, das muß ein Versehen sein.
(Wiibroes Bryggeri Albertslund/Dänemark)

P

Polar Premium Beer (5,0% 🍺) krümelt eisenig, also eisenspänig, Fremdeindrücke sonder Zahl, aber ohne eindeutige Zuweisungen, auch cytrusfruchtig.
(Cerveceria Polar del Centro/Venezuela)

Pottensteiner Urdunkel 🍺 setzt neue Akzente und verlagert die Maßstäbe in sensorisches Niemandsland. **Pottensteins' Premium Pils** (4,8% 🍺) wird »ursprüngliches Bier in natürlichster Form« geschimpft – wenn's nicht drauf stünde.
(Gasthausbrauerei Hufeisen Pottenstein)

Nicht der, sondern das gute **Potts Pilsener** (4,8% 🍺🍺) schreie ich entzückt. Beim untergärigen **Alt Potts Landbier** (4,8% 🍺🍺) ist's eine einladende Karamelnote. Schon hart an der Grenze zum Dunkel. Würde Altbier immer so schmecken, potts Blitz!, ich wollte es freiwillig trinken. **Potts Gold** (4,8% 🍺🍺) läßt feine Hopfenfahnen aufsteigen, die sich zungig leider nicht untermauern lassen. Nichts

Außergewöhnliches, aber eine der wenigen Neuschöpfungen im Land, die einen Rest sensorische Würde behalten haben.
(Pott's Naturpark-Brauerei Oelde)

Preussen Pils (4,9% 🍺) hält mehr, als es verspricht. Wie alle Sandwasserpilsener der Mark leicht ins Rüde spielende Hopfenschmuckleiste. Die Schaumkrone zeichnet die Linien der Wolken über den Hopfenäckern nach. **Preussen Schwarzbier Premium** (5,4% 🍺) – ein fälliger Tribut an zeitweilige Trends – muß ich notgedrungen in Preussen Dunkel umtaufen; zu füllig, zu stark alkoholisch, zu wenig leicht und gelenkig, wie von einem schwarzen Pilsener zu erwarten gewesen wäre. What the fuck is **Brandenburger Pilsener Landbier** (4,8% 🍺) eigentlich? Mißratenes Pilsener? Aus dem Ruder gelaufenes Export? Halbiertes Märzen? Eingedicktes Helles? Keiner hilft hier weiter.
(Privatbrauerei Preussen Pritzwalk)

Unter dem Signum **Primátor** bietet *Pivovar Náchod/ Tschechien* ein Riesenassortment an, den Tag vergesse ich nie, als der Postbüttel ächzend vor der Türe stund. Und die Nachbarn erst! Los geht's mit einem dunkel-pappigen **Výčepní světlé** (3,8% 🍺) und einem auf nahezu die Wassereigenschaften reduzierten Diätbier namens **Diamant** (3,8% 🍺). Ein ungemein trockenes **Dark Lager** (4,8% 🍺🍺) weiß für sich einzunehmen; füllig, herb und nichtmetallisch. Darüber vergesse ich flugs den Ärger über das viel zu düstere, abermals klebrig-süße und obendrein mißtönige **Světlý ležák** (5,0% 🍺). **Jubilejní Polotmavý** (6,0% 🍺) zeigt passende Sherryeinfärbungen, eine verhaltene Süße im rauchigen Mantel und sogar Schaum. In den Hochprozentbereich schert **Exkluziv** (6,5% 🍺) aus, ich würde helles Bockbier dazu sagen, die Krone kann man vernachlässigen, das Getränk erscheint rein und läßt sich mit einer akzeptablen Hopfenbittere verwöhnen. Die nächsten 2,5 Prozent werden kühn übersprungen, ich halte bei **Rytirský** ♦ mit bombastischen 9,0Prozent, die dem Produkt eine dezidiert pflaumige Richtung geben. Unbestrittener Spitzenreiter, nicht nur prozentemäßig: **Double** ♦♦, ein johannisbeeriges, spätlesesüßes Dunkelbier auf dem Zehnprozent-Gipfel. Zwei Dutzend Prozent Stawü – man wundert sich tatsächlich über die Genießbarkeit und bewundert eine veritable Schaumkrone. Ein Wunder. Kein Wunder ist **Black Death** (4,6% ♦ in Lizenz für *Consolidated European Brands/England*), denn es offenbart eine mediokre Charge Schwarzbier mit eingetschechischten Johanniskraut-Anklängen. Das Fläschken hätten sie ebensogut in der benachbarten Confisserie bunkern können.

Primus Brown Ale – »The One and Only.« Als Alleinhersteller dürfte die gleichnamige Combo in Frage kommen. Ich konnte bislang nur die Ausführung erstehen, die als Aufdruck schwarze T-Shirts ziert, ganz legal in kaum unzufälliger Nähe von Konzertdarbietungen o. g. Band zu haben. Über das Geschmacksprofil und die restlichen Eigenschaftskomplexe dieses Getränks ist mir leider nichts zu Ohren gekommen. Die Musizierenden bevorzugten während des Konzertablaufs bezeichnenderweise → *Beck's*. Gitarrespieler Larry LaLonde benutzte eine 0,33 Liter-Flasche der Bremer Weltmarke als Bottleneck bei »Tommy The Cat«, und Schlagzeuger Brain verzehrte den Flascheninhalt während (!) eines Trommelsolos. Die Trinkgewohnheiten des Bassisten Les Claypool gälte es diesbezüglich noch zu hinterfragen, meinte der stets wißbegierige Herr Sander.

Pripps Bla Special Lager (3,5% ♦) wabert exportdunkel, schaumfrei und erstaunlich malzig davon. Einzelheiten erfragen Sie bitte unter konsument@pripps.se.
(Pripps Bryggeri/Schweden)

Püls Bräu Altfränkischer Kellertrunk (5,2% ♦) zeigt eine auffallend fruchtige Nase, dafür allemal zu hoch gespundet. Nachtrunk? Fehlt. Warum Kellertrunk, weiß mein

P

179

Weismainer Gewährsmann »aah nett«. Angeboten wird des weiteren ein prima fünfprozentiges **Premium** 🍺 und ein 5,4 prozentiges **Spezial** 🍺, das gut und gerne als supremes **Märzen** (5,4% 🍺) Beifall verdient hätte. Der **Abt Knauer Bock** 🍺🍺 ist trotz seiner 7,5 Prozent ein grandios heller solcher. Mauritius Knauers (1613–1664) Bild erinnert frappant an Tom Waits. Mit Mütze. Die Produktion von **Weismainer Weisse** (5,2% 🍺) darf meinethalben wegen der frischen Hollandpaprikanotate (gelb) eingestellt werden. Daß sich die Hefe da nicht selbst verarscht fühlt. **Püls Bräu Urhell** (4,6% 🍺) ist schon mal die Ehrenrettung mit fabulösem Hopfendampf wie Phönix aus der Flasche, und beim **Krone Pils** (5,2% 🍺🍺) wird es noch fabulöser.
(Privatbrauerei Püls Weismain)

Pyraser Jubeltrunk Altfränkisch (5,5% 🍺🍺) erinnert die Brauerei an ihre gehegten Schließungsabsichten, denn selbst die Brauer erklären dafür ihre Zustimmung mit diesem Jubeltrunk, aus dem es schaummüde und wie Tampon und Pariser schwallt. Schon dem **Gutsherrn Pils** (5,1% 🍺🍺) war es auf Dauer nicht bekommen, im örtlichen Einzelhandel direkt neben Unox-Suppenpulver plaziert worden zu sein, zu groß die Verwechslungsgefahr, zu verheerend die gesundheitlichen Folgen für Bevölkerung und Nutzviehbestand. Kein Wunder, daß Pyraser Bier ausschließlich in Pyras gebraut wird. Wie lange noch?
(Landbrauerei Pyras) → *Königseer*

Quilmes 🍃🍃 bedeutet auf Argentinisch »Nein«. Zweitbe-
deutung: »Nichts«. Flüssig – ja. Sauer – auch. Der Alkohol
wird in Tränenform verabreicht (4,9%). Aber sonst dürfte
in der *Cerveceria y Malteria Quilmes/Argentinien* für jede
Geschmacklosigkeit etwas dabei sein.

Q

Klar ist **Radeberger Pilsner** (4,8% ♦♦♦) die Bemühungen bedeutender Männer noch heute wert und kann selbst nicht von → *Binding* verdorben werden. Elegant-würziger Antrunk, gute Rezens, bestens abgestimmte Bittere. Klassisches Hopfenfinish. Cremige, standfeste, feinporige Krone. Goldmedaillenfarbig. Gäbe es Radeberger in fester Form, könnten sich viele eine Scheibe davon abschneiden. Ein spritzig-auflodernder Trunk unter Verarbeitung allerbester Provenienzen für Kenner, die wissen, daß man von Wein und Champagner auch nur besoffen werden kann. *(Radeberger Exportbierbrauerei)* → *Krušovice,* → *Urkrostitzer*

Radegast Premium (5,1% ♦♦) früher war nicht totzukriegen. Da konnte eine Euroflasche drei Jahre unter intensivster Sonneneinstrahlung im Schaufenster verbracht haben, beim Öffnen dampfte der Goldhopfen unbeirrt heraus und ließ es dem Trinker wohlsein. Die Konzernumstellungen in und um Plzeň schienen der Brauerei nach seiner Einverleibung vorübergehend deutlich geschadet zu haben. Nun ist alles wieder im Lot. Das von dezentester Malzsüße umspielte blumigste Hopfenbukett, welches man weit und breit in Nošovice kosten kann. **Radegast Originál** (4,0% ♦) gefällt mir ebenso wenig wie das Mönchengladbacher → *Tuborg.* **Radegast Birell** = o. A. vielleicht alkoholfrei? Ah, hier steht's: 0,49 Prozent. Da akklamiere ich verhalten. *(Pivovar Radegast Nošovice/Tschechien)* → *Pilsner Urquell*

Räuber Kneißl (5,0% ♦) heißt ein Dunkelbier, wie man es sich nicht immer wünschen will, aber manchmal schon: süßlich-aromatisch, etwas bockig, der Hopfen büsken humpelnd-nachhängend, metallisch, aber nicht schwer-metallisch. **Maisacher Pils** (4,8% ♦) trottelt dunkel, mies, lasch, unlustig, schaumlos. Und das »mit feinstem Aromahopfen«? Kinder, also wißt ihr. *(Privatbrauerei J. Sedlmayer Maisach)*

Raitenhaslacher Kloster Weiße 🍃 und **Kloster Schwarze** 🍃 (4,9% + 4,9%) sind viel zu gefällig, um wirklich gefallen zu können.
(Klosterbrauerei Raitenhaslach Burghausen)

Rathenower Pils (4,8% ♦) hüpft munter im Antrunk, sparsam, aber geschmackvoll gehopft. Das **Havelländer** (5,0% ♦) kann als spritzig-weiches Export gelten. Mit Schmackes! **Kurfürsten Märzen** ♦ vermochte via 5,3 Prozent auch uns Nichtmärzenfreunde auf Anhieb zu überzeugen. Doch beim **Brandenburger Kurfürstenpils** (5,0% 🍃) wird trotz schön präludierter Rezens das Hopfenfinish nur mühsam und mit hängender, auf dem Asphalt schleifender Zunge erreicht, die sich ungesäumt auf den Trinkenden überträgt.
(Privatbrauerei Rathenow)

Den Brauern wird bei der Arbeit an The **Raven** (5,5% 🍃) ständig das gleichnamige Gedicht von E. A. Poe vorgelesen, da kann das Bier schnell mal zu orange geraten. Wirkt in schmalen Gläsern heller als in breiten. Wirkt auf mich frostig-verschlossen. Man sollte wirklich nicht mehr davon trinken. Kein Gedicht.
(Anker Brauerei Nagold in Lizenz von Baltimore Washington Beer Works/USA)

Rebel Světlé (4,2% 🍃) für den deutschen Ramschhandel: »Original Schankbier«. Unüberhörbare Timingprobleme beim Hopfen- und Malzunisono. **Tmavé** (4,5% ♦) kann die sonstigen Repertoireschwächen im Rebellenlager – **Rebel Lager** (5,2% 🍃), **Výčepní Pivo** (2,6% 🍃) und **Rebel 8°** (2,0% 🍃) – kaum ausgleichen. Für alles gibt's ein letztes Mal.
(Měšťanský Pivovar Havlickuv Brod/Tschechien)

Ein Erzgebirgsort wie an einem Faden um jeden Baum und Felsklotz gezogen, aber man versteht noch Deutsch,

sprechen tut man es nicht mehr. Auch dem Wissen um Buchstabe und Zahl hat man hier nur ein wackliges Fußbänklein angewiesen. Finden Sie da mal die Brauerei. Im unmittelbar daneben aufgepflanzten Brauereigasthof trinke ich ein meisterhaft schlecht gezapftes, sehr kräftiges **Rechenberger Faßpils** 🍺 und erfahre »2,8 Prozent, neei, wordde mool, 2,4 Prozent«. Dabei wollte ich den Alkoholgehalt wissen und nicht des Wirtes Anteil an funktionstüchtiger Gehirnmasse.
(Private Traditionsbrauerei Meyer Rechenberg-Bienenmühle)

Recken Export (5,0% 🍺🍺) erzählt mir erstaunlich frische Geschichten aus der Hopfenpraxis, die beim **Recken Kellerbier** (5,0% 🍺) spannend und märchenhaft hefetrüb klingen, nur die Brauer des **Dunkel** (5,2% 🍺) haben auffallend kurze Beine, da wird bestimmt geschwindelt. Ganz anders ergeht's dem **Recken Edel-Pils** (4,7% 🍺). Zwar dezentrierter Schaum, sonst wirklich edel, reckenhafte Hopfeninjektionen, hart an der Grenze zur Überdosis.
(Schloßbrauerei Reckendorf)

Red Dog (5,0% 🍺) ist schon eine mittelgroße Zumutung, ehrlich. Lesen Sie bitte unter → *Indianhead* weiter. Neuer Versuch: **Ice house** (5,5% 🍺🍺). Liebesperlengroße Schaumbälle, fuck! das sind bald Ballons, dafür wurden sämtliche rezeptorisch nachweisbaren Geschmacksparameter gnadenlos auf Null gefahren. Bei uns heißt das Mineralwasser.
(Plank Road Brewery Milwaukee/USA)

Red Erik (6,5% 🍺🍺) funkelt rhabarberrot, süßt sich fruchtig hoch, ist trotz Schaumfehlbetrag absolut rezent und hat noch Platz für eine Riesenwerbeeinblendung »Hopfen«. **Royal All Malt** (5,8% 🍺) ist ein cognactrübes, malzbitteres »Luksus Øl« der Klasse 2; → *Neptun*. Mensch, wo Flensburg nun wirklich fast um die Ecke liegt! Laut Pro-

duktinformation werden da noch **Export**, **Selection** und **Stout** verfertigt. Nur warum? Das steht nicht drauf.
(Ceres Bryggerierne Århus/Dänemark)

Red Stripe (4,7% 🍺) handelt nicht allein räumlich, auch stofflich meilenweit von den mexikanischen Scheißerzeugnissen entfernt. Sehr aufbrausend. Säuerliches Odeur. Das eigentlich zu Erwartende dagegen verpaßt den Einsatz, wenn auch knapp, um Millisekunden. Aber genau das kann vieles entscheiden, zum Beispiel ein Verkostungsergebnis.
(Desnoes & Geddes Ltd. Kingston/Jamaika)

Reichenbrander Bockbier (5,6% 🍺) grinst mitteldunkel, schnitzelgoldbraun mit rosigen Reflexen an den Rändern und eine nicht zu starke, notfalls mit Waffengewalt zu verteidigende Bockinterpretation. Piment und Wacholder habe ich gustieren können, kandierten Hopfen. Auch der Schaum entfaltet Gravität. **Classic Pilsener** (4,8% 🍺🍺) ist ein wahrhaft klassisches Pilsener, das Zwickel oder **Keller-Pils** (4,8% 🍺) erfährt nur im Faß Verbreitung. Sinnvoll ergänzt wird die außerordentlich klug zusammengebraute Produktpalette durch das Tagesbier **Unser Helles** (4,2% 🍺) und das **Jubiläums-Premium** (5,3% 🍺).
(Privatbrauerei Reichenbrand Chemnitz)

Reichsstädtisches Pilsener 🍺🍺, **Apotheker Dunkel** 🍺🍺 und **Hefeweizen** 🍺🍺 sind Neuschöpfungen unter der Ägide des *Willinger Brauhauses* mit den üblichen Nebenwirkungen. Niedergespundet tröpfelt es an meinem guten Willen vorbei, und in speciae dem Hefeweizen liegt ein abrißbirniger Hauch zugrunde, daß ich um den Fortbestand des Herstellers fürchten muß. Und auch will.
(Brauhaus zum Löwen Mühlhausen)

Reissdorf Kölsch (4,8% 🍺🍺🍺) tränken »picklige Hiphoper, Szene-Kids und Tucken«, behauptet Leser Jochen

R

Gerken. Sehr daneben kann er nicht liegen. Es schlängelt sich sehr hefig in die Nasenwege, befreit diese aber mitnichten, sondern hinterlegt ein diffuses, rachitisches Unwohlsein in Mund- und Rachenraum. Ist das ein Krankheitserreger?
(Privatbrauerei Reissdorf Köln)

Reitter Pilsener (4,8% 🍺) hinterließ bis zum heutigen Tag der Niederschrift keine bleibenden Folgen. Doch. Die Erkenntnis: noch mal nicht.
(Reitter Brauerei Lörrach)

Rembrandt Gold (3,5% 🍺) für Schweden extradünn abgefüllt, hopfigherb, sehr → Würzburger *Werner*diätig.
(Melchers Brouwerij Nijkerk/Niederlande)

R

Total. Leipzig? Total. Frisch: **Reudnitzer Pilsner Premium** (5,0% 🍺) Total. Romantisch: **Reudnitzer Schwarzbier** (5,1% 🍺) Total. Bockig: **Reudnitzer heller Ur-Bock** (6,9% 🍺) Total. Excellent: **Reudnitzer Export** (5,4% 🍺) Total. Die Diät: **Reudnitzer Diät** (3,9% 🍺) Total. Festlich: **Reudnitzer Weihnachtsbier** (5,6% 🍺) Total. Die Spezialität: **Reudnitzer Naturtrüb** (5,0% 🍺) Total. Überflüssig.
(Leipziger Brauhaus zu Reudnitz)

Reundorfer Müller=Bräu Keller=Bier (5,0% 🍺) blinkt recht hell, Geruch zunächst verschlossen (Geruchsverschluß?), ab dem zweiten Drittel klinken sich die Knospen aus den gewohnten sensorischen Vorgaben aus, und die cremige Fülle klingt in deftigem Reundorfer Hopfenbarock aus.
(Müllerbräu Reundorf) → *Neuhauser Märzen*

Wer **Reuther Schloss-Pils** (4,9% 🍺) in außergewöhnlichen Flaschen ins Spiel bringt, wie die *Schloßbrauerei Reuth*, dem sei mit Vorsicht begegnet. Eine alte Verkosterregel, die sich hier wieder aufs Schlimmste bestätigt. Und dabei ist es noch um erdballumspannende Längen besser als das **Lager** (4,8% 🍺🍺). Für **Alt-Reuther Zoigl** (4,8% 🍺🍺🍺) jedoch reicht meine Geduld dann nicht mehr. Zu disharmonisch, verkokelt nach Farbmalz. Und wo gebe ich jetzt bitteschön die Flaschen ab? → *Pyraser*

Rex Pils Spezial (4,6% 🍺) – ertappt! Ihr Schlingel! *(Berliner Schwindl Brauerei Berlin)* → *Berliner Schwindl Pils*

Rhön Export (5,1% 🍺) wirkt wie frisch aus dem Plastikeimer beziehungsweise genau wie für ihn bestimmt. Allerdings in Sachen **Rhön Pils Exquisit** (4,9% 🍺) fragt man sich entsetzt: Warum schmeckt das jetzt? *(Privatbrauerei Peter Ostheim)*

Rhöner Urtyp Dunkel (5,0% 🍺🍺) wäre kaum in eine Reihe mit den Schwarzbieren zu stellen, aber als dunkles Export eine Schau; nicht zu süß, prononciert röstmalzig, ohne beliebig zu wirken, und das trotz märzenhafter Stammwürzigkeit um dreizehn Prozent. **Bock Hell** (6,0% 🍺🍺) dusselt rezent und schaumig heran, schuppt einen sperrigen Antrunk vor sich her, glänzt dann mit rachenfüllenden Bukettvariationen. Geruch noch besser, fast nach bester Schule. Grandios. **Rhöner Pils** (4,9% 🍺🍺) mit einem qualitativ hochwertigen Hopfenherbarium wie ungefähr → *Kaiser Neuhaus* und doch blumig, ein Mirakel, **Rhöner Spezial Export** (4,9% 🍺), **Rhöner Land Premium** (4,5% 🍺) märzigdunkel und ziemlich malzigvoluminös vor einem respektablen Bitterstoffergebnis, bei beachtlich geringem Alkoholpensum: oho! *(Rhönbrauerei Dittmar Kaltennordheim)*

Mit **Richzenhainer Pilsener** (4,9% 🍺🍺), zum Beispiel, und mit luftgetrockneter Franzosensalami ging ich heimlich, damit es die Assistenzverkoster nicht merken, probieren und stellte fest: hier geht die Pilsigkeit eine optimale

187

Verbindung ein, was man vom **Export** (5,0% 🍺) wieder nicht behaupten kann, denn es ist ja, wie der Name kündet, ein Export und der **Ursprung** 🍺 mit 6,5 Prozent ein dunkler Bock, dessen ursprünglicher Geschmackswille sich dann folgerichtig im Dunkel verheddert. **Richzenhainer Pilsator** (5,0% 🍺) krümelt nicht pilsig, aber exportig, trocken pappig.
(Privatbrauerei Richzenhain Waldheim)

Nichts konnte mich davon abhalten, die exorbitante **Riedenburger Weiße** (4,7% 🍺🍺🍺) mit ihren freundlich-mostigen Annoncen zu testifizieren. Einstimmig. Auch knapp über dem Gefrierpunkt offeriert **Michaeli Dunkel Weizenbier** (5,2% 🍺🍺) einen Wahnsinnswatteschaum, hält sich dafür malzbonbonfarben zurück. Das Einschenken – dauert. Und doch ist die Säuredomina im Glas nach einer Stunde noch spritzigfrisch, daß wir erst mal ausgiebig nach Worten suchen müssen.
(Riedenburger Brauhaus Michael Krieger)

Riegeler Felsen Pils (4,9% 🍺), »das Regio Premium« mit Schaumaufsatz aus Wackelpudding, bringt eine ganze Menagerie an Hopfen auf den Vormarsch, vermeidet aber Feindberührung. **Altbadisch Bock dunkel** (6,9% 🍺) und Gevatter **Spezial Export** (5,4% 🍺) sind nur angetäuscht und scheren verärgert ins Molkige aus.
(Riegeler Brauerei Riegel)

Rigas Alus (5,2% 🍺) hält sich rigoros bedeckt, sehr schlank, salzig. Nur: wenn schon »Germanski Reincheitsgebot«, so muß doch die Braugerste in intimster Nachbarschaft zum Maisfeld gereift sein. Und das in einem Land, in dem es verdienstvolle Orte gibt, die Daugavpils, Jēkabpils oder Ventspils heißen. Aber auch unverdienstvolle wie Salaspils.
(Brauerei Riga/Lettland)

Ritter Hefe-Weizen Dunkel (4,9% 🍺) kraft der komplett untergerührten Hefe wie Caro mit saurer Milch – sowohl als auch. **Weißer Franke** (5,1% 🍺) präsentiert sich wie ein Eisbecher, die Hefebrocken aufm Schaum wie Schokosplitter auf Sahnehäubchen, ferner von Belang die »Perlage« und »Geröstetes Weizen- und Gerstenmalz« als Ausgangsbasis. Vermeidbar wäre der dunkel-verschlossene **Georgi Sud** (5,0% 🍺) gewesen, liebe *St. Georgen-Brauerei Nennslingen.*

(Trappistes) Rochefort 8 (9,2% 🍺🍺) verarbeitet Gerste aus Polen, Frankreich, Portugal oder Australien (hier spielen wahrscheinlich der Zufallsgenerator oder der kutteninterne TED eine gewichtige Schlüsselrolle), Doldenhopfen aus Jugoslawien (wo bitte genau?) und Bayern, Hefe und Wasser aus Rochefort in ganz begrenzter Menge. Gebraut wird immer montags bis mittwochs. Nach einem ziemlich herkömmlichen obergärigen Verfahren und vor dem Abfüllen, also genau dazwischen, wird das Bier auf 28°C erhitzt und mit einer Zucker-Hefe-Lösung versetzt, damit es flaschengärt. (Kro)Kantig mit Kakaoanwandlungen und ein Scherflein Staub darüber gepustet. Haltbar bis 26. Juni 2009. Noch sparsamer gehen die Trappisten mit Wasser um, wenn sie sich an ihr **Rochefort 10** (11,3% 🍺🍺) wagen. Dementsprechend undurchsichtig-dunkel ist das Resultat. Der stets hilfsbereite Herr Krüger zieht einen kräftigen Mocca mit Cognac zum Vergleich heran. Aus verständlichen Gründen.
(Abbaye St. Remy Rochefort/Belgien) → *Achel,* → *Chimay,* → *La Trappe,* → *Orval,* → *Westmalle*

Rodenbach (5,0% 🍺🍺) sonnt sich tiefbronzen mit capuccino-farbenem Schaumdom. Der Geruch darf milchsauer genannt werden. Gelbe Stachelbeere und Granatapfel besorgen den Rest. Es sind da im **Rodenbach Grand Cru** (6,0% 🍺🍺🍺) die fruchtig-sauren Antrunkteilchen (rote Stachelbeere + rote Johanna), die unverzüglich das Zungenuntere aufsuchen und die Rezeptoren auf ein trockenes

Finale vorbereiten. Das tun sie alles andere als diskret, aber sie tun es schnell und präzise und zu unserer aller Wohlgefallen. Nicht so überzeugend geraten ist **Red Bach** (3,5% 🖐): der Bieranteil war kaum zu schmecken, und die Kirsche kam sehr künstlich-sirupig.
(Brasserie Rodenbach Roeselare/Belgien)

Nach **Rolinck Pilsener Premium** (4,8% 🖐🖐) macht sogar das Aufstoßen Spaß. Die luziden Hopfenedelgase kommen in jede Ecke und Spalte des Gaumens. Und da bleiben sie auch. Sehr zu meiner Freude. **Rolinck Feines Lagerbier** 🖐🖐 ist stark gelungen und überdies eigens erdacht, um in den Nordseebädern die speckverwüsteten Schollen erträglich zu machen.
(Privatbrauerei A. Rolinck Steinfurt)

R

Das im Großraum Pößneck **Rosenbräu Ekelhell** (4,0% 🖐🖐🖐) gerufene Produkt räumt energisch mit dem Vorurteil auf, Schankbier sei trinkbar. Unheil, dein Name sei Schankbier. Die **Schwarze Rose** (5,2% 🖐🖐🖐) besticht durch ihren Kellergeschmack. Kalter Kaffee mit CO_2. Beim **Rosen Pils** (4,8% 🖐🖐) dürfte, dem würzigen Duft nach zu urteilen, kein so befremdliches Getränk zu erwarten sein. Strohig-gelb. Mit durchpilztem Gerstenstroh gebraut? Der Geschmack zeigt's an. Der »urwüchsig, kräftig, frisch« apostrophierte **Dunkle Bock** (6,5% 🖐🖐🖐) steht ergo unter dringendem Homicid-Verdacht. **Black Tiger** (2,6% 🖐🖐🖐) entstammt einer Vermengung von Schwarzer Rose und Zitronenlimo, der in Tätigkeit gesetzten Demenz. Was bleibt den beiden anderes übrig. Einzeln genommen trinkt sie auch keiner. Im Namen der Rose: so braut ihr euch in euer Verderben!
(Rosenbrauerei Pößneck) → *Ehringsdorfer,* → *Malmöhus,* → *Saalfelder,* → *Stelzer,* → *Zamkowe*

Rosenheimer Export (5,5% 🖐🖐🖐) ist nicht mal als Flüssigkeit wahrnehmbar.
(Auerbräu Rosenheim)

Rossdorfer Vollbier (4,7% ☙☙☙) → *Hübner Steinfeld.* In Sachen **Pils** (4,7% ☙☙☙) → *Krušovice Svetlé.* Für **Rossdorfer Urbräu** (4,6% ☙) aufgrund fehlenden Interesses keine Entsprechung gefunden. Die Sonne knallt. Vereinzelte meditieren über ihrem Krügla. Das steckt an. Klappe halten, darüber nachdenken, warum die Serviererinnen so gewaltige Brüste haben, oder versonnen sich beim Betrachten des Pilsenerglasschattens verlieren. Mit Sonnengold amalgamiertes Leuchtegelb auf die Tischplatte projeziert, so haarscharf, daß die CO_2-Perlenfontäne den Betrachter vollends entrückt. *(Brauerei Sauer Roßdorf)*

Rostocker Hansebräu (4,9% ☙) ruht schwarzteefarben. Ansprechende Helldunkelbiervariante. Konzis gehopft. Rührende Malzkomponente. **Rostocker Pils** (4,8% ☙): bröselt sandig im Abgang. Was Bert Sander auch veranlaßte, Rostock als Hauptwohnsitz aufzugeben. Wiglaf Droste findet, es sei »bitter und schlaff – als hätte es den Verdauungskreislauf bereits einmal durchlaufen«. Eine Idee zu glatt. Another victim of the so called German Einheitsgebot. **Roter Oktober** (4,9% ☙) ist ein angeblich bernsteinfarbiges, weich gehopftes Bier, das polarisieren soll. Dann sollte das Rostocker Dunkel vielleicht »Schwarzer September« heißen, aber es heißt bloß **Rostocker Dunkel** (4,9% ☙) und ist metallisch-gartenkressig angelegt. Das **Helle Bockbier** ☙ mit 6,9 Prozent ein durchschnittlicher Bock. Wenn Sie grad nichts anderes finden. Oder Sie komplettieren mit **Dunkles Bockbier** (6,9% ☙), **Maibock** (6,9% ☙), und nach 1,4 Prozent-Abzug mit **Rostocker Export** (5,5% ☙). Für die Kumpels mit Bock auf 1A-Getränkeunfälle: **Rostocker Freibeuter** (9,0% ☙), »ein verwegenes Stück Braukunst«. Denn mal los. *(Rostocker Brauerei)* → *Herren Pils Ulm*

Roth Bräu Zwickel ☙☙☙ und, klaro, das anverwandte **Pils** ☙☙☙ waren das »zünftige« Präludium einer engagierten Einkaufs- und Verkostungstour tief ins unterfränkische

Bierparadies und, später, tiefer hinein bis in die tiefste Oberpfalz. Mit Freund Jürgen Roth (Verfasser von *Bier! Das neue Lexikon*. Leipzig 1999). Nun raten Sie mal, was seine beiden Favoriten an diesem Tag gewesen sein könnten. – Richtig. Schmeckten aber auch verteufelt gut. Noch den ganzen, langen Abend lauschten wir den süßen Worten dieses spannenden, geschickt und trickreich dem erlösenden dramatischen Höhepunkt zukurvenden Hopfen- und Malzdialogs nach.
(Stadtbrauerei Roth)

Rothaus Pils (5,1% 🍺🍺) heißt ein überhaupt nicht süddeutsch anmutendes Pils. Der Eindruck verstärkt sich noch beim **Tannenzäpfle** (5,1% 🍺🍺🍺), dessen kleines Phiol im berauschenden Hopfennebel gar nicht mehr auszumachen war. Das einschlägige **Hefe Weizen** (5,4% 🍺🍺🍺) steht für die Linie allerbester, ja was, braukünstlerischer Tradition. Knapp die Blume, freilich, doch klare Hopfenzuweisung, und dem **Märzen Export** (5,6% 🍺🍺🍺) wurde soeben der Titel »*Das* Märzen« verliehen. Tata tata tata!
(Badische Staatsbrauerei Rothaus)

Rothenburger Landwehr Vollbier (4,7% 🍺) versorgt mit einem aufregenden Eiweißdepot als Anzeichen kolloidaler Labilität. Daraus klug geworden, wird es uns neuerdings als Zwickel **Edel Natur** (5,0% 🍺) angedreht, trüb und sauer wie alte Paranüsse. Ganz und gar unentschlossen: **Dunkel** (5,2% 🍺), das angeblich nach »gut gehüteten Braurezepten« gebraut wird. Vermutlich so gut gehütet, daß die Brauer selbst noch keine Kenntnis von ihnen erlangt haben. Warum es **Edel** (5,0% 🍺) geben muß, dito. »Ein Bier aus Franken für Franken« – daran möge sich bitte auch nichts ändern.
(Privatbrauerei Wörner Reichelshofen)

Rother Pilsener Bier (4,7% 🍺) leitet säuerlichen Geruch zu und federt mit harzigem Hopfen ab. **Kloster Urstoff**

Spezial Märzen (5,4% 👐) ist »im Namen des guten Geschmacks« und im Namen der geschlossenen Klosterbrauerei Münnerstadt schon fast eine kleine Offenbarung. Im Fall des **Rother Urtrunk** (4,7% 👍) ist wohl den Brauern zu viel Wasser im Mund zusammen- und hernachmals in die Sudterrine gelaufen. Nichts für Leute mit Wasserallergie. *(Rother Bräu Bayerische Exportbierbrauerei Hausen/Roth)*

Insgesamt 26 Liter eines dunklen, schwach rezenten, schwer genießbaren Lagerbieres waren das Ergebnis dreimonatiger Bemühungen: **Rudolfs Selbstgebrautes** (4,3% 👍👍). Schwer genießbar zum einen, weil der saubere Herr Besserwisser sich nach den Einsatzschlüsseln der ältesten Greizer Brauordnung von 1575 gerichtet hatte, zum anderen, weil er die ungleich höhere Bitterstoffkonzentration modernen Zuchthopfens im Vergleich zur damals eingesetzten Rohware sträflich außer acht gelassen hat. Dumm einfach. Aber bei den anderen meckern. Die melodramatischen technologischen Umstände entnehmen Sie bitte dem *Pilsener Urknall* (Reclam 2004). Stoppt Bierversuche! → *Mögglinger*

R

Saalfelder Pilsner (4,8% 🍺) kräftig und voll, in kutscherlaternenförmigen Pokalen serviert, mit dem »vollmundigen« **Jubiläumsbier 1892–1992** (5,6% 🍷) nehmen sie den Mund eindeutig zu voll, es bleibt schwächelnd und trotz des Ostereieretiketts nicht unbedingt empfehlenswert. Dem **Dunkel** (4,8% 🍷🍷🍷) unterstelle ich extensive Farbstoffanwendung: S. mit Farbmalz und Seifenblasenschaum. Vor Gebrauch schütteln! **Grotten Pils** (4,8% 🍷), »malzbetonter« Pilsenerhybride. Schwer zu schubladisieren. Vor allem aber: warum? Wie der Name schon ausdrückt: ein abgekürztes Pilsener. Wer sich schon keine Zeit nimmt, die Sortenbezeichnung korrekt auszuschreiben, was wird der für Zeitauffassungen beim Herstellungsprozeß vertreten? Genau.
(Bürgerliches Brauhaus Saalfeld beziehungsweise → *Rosenbräu)*

Saarbrücker Grafenpils (4,75% 🍺) – »klassisch herb« – ist es nicht. Zur Garantie des reinen Geschmacks hätte ich eine genaue Angabe der Sud- und Abfüllungsnummer vorzuschlagen. Wie? Gibt's schon? Hört mal einer auf mich? Und warum? »Zur Garantie des reinen Geschmacks.« Nur, bei Sud 501 hat irgendwas nicht gestimmt, dito bei Abfüllung 0685. Den Alkohol haben meine Labors exakt auf 4,7533 Periode bestimmt. Na gut, im Toleranzbereich.
(Neufang Brauerei Saarbrücken)

Sagres ist mit einigem Abstand die größte Brauerei Portugals – vor der zweitgrößten. Und somit sozusagen auch die vorletzte von Rang. Braut unter anderem ein **Helles** (5,1% 🍷), doch geschieht es nicht aus Lieblosigkeit, wenn hier festgehalten wird, daß S. kaum dieses von der Brauerei angepriesene hinreißende Bier »exzellenter Qualität« sein kann. Kann ebenso ein Übersetzungsfehler sein.
(Central De Cervejas Vialonga Lisboa/Portugal)

Und **Saigon export** (4,4% 🍺)? Doch. Es ist Schaum. Für einen Moment jedenfalls. Ob es Bier ist, wer kann das wissen?
(Bia Sài Gòn/Vietnam)

Sakara Gold (4,0% 🍺) sei ein Lager, wird an diversen Beduinenlagerfeuern geraunt. Und so sehr daneben liegen die Informanten nicht. Sakara ist ausschließlich Touristensache, und demzufolge zeigt es sich trotz fortgeschrittener Opazität eingefleischten europäischen Standards zugeneigt. Bei einer beliebigen Blindverkostung in der Bundesrepublik würde es ohne viel Gezicke dem → *Licher-* oder → *Binding-* oder → *Löwenbräu-* oder → *Paulaner*-Lager zugewiesen.
(El Gouna Beverage Co./Ägypten)

Salzburger Stiegl Goldbräu (4,9% 🍺) übersetzt »Braukunst auf höchster Stufe« (Eigenwerbung) mit Fructosegeschmack und Flaschenchlorophyllfarbe. Merkwürdig, sehr merkwürdig.
(Stieglbrauerei zu Salzburg/Österreich)

Samson Světlé heißt jetzt **Samson Deset**, nein: **Samson Výcepní pivo** 🍺, hat immer noch 3,8 Prozent, wird aber jedes Jahr dunkler, der Schaum weniger und der Geschmack, leider, leider, auch nicht besser. Samson verlor bekanntlich mit seinen Haaren auch die Kraft, wer Samson trinkt, befürchte ich, dessen Haare verlieren die Kraft weiter zu wachsen. Beim **Černý** 🍺 beachten Sie bitte die 3,6 Prozent. Augenzwinkernd gehopft, vielleicht mit beiden Augen zudrücken als Hopfung ernstzunehmen. Um **Crystal** (5,0% 🍺) herrscht trockener Geruch vor, nicht ganz so voll wie beim Nachbarn → *Budweiser Budvar*. Hier schlägt das immense Zuckeraufkommen zu Buch. Insgesamt jedoch überzeugend, wenngleich viel zu kurz angebunden. Desgleichen: **B. B. Budweiser Bürgerbräu** (5,5% 🍺).
(1. Českobudějovický Pivovar/Tschechien)

Feinste (Hallertauer Mittelfrüher & Tettnanger) Hopfen-kristalle brechen das Licht in **Samuel Adams Boston Lager** (4,8% ♠♠♠), heraus scheint ein Funkeln wie im Mai, gegen um Acht. Hier einige Pressestimmen: »Das Pilsener unter den Bieren.« (M. Rudolf) »Das ist sehr schön gesagt, aber leider nicht ganz unzutreffend.« (ders.) → *Krušovice Mušketýr,* → *Vogtland Bräu Spezial.* Hingewiesen sei ferner auf die Lizenzausgabe von **Samuel Adams Boston Lager** (5,2% ♠♠♠) aus der *Ankerbrauerei Nagold,* die leider um drei EBC dunkler ausschlägt, insgesamt jedoch grandios vom schillerndsten Malz– und Hopfenduumvirat regiert wird. Selbst Unbegabte haben sich angelegentlich S. zu Hymnen hinreißen lassen. Worauf Sie einen lassen können.
(Boston Beer Company/USA)

Man störe sich nicht an dem putzigen Namen **Sankt Jakobus Blonder Bock** (7,5% ♠♠♠) – hat der Fauserjörg auch nicht. Achtzehn Prozent Stammwürze sind kein Pappenstiel. Der Geruch fruchtigfrisch, der Schaum in der Defensive, damit wir leichter ans Getränk kommen. Optimal habituierte Malzkonzentrate als quasi »Seelenfunke« (Meister Eckardt) im Hopfenrand, gelbrotbraunes Wasser drüber gestreut. Fertig. Jeder Versuch gelingt. Und wie er gelingt.
(Forschungsbrauerei München)

San Miguel Ice Beer (5,0% ♠) befremdet weniger durch den angedickten Schaum, als durch den säuerlichen Antrunk, der im Handumdrehen panische Radlerangst in mir auslöst. **Export** (5,4% ♠) ist hernach eine regelrechte, nicht übel malzifizierte Wohltat, beim Gott, also wenigstens eine weniger drückend ausgeprägte Zumutung. Oder gründete der trotz allem fehlerhafte Hautgout darin, daß ich haarscharf am Verfallsdatum vorbeigeschliddert bin. Best before: 01-07-05 A-06:52. Früh, acht Minuten vor Sieben trinke ich nun mal selten Bier, in Spanien gleich gar nicht. Das Warten bis in den Mittag hatte seine Tücken. Wir haben

lange kontrovers darüber diskutiert, ob ein Bier innert vier Stunden verderben kann. Was meinen Sie?
(San Miguel Fábricas de Cerveza y Malta Madrid/ Spanien)

Der **Sapporo Premium Lager** (4,5% 🍺) – Hopfen flutscht schemenhaft im Zeitraffer vorbei. Hier sollte → *Guinness* einfach in Betracht ziehen, ob das nicht rufschädigend wirken könnte.
(Guinness Brewing Co. Dublin/Irland in Lizenz von Sapporo/Japan)

Saranac Amber (5,4% 🍺) ist untergärig und doch explizit am Ale orientiert, honigmondfarben, trocken. **Saranac Black & Tan** (5,4% 🍺🍺) mit hellem Schaum, vermendelt aus irischem Stout und »german-style amber lager«. Hochkomplex, very tasteful, kadenzierte Kakaokomponenten und eine astreine Colafarbe. Gerne getrunken.
(Matt Brewing Company Utica/USA) → *Mississippi Mud*

S

Satan Gold (8,0% 🍺) grinst weinbeerig, likörig, wie gespritzter Landwein mit Honig, wie geröstete Maronen – halt, die habe ich ja dazu gegessen.
(Brasserie De Block/Belgien)

Ob die mit **Sauerländer Winter** (5,4% 🍺🍺) Penetrierten tatsächlich den matschig-kalten Winter herbeisehnen, wie die Iserlohner Werbefachleute suggerieren, steht dahin. Sicher ist, daß es nicht nur dunkel im Glas, sondern einem ganz fix dunkel vor den Augen wird.
(Brauerei Iserlohn) → *Warsteiner*

Schachtjorskoje Syrasy Piwo Original (5,4% 🍺🍺🍺) – Bergarbeiterbier? Mit ihren Funzeln sehen sie die Verfehlungen nicht: falscher Schaum, falsche Farbe, falscher Geschmack. Njet! Überseebier. **Schigulewskoje Swetlo-**

197

je Piwo (4,9% 🍺) in Schaumbelangen konkordant, sonst vehement hopfig und frisch und gut. **Bjelyi Medwed** (9,2% 🍺🍺) (ohne Herkunftsbezeichnung) wird als »Super starkes Braugetränk« klassifiziert. Auf der Dose kniet ein Eisbär, und es ist bis heute noch nicht eindeutig geklärt, ob nicht in Sibirien frisches Eisbärenfleisch damit konserviert wird.
(Karaganda/Rußland für Monolith Lebensmittel Handels GmbH Frechen)

Schad Pils (4,9% 🍺) erscheint mit frischem Hopfen strekkenweise total ungastbrauhausmäßig, **Schads Dunkel** (4,9% 🍺) dunkel, granatrot, leider flach und ein an Gose gelehntes **Hefeweizen** (5,4% 🍺) – ausgezeichnet. Komfortabel im Trunk, ganz leicht nachzubestellen. Die Verwunderung kennt keine Grenzen mehr, wenn ich lese, daß da sogar ein **Dunkler Bock** und ein erstklassiges **Rauchbier** (5,3% 🍺🍺) die Brauanlagen verlassen (nur saisonal).
(Erste Hallische Gasthausbrauerei Schad Halle/Saale)

Schaller Hefe-Weizen Dunkel (5,2% 🍺🍺) is a honest Weizenbeer. Das Etikettenmännlein läßt die Weizenschalmei erschallen, von »doppelter Kaltfiltration, bestem Aromahopfen und reiner Flaschengärung«, als ob es was davon verstünde. Versteht es wohl auch. Sicher auch von überreifen Bananen, denn die scheint es im **Hefe-Weizen Hell** (5,1% 🍺) satt zu haben.
(Schaller-Bräu Bonstetten) → Kronacher

Scherdel Premium Pils (4,7% 🍺🍺🍺) trug 1989/90 nicht unwesentlich dazu bei, ganze Landstriche Südsachsens und Südthüringens zu entvölkern. Man hielt es fälschlicherweise für Bier. Ein folgenschwerer Irrtum, diese Regionen werden Jahrhunderte benötigen, um sich zu regenerieren. Noch heute sind ganze Ortschaften wüst, Täler, Äcker und Getränkemärkte damit verseucht. Orts-

S

kundige berichten von verborgenen Winkeln, in denen Flaschen mit »ruinösem« (Holger Sudau) **ICE Beer** (5,0% 🖐🖐🖐), mit **Helle Weisse** (5,1% 🖐🖐🖐), **Weizen Dunkel** (5,1% 🖐🖐🖐), **Kristallweizen** (5,1% 🖐🖐🖐), **Edel Hell** (5,1% 🖐🖐🖐) und **Märzen** (5,4% 🖐🖐🖐) und **Schwarzes Scherdel** (5,0% 🖐🖐) zu Millionen und Abermillionen versteinert sind. **August der Starke** (7,0% 🖐🖐🖐) ist ebenso im Vertrieb dieses Unglücksunternehmens anzufinden. Nach Doppel- und nicht nach Ziegenbock soll es riechen. Wie oft muß ich das noch sagen. Den **Hofer Schützenbruder** (5,4% 🖐🖐🖐) haben sie ganz verbruzelt, den Schaum vergessen und womöglich mit zertretenen Weinbergschnecken angedickt.
(Privatbrauerei Scherdel Hof)

Farbe von **Schinner Gold** (5,3% 🖐) stimmt schon mal. Ideal zur bombastischen Einstimmung für **Meistersinger Klassik Pils** (4,8% 🖐) und seine schöne, zwar leicht überhängende Bittere. **Original Altfranken Braunbier** (4,8% 🖐) sei eine »bernsteinfarbene Bierrarität« – dabei soll es nicht bleiben. Fröhlich leicht und doch würzig. Gut merken! Beim **Bayerischen Kellerbier** (4,8% 🖐) ist der Schaum immens grob geraten, und die Hefe übertönt den bei Gott respektablen Rest. Muß das sein?
(Brauerei Schinner Bayreuth)

Schlappeseppel Pilsener (5,0% 🖐🖐) führt Wettkampf in denkbarster Pilsenerferne. Brauwasser verwies CO_2 und Malz auf die Plätze. Dann kam lange Zeit nichts, dann noch mal nichts und dann überhaupt nichts mehr. Bemerkung: Der Hopfenseppel machte schon vor dem Antrunk schlapp.
(Brauerei Schlappeseppel Aschaffenburg) → *Henninger*

Schlichter Ursprung Hell (4,7% 🖐) trägt einen schlicht zutreffenden Namen.
(Winkler Bräu Schlicht)

Wegen **Schlösser Alt** (4,8% 🍺), hört man, würde viel geschimpft da in Düsseldorf. Für viele ein Grund mehr, wegzuziehen. Ich seh's nicht ganz so. Nicht sehr kratzig, aber sehr dunkel, sehr anfällig, sehr gebrechlich; richtig »alt« im Sinn der Sortenbezeichnung aber auch wieder nicht.
(Brauerei Schlösser Düsseldorf)

Schloß Edelpils (4,8% 🍺) wird mit nahezu identischem Label auch vom Dresdner Getränkekontor vertrieben. Neunkirchen gehört zu → *Karlsberg*, Dresden zu → *Holsten*. Wer erklärt mir das, bitte. Abgesehen davon, gar nicht so ungenießbar. Oder?
(Schloß Brauerei Neunkirchen)

Schloßbräu Rheder Pils (4,9% 🍺🍺🍺) ist ein Bier wie eine Stopfgans. Alles drin, was ich von einem Champion erwarte. Ausgestattet mit einem lukullischen Malzkörper und den buntesten Ansichtskarten aus dem Hopfenparalleluniversum, entwickelt sich Sch. zu einem meiner Faves. Vergessen Sie → *Jever*! **St. Annen Dunkel** (4,9% 🍺🍺🍺) steht in nichts nach. Zwar leicht bockiger Geruch, doch unter der ehern herben Kuppel spielt eine überschwenglich orchestrierte Röstmalzcombo. Reizend. Der **Bock** (6,8% 🍺🍺) noch. Schon beim Anblick des eingeschenkten Getränks setzt eine sackstarke Salivation ein. Das kommt mir fürs Wässern auf trinkbare fünf Prozent gerade recht. Nur einen höheren Spund könnten sie alle drei vertragen.
(Gräflich v. Mengersensche Dampfbierbrauerei Rheder Brakel)

Von ungezählten Jungakademikern habe ich lange und breite Beichten vernommen, was ihnen zu Heidelberg mit **Schlossquell Pilsner** (4,8% 🍺🍺) alles Schreckliches widerfahren sei. Da ist an Stelle einer Absolution eine Anthologie in Arbeit. Titel: *Der Morgen nach der*

Geisterfahrt. **Valentins Klares Weizenbier** (5,1% ☝) wäre die Gummibärchenvariante unter den Kristallweizen. Fruchtig-fragil, eisenig.
(Heidelberger Schlossquell-Brauerei)

(Original) Schlüssel (5,0% ☝☝) »schmeckt wie vom Faß«? Hä? Habe ich überlesen. Regenfaß wäre die nächstliegende Imagination. Deutlich weniger, dafür größere Schaumbläschen und die Bierwangen merklich weniger gerötet als → *Zum Uerige*. Vielleicht muß das so sein. Befriedigend ist es nicht.
(Obergärige Hausbrauerei Zum Schlüssel Düsseldorf)

Schluntze ☝ und **Pfauenbräu** ☝ (je 5,4%) kredenzt *Stub'nbrauerei Neumann* im Haus Zur Pfauen Erfurt, und, was soll man sagen: ist trotz Beteuerung »alter Rezepte« nichts anderes denn das übliche Hausbrauereienzweierlei. Dunkel und hell, so sind die Unterschiede am besten zusammengefaßt.

Schmitt-Bräu Edel-Pils (5,1% ☝☝) hat zwei Bindestriche im Namen, ein schönes Gelb und ist von einer unvermutet milden Klarheit, na prima. Oder klare Mildheit? Wie Sie wollen. Dann wollen Sie sicher das böhmisch angehauchte, gut gehopfte Alltagsbier **Jura-Hell** (4,8% ☝). Keinesfalls verwechseln mit **Edel-Märzen** (5,3% ☝), denn es ist heiter bis molkig im Ruch, verblüffend dünn, mit Fremdnase und brenzlig wie oxidierter Rosé.
(Schmitt-Bräu Scheßlitz)

Den seit 1907 gebrauten obergärigen, dunklen Weizenheavymetalbock **Schneider Aventinus** (8,0% ☝☝☝) aus der Wiege aller zeitgenössischen Weizenbiere müssen Sie getrunken haben. Dann, und nur dann, werden Sie viele der nachfolgenden Zeilen erst verstehen lernen. Zum Beispiel auch, daß die **Schneider Weisse Kristall** (5,3% ☝☝) hervorragend mundete. Unerreicht auf elysi-

schen Wipfeln und 0,1 Prozent dicker: **Schneider Weisse Original** 👍👍👍.
(Weißbierbrauerei Schneider Kelheim)

Schneider Altfränkisch Märzen (5,6% 👍👍) wandelt im warmen Bernsteinton. Ein Märzen gilt manchem Pilsbrauer als heikle Bewährungsprobe und manchem Trinker als schwere Prüfung. Hier sage ich: Schneider, setzen. Eins. **Schneider Bräu Pils** (4,8% 👍) ist ein wackeres, handwerkliches Pilsener mit trockener Hopfennase. Das **Helle Vollbier** (4,7% 👍) eine Idee fülliger, also volle Kanne. Zum Beschluß das **Weizen** (5,2% 👍👍) offenbart eine ganze Streuobstwiese an fruchtigen Aromata – und doch malzige Würze, ja würzige Mälze.
(Schneider Bräu Zur Kanne Weissenburg)

Schnupp Edelpilsener (5,1% 👍) wirkt unaufdringlich, nur sehe ich die Stärken mehr im Partner **Altfränkisches** (5,3% 👎) – Moment, ich muß korrigieren, »schmeckt auch bloß wie ein Industriemärzen« (C. Meueler).
(Brauerei Schnupp Altdrossenfeld)

Im aromatischen Durcheinander **Schöfferhofer Kristallweizen** 👎👎👎, **Helles** 👎👎👎 und **Dunkles Hefeweizen** 👎👎👎 (je 5,0%) eindeutig sensorisch aufgestöbert: linkshändige Wasserleiche mit Hefeflockengestöber. Die GmbH zeigt kein diesbezügliches Unrechtsbewußtsein und deklariert ihre Produkte en bloc als »spritzig obergärig«. Oder hier, der ist auch gut: »herzhaft spritzig«. Es kribbelt weder im Bauchnabél noch sonst irgendwo – höchstens in meinen Fäusten, um dem ein Ende zu bereiten.
(Schöfferhofer Weizenbier GmbH Kassel) → *Binding*

Schönberger Ur-Pils (4,9% 👍) watet schwer, aber nicht unmaßgeblich, notiere ich, obwohl das Hopfenfinish erst nach vier Sekunden einsetzt, wo ich mit Kollege Jürgen »Lee« Roth den Standard endgültig auf zwei bis zweiein-

halb Sekunden definiert habe. **Odenwälder Landbier** (4,6% 🍂) konnte danach auf Anhieb mit malzig-singender Frische für sich einnehmen.
(Brauerei Schönberger Groß-Bieberau)

Schönbrunner Fichtelgebirgs-Bier Spezial (5,5% 🍷) ist ein ärgerlich-malzleimiger, lästig-spritiger Ausläufer der Spezialbierepidemie. **Maibock dunkel** (7,5% 🍷) soll ein »im Spezialverfahren hergestelltes Qualitätsbier aus hellem Malz« sein, den Aufwand hätte man sich sparen können. Im **Schönbrunner Weissbier** (5,2% 🍂) andererseits wirkt der Schaum wie gehauen, prickelnder als die Flüssigkeit, und durch die schönen Schönbrunner Fruchtkonzentrate zwängt sich das luftig-duftige, sagenhaft schönere Weizenmalz. Fürs komplett unsinnige **Erotikbier** 🍷🍷🍷 wurden Korkenluder angeworben. Hey, stopp mal! Fürs **Siebensternchen Pils** (5,0% 🍷) würde ich gern noch zwo Sternchen vergeben. Eins für das schöne Etikett. Und eins für den schönen Namen.
(Lang Bräu Wunsiedel Schönbrunn)

Ein Unschuldslamm trabt gemächlich übers Etikett von **Schroll Landbier** (5,2% 🍂🍂🍂), und so unschuldig, rein ist dieser Frankentrunk. »An endless enigma« (G. Lake), wie zart die Malze obwalten. Ein Fitzelchen mehr Hopfen dazu, und es wäre ein Universalbier.
(Brauerei Schroll Nankendorf)

Selbst denen, wo zu **Schüttinger Hell** (4,5% 🍷🍷) und **Dunkel** (4,7% 🍷🍷) aus der *Ersten Bremer Gasthausbrauerei* nur das Präfix »Weg-« einfällt, sei hier vorbehaltlos zugestimmt.

Die Geschichte nachstehenden Brauhauses reicht bis zu seiner Gründung zurück. Und das kam so: Es war einmal ein junger Mann, der wollte eine Brauerei gründen. Also meiselte er wie wild eine tiefe Quelle in den Sand. Die Sandquelle aber

S

sprach: »Wer aus mir trinkt, dem soll augenblicklich das Hirn schwinden, denn ich tauge nur zum Autowaschen, doch wer mich zum Brauen verwendet, wird Leiter einer Ramschladenkette.« Der Jüngling zeigte sich von den ungeheuren Drohungen unbeeindruckt. Was Autos sind, wußte er noch nicht, und er hielt das alles für wirres Zeug. Es ging eine Zeitlang gut, er ließ eine Brauerei aufführen, sie → *Ottweiler Brauerei* nennen, und versuchte, sein Bier an den Mann zu bringen. Doch wehe! Keiner wollte es trinken, und die es taten, siechten jämmerlich dahin, wurden schwer vermittelbar und dumm auf Lebenszeit. Da erinnerte sich der Mann an das Orakel aus der Sandquelle, gründete fix eine Billigkette und erfand das Sonderangebot. Und wenn seine Nachfahren nicht gestorben sind, dann nimmt man es noch heute gern zum Autowaschen: **Schulten-Bräu Edel Pils** (4,9% 🖐🖐🖐).
(Ottweiler Brauerei für ALDI)

S

Als **Schultheiss Lager** (5,0% 🖐🖐🖐) euphemisiert die *Schultheissbrauerei Berlin* ihre Hybris in Bezug auf Zwischenlagerung »milder, eleganter und unverwechselbarer«, d. i. toxischer Gärungsnebenprodukte. **Schultheiss Pilsener** (5,0% 🖐🖐🖐) können Sie einfacher haben: mit »konsequenter Getränkeverweigerung« (Holger Sudau). Kenner schwören Stein und Bein, das sei gesünder. Ihr **Diät** (3,8% 🖐🖐🖐) ist unter »Unzucht mit Abhängigen« zu kategorisieren, beim **Mai-/Ur-Bock** 🖐🖐🖐 (je 6,5%) (= dunkles Starkbier) mischen sie noch ein Pfund Pottasche bei. Für die **Berliner Weisse** (3,7% 🖐🖐🖐) gilt ein für allemal: man kann sie nicht trinken. Der Hersteller empfiehlt nicht umsonst, seinen »Spree-Champagner« mit Sirup zu mixen. Ich meine, das hat der Sirup nicht verdient. Vielleicht mit Rübensirup geeignet für Leute, die suizidal disponiert sind. **Aecht Patzenhofer** (vom Faß 🖐🖐) wird »Pils Auslese« geheißen. Ergänze: widernatürliche Auslese. Last but least: **Lager Schwarz** (5,0% 🖐🖐), der längst fällige Schwarzbierrachenputzer. Da schwob ein Engel im dumpf-dunklen Dunst herab und sprach: »Trink dies nicht aus!« Zu Befehl.

Die bezaubernde Marlit Peikert kann unter Eid bezeugen, **Schumacher Alt** (4,6% ♨♨♨) sei ihr Lieblingsalt. Und da muß ich, selbst ihr lieber Freund Beat Hodel muß ihr recht geben. Obgleich er eigentlich → *Uerige* präferiert. Ich hingegen bin immer noch damit beschäftigt, die feinsten Hallertauer Hopfengewebe zu ertasten, die sich bei mir eingenistet haben, seitdem ich Schumacher das letzte Mal trank.
(Brauerei Ferdinand Schumacher Düsseldorf)

Schumenskoje (4,5% ♖♖♖) kostet manchmal umgerechnet fünf bis vier Mark, der Hopfen spurt nicht, nicht mal als Spurenelement und hat vorher mitsamt der Flaschen drei Jahre im Pasteur gestanden. Aber nicht *be*standen.
(Brauerei Schumen/Bulgarien)

Schwabenbräu Pilsener (4,9% ♖♖♖), **Meister Pils** (4,9% ♖♖♖), **Das Schwarze** (4,9% ♖♖♖) und **Das Echte** (5,5% ♖♖♖) »braut« die *Schwabenbräu Robert Leicht Stuttgart*. Nach Ansicht der Anwälte dieser »Brauerei« überschreiten meine Ausführungen in der ersten Auflage von *1516 Biere* (Berlin 1999) »die Grenze zur Schmähkritik. Sie lassen sich auch nicht nur als Satire verstehen und tolerieren, sondern sind Ausdruck offener und bösartiger Herabsetzung der Produkte und Unternehmensleistungen unserer Mandantin«. Man vertritt ferner die Auffassung, daß sie »bar jeden faßbaren Tatsachenkerns sind«. Ehrlich gemeinter Verbraucherschutz oder Schmähkritik, egal: die »Produkte« und »Unternehmensleistungen« werden davon nicht besser. → *Dinkelacker*

Schwalmbräu Bock (6,8% ♖) schmeckt streng, ich denke zunächst an Ostfriesenmischung, rein visuell, und verlagere mein Interesse im Nu auf ein frühlingstaghelles, erheblich rezenteres **Schwalmbräu Pils** (4,8% ♖),

auf seine verzögerte (mitteltrockene) Hopfenblume, deren unvermitteltes Eintreffen dann immer wieder einen Distinktionsgewinn erwirkt.
(Privatbrauerei Haas KG Schwalmstadt)

Schwanen Bräu Pils 🍺 ist, say, dezent bitter, aber nicht blumig, trumpft dunkel auf und strengt eine bewußte Nachtrunkvermeidung an, die gerne auch für Vollbiere gelten darf. **Vollbier** 🍺 hört auf mich und tut, wie ihm geheißen. Es bekommt. Familie Dotterweich bedankt sich. Bitte. Ein **Märzen** 🍺 als Nachschlag im Stehen ist rauchig im Duft und wäre wohl noch willkommener, wenn einem nicht eben der Blumengießwasserstrahl aus dem ersten Stock hineintropfen täte.
(Schwanen Bräu Ebermannstadt)

Den Brauer der **Schwarzbacher Hopfenperle** (5,0% 🍺🍺) vielleicht noch mal in die Lehre schicken oder gleich hinter Schloß und Riegel bei Selbstgebrautem und trocken Brot? Es war überhaupt nichts festzustellen, das sich mit dem Begriff Bier auch nur in Teilmengen decken würde. **Raubritter Dunkel** (5,0% 🍺🍺) nehme ich nicht als Entschuldigung an, eher als Bestechung i. e. Provokation des Hohen Biergerichts. Hinaus mit diesen Frevlern!
(Schloßbrauerei Schwarzbach)

Flüchtiger Schaum, fremder Geruch, raffiniert versteckter Geschmack: »what the fuck is that« (Ice T) **Schwarzbräu Pilsener** (5,0% 🍺)?
(Schwarzbräu Zusmarshausen)

Schwarzes Kreuz Vollbier 🍺🍺🍺 wirbt mit einem Ritterkreuz. Na wartet, denen geben wir auf den Hut. Konspirativ (mit angeklebten Brillen) in die Wirtschaft, eine Halbe bestellen. Doch ab von uns fallen Groll und Gram im Handumdrehen. Primo schmeckt es bombigvoll, halbdunkel. Optimalsüffiches (sic!) Kellerbier. Secundo bekommen wir vom Schankwirt auf rührende Weise die Genese dieses Kreuzes erklärt, studieren alte Schriften und Gerechtigkeiten. Zirka fünfzig Promill beschirmen die vielköpfige Aromagemeinde – das klingt gefährlich, ist aber ganz normal. Magister Roth findet keine Worte mehr, und still erheben wir die Krüge auf Lemmy Kilmister. Das wäre sein Leib- und Magentrunk.

(Brauerei Schwarzes Kreuz Eggolsheim) → *Brewer's Cave*

Der Schaum vom **Schweinfurter Brauhaus Pilsner Premium** (4,9% 🍺) schlägt jedes Identifikationsangebot leichtfertig aus und ratscht wie Nichts zusammen. Das bißchen Hopfen geht bereits über den Geruchsweg verloren. Zurück bleibt ein blausäuredominiertes Aromapaket auf Flüssigkeitsbasis.
(Brauhaus Schweinfurt)

S

Schwelmer Alt (4,2% 🍺🍺🍺) wurde mir von Herrn Poloczek empfohlen. Also, Ahnung hat der. Dieser kleine Altmeistertrunk leuchtet zunächst ausgesprochen dunkel, entpuppt sich jedoch als wahres Hopfen-Alt. Mannomann, schon wie das riecht. Mein Lieblings-Alt. Ein Dreifach-»Ach!« Eine Spur zu ausgewogen, obwohl auf insgesamt sehr kräftigem Niveau, der **Bernstein** 🍺🍺 mit 4,8 Prozent. Kann eine taktische Meisterleistung der Brauer sein, damit die Trinker dem **Schwelmer Pils** (4,8% 🍺🍺🍺) nicht auch nur in Ansätzen Unrecht widerfahren lassen. Hier wird Hopfengabe noch richtig großgeschrieben. Wie groß? fragen Sie. Well, ich bräuchte wohl ein eigenes Buch dafür.
(Brauerei Schwelm)

Schweriner Pilsener (4,9% 🍺🍺) entspricht einem weiblich-weichen und doch vollen, fürstlich gehopften Pilsener. Ein großer Moment unter den Malzhopfenmixgetränken. **Export** (5,5% 🍺) macht die guten Eindrücke wieder wett. **Petermännchen** (5,6% 🍺) »born again«

(I. Gillan/T. Iommi). Da ist er abermals, der Orangeton, der Schaum hat wieder Angst vor uns, läuft auf der Stelle weg, exhumiert, hysterische Bittere. Ganz anders, auf besonders anheimelnde Art anders: **Mecklenburger Landbier** (5,1% 🥄). Nichts gegen ein Landbier. Wenn es gut gemacht ist.
(Zweite Schweriner Schlossbrauerei) → *Gothaer,* → *Oettinger*

Sester Kölsch (4,8% 🍷) perlt nicht ganz so aufdringlich, aber auch nicht ganz so bierig, eher verwaschen-sektig.
(Privatbrauerei Sester Köln)

7 Cuvee (7,0% 🍷🍷) leuchtet in der Farbe, wie sie ein Pfund Kunsthonig hat. Kürbis, Lebertran, Kapern, Dörrfleisch, alles durcheinander. Hier lieber die Luft im Glas lassen.
(Brasserie Ciney/Belgien)

S

Shipyard Export Ale (6,0% 🥄) hat mich, was Farbe, Schaum, Geruch und Geschmack anbetrifft, sehr an die politbürokratische Interpretation des Pilsenergedankens im Osten erinnert. Jedoch ohne die damit unweigerlich verbundene Inkontinenz. Als Ale oberes Mittelfeld. Wird deshalb kaum zum Zementanrühren verwendet.
(Kennebunk Brewing Co. Portland/USA) → *Apoldaer,* → *St. Georgen*

»Preservative (E 223)« habe ich nicht im **Simpatico** (5,0% 🍷) gefunden, nicht mal das E, die zwei 2 und die 3 auch nicht. Wäre ja noch schöner. Richtet sich dafür sympathisch nach den Geschmackskriterien für Laugengebäck.
(Brandevor Inc. Redmond/USA)

Für Besichtigungen bei **Singer Bier** (4,7% 🥄🥄🥄) am besten anmelden, vor Ort trinken und genießen. Achthundert Hektoliter Jahresausstoß. Dienstags wird gebraut, und zwar ein beherzt gehopftes Export. Wer's zeitlich nicht

einrichten kann, nimmt's auf Siphon mit. Das Paradies
hat einen Bügelverschluß.
(Museumsbrauerei Schmitt Singen) → *Altstadt Hell
Bad Windsheim,* → *Im Füchschen Alt,* → *Göltzschtal,*
→ *Heldbräu,* → *Kraus Pils*

Singha Gold ♨♨♨ hält die Spitzenpositionen in allen
Disziplinen: Hopfen, Malz und Antioxidationsmittel
E 300. Und fast → *Brauerkrone*-verdächtig, aber eben
nur fast. »Bombig! Komplett prima!! Einwandfrei!!!«
(D. Steinmann) Die *Boon Rawd Brewery Bangkok/
Thailand* hat für **Singha** ♨♨ ihren Einsatz von 4,2 auf
6,0 Prozent erhöht, die *Brauerei Hartmannsdorf* agiert
da klüger und bringt S. mit nur 4,8 Prozent ins Rennen
und schneidet deutlich besser ab. → *Hartmannsdorfer,*
→ *Mittweidaer*

Die Getreideabordnung im **Sion Kölsch** (4,8% ♨) wird
mit einem Kontingent Weizenmalz verstärkt. Da ist was
dran, es treibt fruchtige Fülle in den Geschmack.
(Altstadtbräu Joh. Sion GmbH Köln)

Slawjanskoje Piwo (5,1% ♨) marschiert stahlig, ner-
vig, doch weich und mild. Gute Truppenverpflegung für
die NATO-Osterweiterung. Aber damit ist es erst mal
Essig.
(Brauerei Iwanowsk/Rußland)

Slawjanskoje Swetloje (4,8% ♨♨)
(Ostankinskij Piwowarennyi Sawod Moskwa/Rußland)
→ *Pilsner Urquell*

Snake Beer (4,7% ♨♨) entfernt nach Eisen, ein anspre-
chendes Schäumsche, ein goldlockiger, lockerer und auch
– was sonst – lockender Hopfen. Ich sage jederzeit Pilsener
dazu. Hoc est richtig gut.
(Al Paso Co./USA)

Sokól Pils (4,5% 👅👅) riecht nach Bier. → *Westmalle-triple*farben, auch so opak. Fröhlich kurz angebundener Antrunk, der Abtrunk vielleicht zwei Sekunden zu vorzeitig abgebunden. Insgesamt Prädikat: erstaunlich.
(Browar Barczewo/Polen)

Schon närrisch, was die Hombres alles in **Sol Desde 1899** 👅 hineinquirlen müssen, um auf ridiküle 4,5 Prozent zu kommen. Mais, Reis, Ascorbinsäure zum Desinfizieren. Ich räume jedoch ein, daß dieses Elaborat in Ansätzen sogar flach hopfig ist. Bieriger als das verfickte → *Corona* allemal.
(Cervereceria Moctezuma Orizaba/Mexiko)

Sonnenbräu Kellerbier (5,0% 👅) windet sich zwar leicht hefetrüb mit Sichtweiten unter einem Millimeter im Glas, ansonsten ein leicht zu leicht geratenes Märzen, der Artikel **Premiumpils** (4,9% 👅) veranschaulicht in groben Zügen, wie die Industrie ein Landpils brauen tät. Und wir unsere Hopfenteebeutel zum Reinhängen nicht mit. **Eber-Weisse** (5,0% 👅), da denke ich schnell an die Kübel für das liebe Vieh, und habe dabei noch nicht mal auf das Etikett geschaut. Sehr fäkalisch sauer. **Sonnengold** (5,0% 👅👅) bewegt sich unbeholfen-tapsig zwischen Kunsthandwerk und Unzucht. Nicht aufgelöste Brüh-, sondern Kotzwürfel müssen darin schwirren, anders läßt sich der widerliche Geruch kaum begründen. Wenn Sie jetzt noch laufen können, Finger in den Mund und dann schnell ein Trostbier im gegenüberliegenden → *Schwanenbräu*. Notfalls auf allen Vieren.
(Sonnenbräu Joseph Herbst Ebermannstadt)

Spalter Premium Pils (5,0% 👅) verblüfft mit leichtem Geschmack nach Seniorenstift, sonst braucht man sich mit solchen Hopfengaben nicht zu verstecken. Schließ- und endlich baut Spalt einen der besten und teuersten Hopfen auf unserer Erdscheibe an, den Spalter Hopfen, richtig.

Vollbier Hell (4,8% 🍺) ist ein schöner schlanker Pilstyp, poröser Schaum. **Edel Export Dunkel** 🍺 bei 5,5 Prozent schon lieblicher, abgeschwächter als das uns rundum zwiespältig stimmende, weil derb unharmonische **Edel Export Hell** (5,5% 🍺). **Hopfen Leicht** (2,9% 🍺🍺) führe ich an dieser Stelle als das einzige mir bekannte und dennoch genießbare Lightbier an. Ich war sehr überrascht.
(Stadtbrauerei Spalt) → *Auer,* → *Tettnanger*

Spaten Oktoberfestbier (5,9% 🍺🍺🍺) verifiziert »die Maß als das Maß aller Undinge« (E. G. Stoiber). Im **Spaten Pils** (5,0% 🍺) mögen irgendwelche Bleichmittel herinnen sein, sehr abweisend, das. **Spaten Hell** (5,2% 🍺) für ein Hell viel zu hoch vergoren und weichgespült. Hat mich an → *Eder's Export* und → *Foster's* gemahnt. Die säuerliche Grundtendenz des **Spaten Diät-Pils** (4,9% 🍺🍺) vertuscht, daß hier alles daneben gelaufen ist. »Ist durch und durch ein echtes Bier.« Steht – Tatsache – so drauf. Vielleicht noch etwas mit dem Spaten nacharbeiten? **Franziskaner Hefe Weizen Dunkel** (5,0% 🍺) dagegen tapfer gehopft. Gabelfester Schaum. Sonst für einen der Marktführer beschämend still. **Hefe Weizen Hell** (5,0% 🍺): no difference.
(Spaten-Franziskaner Bräu München)

Das Hopfenmalzbündnis für **Specht Export** (5,0% 🍺) wurde noch vor der Abfüllung unterzeichnet, und man verträgt sich sowohl in der Flasche wie im Glas als auch im Darm. Nur im Schlund, Sie wissen schon, hinten rechts, werden ein paar Hopfenhilfskräfte wortbrüchig. Ähnlich wird das auch beim **Specht Spezial** (5,2% 🍺🍺) gesehen. Mit Krone bis an den Himmel prahlt zu Recht **Specht Bockbier** (6,1% 🍺) und stellt sich als wahrer Fels in der Brandung unseres Bockbierkeinerleis vor, wenngleich der **Schwarze Specht** 🍺🍺 mit seinen 6,1prozentigen, sirenenhaften Malzgesängen beweist, daß hier wohl die eigentliche Wiege des Bockbier-/Starkbierbrauens zu

liegen scheint. Die Geschichte wird komplett umgeschrieben werden müssen. **Greifensteiner Landbier** (4,8% 🍺) schmeckt »heimatlich gut« und wie mit dunklem Malz gebraut, dabei ist es hell – heaven & hell. Heaven ist mit Sicherheit **Specht Pilsener** (4,8% 🍺🍺🍺), denn so was habe ich überhaupt noch nicht erlebt: Der visionäre Nachtrunk wellt in drei Intervallen heran. Vom ersten, blumigen (zwei Sekunden) über eine milde Brücke (eine Sekunde/von Mälze überlagert) zum dritten, aromatischbitteren (mit vier Sekunden) Abschnitt. Beim zweiten Probendurchlauf mit leichten Interferenzen, trotzdem gehört dies der Welt gesagt.
(Privatbrauerei Specht Ehrenfriedersdorf)

Wie sie ihr **Spendrup's Old Gold** (5,0% 🍺🍺) nur machen? Versteckt im Hochsicherheitstrakt vor den Staatsbütteln, die Flinte stets griffbereit, will der Hopfennachtrunk gar keiner sein. Er krallt sich mit Leibeskräften am Gaumen fest, und ich gebe zu gerne jeglichen Widerstand auf.
(Spendrup's Grängesberg/Schweden) → *Mariestads Special*

Spirit of Hanf (7,0% 🍷🍷) heißt auch »alkoholhältiges Malzgetränk mit Hopfen und Hanf«. So hätte ich's auch gesagt. Was noch dazu muß: null Schaum, und die Brauersleut wurden mit Hanfseilen gefesselt und in einer Kräuterlikörbude zur Fortsetzung ihres Tuns gezwungen. Spirit? Eher Sprit.
(Brauerei Weitra/Österreich)

Spital Pils (5,5% 🍷🍷🍷) garantiert siechen Hopfen, geriatrisches Malz, Wasser aus dem Spitalklärgruben. Wird schon sowas sein. Ein sehr alter, gebrechlicher Trunk. Und wenn man bei der Firmenbezeichnung »Brauerei« wegläßt, deutet sich glanzklar an, wohin die Brauer auf Lebenszeit gehören. Bis Ersatz geschaffen ist.
(Spitalbrauerei Regensburg)

Im Antrunk des »Abteibieres« **St. Bernardus Prior** (8,0%
🍺🍺) füllt eine stramme Fruchtgeleenote die Gaumengrotte
aus. Sehr, sehr heller Schaum für ein dunkles Bier. Komfortabel weinig, Kautabak und Petroleum. But it works.
Also **Grottenbier** (6,5% 🍺🍺). Hefebraun und aromatisiert
(Koriander? Orangenschale? Wundermittel?) überzeugt es
rundherum.
(St. Bernardus Brouwerij Watou/Belgien)

St. Georgen Bräu Pilsener (4,9% 🍺🍺) macht sich zunächst
unverständlich. Wo steckt gleich mein Hopfensynonym-
wörterbuch? Höchste Haltungsnoten zu vergeben. **St.
Georg Landbier** (4,9% 🍺🍺) mit flauschigem Schaumge-
spinst, dunkel und sympathisch angeräuchert, der richtige
Weg in Richtung **St. Georg Kellerbier** (4,9% 🍺🍺). Dieses
einladend kellerig, fesselnde Hopfendarbietungen, trotz
fehlendem Spundpodest, schwarztee-mit-zitronen-farbig.
Ein legitimer Verweis auf → *Shipyard Ale.*
(Privatbrauerei Gg. Modschieder St. Georg Buttenheim)

S

St. Gothardus Pils (4,9% 🍺) verteidigt den Schaumberg-
rekord auf dem Glas von 4,9 Zentimetern Höhe. Sonst
gilt es außer einer raffiniert verpackten Maisnote nichts
zu vermelden. Ein Pilsener halt. **St. Gothardus Spezial**
(5,6% 🍺) trampelt tief bernsteinig auf, brotzeitig, hätte
man zeitiger austrinken müssen. Die Gravitation läßt
Nachsicht walten: Die Blume darf bleiben. Kein Wunder,
daß → *Oettinger* in Gotha eine kongeniale Niederlassung
gefunden hat. **St. Gothardus Gärtner/Maigärtner** 🍺🍺🍺
(je 6,5%) heißen jetzt so, weil da der Bock zum … können
Sie sich denken, oder? Stoppt Gothaer Bock! Sofort! Aber
ein **Malzbier** 🍺🍺🍺 machen sie da, herrlich!
(Brauerei Gotha) → *Schweriner*

St. Paul Double (6,9% 🍺🍺) entspricht einem Braupfann-
kuchen in leicht rötlichem Licht und duldet Kamerad
Triple (7,6% 🍺🍺🍺) anstandslos neben sich, weil, der ist

märzengleich hell, fruchtig-würzig, ja, und dann nehme ich Hopfen wahr. Hopfen. Hopfen. Hopfen. Eine Schicht brotzeitiger **St. Sebastian Dark** (6,9% ♨♨) – eben sehe ich, wie mir die Ohren rot anlaufen – da verhütet **St. Sebastian Grand Cru** (7,6% ♨♨♨) mit seiner Dezens gerade noch, daß sie vollends abfallen. Das war knapp. Ob **Poorter** (6,9% ♨♨) und **Bokrijks Kruikenbier** (7,2% ♨♨) ebenfalls nach dem dt. Reinheitsgebot gebraut worden sind, war nicht zu erfahren. Ehrlich gesagt, habe ich einfach vergessen zu fragen. Vergessen habe ich auch, ob mich das überhaupt interessiert.
(Brasserie Sterkens Hoogstraten/Belgien)

Erkläre mir einer das Mirakel **St. Peter's Best Bitter** (3,7% ♨♨♨)! Die Flasche flachmannaffin, das schimmernde Naß lichtbrechend schwelgerisch im Cognacton. Und die Zunge bekommt auch ihren Anteil weg: Würze, Bittere und Rezens wie aus dem Bilderbuch, der Schaum nicht zu dominant, und den Alkohol – das glaubt ja wieder keiner – befindet man für absolut ausreichend. Wie gesagt: ein Mirakel.
(St. Peter's Brewery, Nr. Bungary/England)

Stadter Vollbier ♨♨♨ orientiert sich in wesentlichen Belangen halbdunkel am → *Pilsner Urquell*. Ein mikromultikulturelles Trinkevent: Schwaben (der Pächter und seine Fleischspezialitäten), Sachsen (-dorf), Franken und Böhmen. Sitzenbleibbier. Man kann zwei wikingerschildgroße Schnitzel auf einmal dazu verdrücken. Das habe ich selbst gesehen, als mir die guten Leute einen Spiegel auf den Tisch gestellt haben.
(Brauerei Benedikt Stadter Sachsendorf)

Starobrno Ležák (5,0% ♨♨♨), darin – tata! – dürfte mehr als das halbe Hopfenperiodensystem vertreten sein. Ein B(uk)ett im Kornfeld, also weit über den Glasrand hinaus. **Starobrno Tradiční** ♨ bleibt ein helles Tagesbier,

wie es hundert von neunzig sind. Das Ganze spielt sich um 3,8 Prozent Alkohol ab, ist ein frommes Bräu mit leichtfertig-gefälligem Nachtrunk. Und es hat schon mehr als einen Hopfenflohzirkus zu bieten. **Starobrno Řezák** (4,0% 🍺🍺) benimmt sich rötlichbraun, kann eine deutliche Rauchnote nicht verbergen, könnte allerdings auch einen Löffel mehr Zucker vertragen. Sonst ein formidabler Durstlöscher. Vermerk in Sachen **Starobrno Lager**: 5,0% 🍺 und mit Grandezza ausgetrunken. **Starobrno Černé** 🍺 ist mit 3,8 Prozent leider nicht mehr denn ein Kännchen Schankkaffee. Hellbronze, mit einem verflucht sündhaftrötlichen Stich, fein ausgemeißelten Schaumterrassen vom Nachgießen und grandios kombinierten trocken-säuerlichem Odem, läßt **Starobrno Cervený Drak** (6,0% 🍺🍺🍺) seinem Malz zunächst den Vortritt, gibt ihm ein Backpflaumenaroma nebst Rosinen anbei. Erst der Hopfenknall nach sieben Sekunden erinnert daran, daß hier Bier im Alehabitus vorliegt und man unverzüglich weitertrinken sollte. Viktorisiert wird das Sortiment vom **Starobrno Baron Trenck** (5,7% 🍺🍺🍺), vormals Brnský Drak, der im Halbliterflakon mit vierzehn Prozent Stammwürze in deutschen Braustandorten allenfalls zum Märzen verkäme, hier jedoch die artigsten mährischen Malz- und Rezensprämissen mit einer schlüssigen Saazer Hopfenconclusio beschenkt und somit auch unter neuem Kampfnamen ungeschlagen bleibt. Das Beste Böhmens und Mährens mit der Briefwaage dosiert. Alle Goldtöne, die die Spektralanalyse hergibt, brechen sich freiwillig und nur zu gerne an den liebreizenden Flüssigkeitsmolekülen. Wie für die Ewigkeit gebraut. Dafür würde ich mir glatt die Pilsadern aufschneiden.
(Starobrno Pivovar Brno/Tschechien)

Die granatengeile Farbe von **Staropramen Granát** (4,8% 🍺) verspricht undeutlich mehr als das Bier halten kann. Beiläufig behopft, schnürsenkeldünnes Abtrünkchen. **Staropramen Lager** (5,0% 🍺) zögert den Schaum hinaus,

viel zu weiche Aromahopfennote, die sich in ein schwach brandiges Malz bettet. Auch hier wieder: die Rezens läßt zu hoffen und zu wünschen übrig. Im **Starporamen Ležák** (5,2% 🍺) ruht eine noch weichere Hopfennote, läßt deutliche Bewegung zum → Pilsner Urquell erkennen. Manchmal schleicht auch ein nettes **Staropramen Světlý** (4,0% 🍺) herbei. Die Dunkelvariation **Staropramen C erný** (4,5% 🍺) schmeckt besser als sie riecht, denn hier ist etwas von der Bittere hinterlegt, die dem Lager bitter nötig wäre.
(Pivovar Staropramen Praha/Tschechien) → *Interbrew*

Staročech (3,7% 🍺🍺) für umgerechnet zehn Cent Trinkgeld ein angenehm malziges, bestens gehopftes Alltagsbier. Das gönne ich den tschechischen Punks.
(Pivovar Nymburk/Tschechien für Penny-Markt-ČS) → *Velkopopovický*

S

Habe ich einen Schreck gekriegt: **Stauder Premium Pils** 🍺 hat 11,3 Prozent Stammwürze. Jedoch: die Mutter aller Premiumschlachten wurde nur auf clevere 4,6 Prozent vergoren, birgt demnach mehr als das sonst zu befürchtende Bukettnirvana und darf somit ohne weitere Beanstandungen passieren.
(Privatbrauerei Jacob Stauder Essen) → *Borbecker*

Steffens Pilsener (4,9% 🍺) meint: »Wir werben nicht mit Premium-Bier: Wir brauen für Sie Premium Bier!« Wenn's nicht drauf stünde. → *Veltins*verwandt, aber der Hopfen per saldo nur im Exklusionsbereich des Systems S. anzutreffen.
(Privat-Brauerei Steffens Linz)

Durch die Schaumdecke des leicht eingedunkelten **Steinacher Anker Pils** (5,0% 🍺) strömt heftiger Duft nach Hopfenkraut und hält dann auch dieses Versprechen. **(Das Dunkle) Steinacher Ankerla** (5,2% 🍺🍺) läßt bärenstarke Röstmalze auf Hefebasis gegen eine Magnumflasche

Hopfenbitter kämpfen, bis sich beide auf eine angenehm metallurgische Sensorik geeinigt haben. Beide Biere sehr nachtrunkig.
(Privatbrauerei Ankerbräu Greiner-Wohlleben Steinach)

Lieber »Trinker« von **Steingadener Weisse Dunkel** (5,1% 🍃🍃), mußtest Du sie bei der Werbung um Deine Liebste hinabschlucken, dem Schwiegervater gefällig zu sein? Als Mutprobe? Oder werden ihr da unten Heilkräfte zugesprochen? Hat man in Kaufbeuren Steigebäder für Bedürftige eingerichtet? Balsamieren sich gar die Mädel damit in die Pseudo-Fruchtbarkeit? Für die innere Anwendung kann sie kaum vorgesehen sein, denn es fehlen ihr die liebliche Süße und die angenehme Säure der Weizenfrucht. Die Hefe humpelt am Stock. Es fehlt das keck gebuckelte Schaumkrönchen. Und die meisten Bläslein sind mit Bleigürteln beschwert, damit sie nicht nach oben steigen. Wer dies nicht weiß und die Weisse Dunkel trotzdem trinkt, der steht bald vor einem Scherbenhaufen. Erstens, weil er die Flasche affektiv gegen die Wand pfeffert, pfeffern muß. Und zweitens, weil mit diesem Produkt viel braupolitisches Porzellan zerschlagen wurde. Zurück bleibt ein schaler Nachgeschmack. Nur wonach?
(Aktien-Brauerei Kaufbeuren)

Steinlager Export (5,0%/5,6% 🍃) prahlt, »The World's Best Lager 1985–1987« zu sein. Das ist nun schon ein Stückchen her. Außerdem das Glas ein Kelvin zu heiß.
(Under Licence of Lion Breweries/New Zealand. Nur wer?)

Stella Artois (5,2% 🍃) ist ein respektables Unterfangen in Sachen Hopfenspeed. Das haben sogar die großartigen Slayer erkannt, die sich mit Dosenabfüllungen von S. auf dem Cover ihres Magnum opus »Reign In Blood« (1986) ablichten ließen.
(Interbrew Bruxelles/Belgien) → *Labatt's,* → *Leffe*

Wenn man eine Flasche **Stelzer Doppelhopfen** (5,0% 🍃🍃) leise und vorsichtig öffnet, kann man Hopfen, Malz und Hefe beim flotten Dreier überraschen. Die sind darüber gar nicht böse, lassen sich keineswegs stören und haben einander einfach weiter gern. Dem **Zwickl Pils** (5,0% 🍃) schadet der anfänglich aufbrausende Habitus, damit ist nämlich schnell wieder Sense, und hinter dem molligen Hefekleid ist das Malzkörperchen kaum noch zu erahnen. **Bio-Gold** (4,7% 🍃) hat bis zur nächsten Auflage Zeit, eine Entschuldigung für seine pelzige Unreintönigkeit auszudenken. **Schloß Pils** (5,0% 🍃) – haben Sie mitgezählt, wieviel »Schloß Pilse« wir mittlerweile im Buch haben? – das von Stelzer gerät eine dicke Idee harmonischer als Bio-Gold, und ein appetitlich-blumiger Geruch wäre dito zu notieren. **Schloß Hell** (4,3% 🍃🍃🍃) wandelt auf den Pfaden von → *Rosenbräu Ekelhell*, während der **Ritter Trunk** (5,3% 🍃🍃🍃) den Gebrauch von Schimpfworten geradezu herausfordert. **Schloß Export** (5,2% 🍃) tritt einen Zacken aufdringlicher an, man sollte wirklich beim Doppelhopfen bleiben, kein Wunder, daß in Oberkotzau kein Getränkehändler das Sortiment führt und man bei hartnäckiger Nachfrage statt dessen frech an die Brauerei verwiesen wird. Wozu Flaschenabfüllung, wenn sonst keine Nachfrage da ist. Einen schönen Biergarten hat's trotzdem gegenüber. Vielleicht kann man es nur im Freien trinken?
(*Schloßbrauerei Chr. Stelzer Fattigau*)

Sternburg Pilsener (4,9% 🍃🍃) wurde »konsequent zum Wühltischbier degradiert«, ein fataler Fehler, das merken die Macher gerade selber. Zu spät. Dabei konnten die Originalhersteller in Sternburg Lützschena früher was, sogar Porter. Sternburg ist seiner Genese nach kein eigentliches Bier, aber täuschend echt nachgemacht. Trotz landesweiter Proteste wurde Ende 1997 die Produktion eines **Schwarzbieres** (4,9% 🍃🍃), »süffig, herb« (im Original unterstrichen), aufgenommen. Für Skinheads,

die sich den finalen Rettungstrunk attribuieren wollen, gibt es sogar ein **Export** (5,2% 🍺🍺🍺).
(→ Brauerei Reudnitz Leipzig, → Oderlandbrauerei Frankfurt, → Berliner Pilsener Brauerei)

Sternquell Bock (6,5% 🍺) heißt ein bisweilen schläfriger Bock. Während **Sternquell Pils** (4,9% 🍺🍺) seit geraumer Zeit eine ernsthafte lokale Konkurrenz zu → *Wernesgrüner* entwickelt hat, kapriziert sich das sonderbar 5,4 prozentige **Premium Pils** 🍺🍺 ungleich voller und zu einer großartigen Trinkveranstaltung. **Sternquell Sommerbier** (3,6% 🍺🍺) ist eine segensreiche Einrichtung, vom **Stern Gold** (4,3% 🍺) möchte ich gern und nachdrücklich abraten. Ihnen und der Brauerei. **Diät** (4,9% 🍺) plaziert eine verschä(u)mte Malznachspülung, erfrischend nach Baiser. Ganz neu, praktisch braufrisch auf dem Tisch: **Sternquell Dunkel** (5,3% 🍺🍺), eine gelungene untergärige Satire auf → *Feldschlößchens Duckstein.*
(Sternquellbrauerei Plauen) → *Reichelbräu*

S

Stiftland Pils (5,0% 🍺🍺) bitte vorsichtig kauen, die Hopfenlasur von den Malzkugeln lutschen. What a mess! Der **Helle Bock** (7,5% 🍺🍺) – was soll man sagen? Gut. Sehr gut. Prima. Läßt man den Bock und 2,6 Prozent weg, erhält man ein **Hell** 🍺, das, ich bedaure, normalegalgeschmacksneutral ist. Die **Kappl Weisse** (5,1% 🍺) benimmt sich ansprechend malzig, riecht freilich aus dem Flaschenhals, als sei die Zitronenscheibe schon mit abgefüllt worden. Für Waldsassen-Addicts noch zwei Ergänzungen in Reverenz an die bömischen Nachbarn: In **Böhms Böhmisches** (5,0% 🍺) lodert der Hopfen aus der Flasche. Guter Antrunk voll Schmackhaftigkeit, dem → *Jever* aus den Achtzigern vergleichbar. **Böhms Böhmisches Dunkel** 🍺 ist dunkel, ja »kohlenschwatt« (W. Droste). Jedoch nicht annähernd so gut wie der helle Bruder. Mehr was für den Heizer vom Kloster Tepl.
(Stiftlandbrauerei Ziegler Waldsassen)

Stöckel's Ahorntaler Landbier (5,1% 👍) läßt ein schön gefärbtes Krönchen auf sich hüpfen und heißt auch »vollmundiges Braunbier« – na gut, wenn sie meinen. **Erste Ahorntaler Premium-Weisse Mit feiner Hefe** (5,5% 👍👍) beweist: In der *Brauerei Stöckel Hintergereuth* gibt man sich noch Mühe, nicht nur mit langen Namen, mit dem Hopfen-Hefe-Dialog (Überlänge), mit dem Alkohol, mit allem, ja mit allem, eigentlich. Sogar ein **Hell** (5,1% 👍👍), das mindestens fernsehpilstauglich wäre, machen die hier mit links.

Störtebeker Proviantenbier (4,9% 👎) ist zwickeltrüb, aber leer, **Störtebeker Jopenbier** (4,9% 👍) etwa Rotbier, bernsteinig-trocken, bleibt jedoch moderat, **Störtebeker Vitalienbier** (4,9% 👍) pilsig, leer, trocken, herb, **Störtebeker Schwarzbier** (5,0% 👍👍) kommt langsam in Geschmacksfahrt, dank feiner vier Malzwinde aus allen Richtungen (sämtlich aus der »Störtebeker Schatzkiste«). Der Hopfen vom **Stralsunder Premium Pommeranium** (4,9% 👍👍) kann vorab geschnüffelt werden, dann geht es voll ab. Sehr gut. Das war's dann auch schon wieder mit den sehr guten Nachrichten. **Störtebeker Bernstein-Weizen** (5,3% 👍) geht vorschnell die Puste aus, und **Zwickel Fritz** (4,9% 👎👎) scheint vornehmlich aus Neigen und Retouren kreiert. Ein Wunder, daß man es trinken kann. **Störtebeker Pils** (5,1% 👎) Schaum wie Schweizer Käse, multiglatt. **Stralsunder Lager** (4,7% 👎👎) pappiger, malziger, mineralischer.
(Stralsunder Brauerei)

Straubinger Weisse (5,3% 👍) gibt »Bernstein-Weizen« als gattungsspezifischen Untertitel an. Volle S.-Gläser sehen immer wie Rauchglasapplikationen aus. Als Frisch- und Muntermacher nach so manchem **Gäuboden Landbier** (4,8% 👎) respektive **Herzog Albrecht Premium** (4,8% 👎) habe ich S. zur Genüge schätzen gelernt. Es ist nicht das apothekenhafte Etikettendesign, es sind die verdäch-

S

tigen neuen Schraubverschlüsse, die darauf verweisen, daß bei dem Nebengeschmack selbst Autochthone keine Flasche auf ex packen – daher »besonders geeignet für den portionsweisen Verbrauch«. Anregender die Rezepte von »Meisterkoch« Alfons Schubeck auf dem Rückenetikett: Gayerl von Herbsttrompeten. Herbsttrompeten! Dann lieber das. Ein **Helles Hefeweizen** (4,9% 🍺) verstärkt meine schwach konfigurierten Eindrücke nur. Mein ganzes Wohlgefallen habe ich daher für ein trocken-herbes **Kristall Pils** (5,0% 🍺) aufgespart. Frisch, lupenrein, ein Spitzenerzeugnis. Für bayerische Verhältnisse.
(Brauerei Gebr. Röhrl Straubing)

Wer Zuflucht vor den Nachstellungen der Welt sucht, umgebe sich mit einem ansehnlichen Vorrat **Strong Suffolk Vintage Ale** (6,0% 🍺🍺🍺), lasse nur das von Brombeere und Brauner Johannisbeere gefilterte Licht auf sich wirken, stoppe auf die Stunde genau, wie lang der feine Schaum braucht zusammenzufallen, gebe seiner Nase Arbeit mit dem Ergründen der milden und feinen Säure, bringe die gewonnenen Resultate via Zunge in einen konstruktiven Zusammenhang mit den würzigen Holznoten (zwei Jahre in Eichenfässern gelagert, anschließend mit jungem Bier verschnitten), den britzligen Anspielungen auf Kaffee- und Bitterschokolade und erkläre feierlich zum Beschluß, woher das unvermittelt gewaltige Hopfenfinish herrührt. Da haben Sie zu tun, ganz genau.
(Greene King/Westgate Brewery Suffolk, England)

Sturms Pilsner (4,9% 🍺🍺) ist eine schöne Überraschung. Schlank, hell, reintönig, das Schaumdach mit kristallinen Strukturen und einem wahren Hopfensturm im Bierglas.
(Brauerei Anton Sturm Coburg)

Stuttgarter Hofbräu Pilsner (4,9% 🍺🍺🍺) sei der *Stuttgarter Hofbräu* »beliebtestes Bier«. Das läßt tief blicken.

Hofbräu Volksfestbier (5,4% 🍺🍺🍺) trinken alle, die beim Gedanken daran nicht besoffen genug sind.

Beim **Sünner Kölsch** (4,8% 🍺) erscheint mir schwer verständlich, wie die tiefgelegten Hopfenbeimengungen das fruchtig-maischige Milieu ertragen, ja in Ansätzen sogar damit harmonieren.
(Brauerei Gebr. Sünner Köln)

Sydney Pils Christmas-Beer (5,0% 🍺🍺) wächst hell und frisch mit großen Schaumkugeln, die man an den Christbaum hängen könnte. **Melbourne Lager Christmas-Beer** (5,0% 🍺) hängt sein Gelb so tief, daß es ein tiefes Gelb wie der Vollmond am 13. Juli 1998 um 21.30 Uhr wird. Natürlich kommt hier bereits mehr Festbiercharakter zur Sprache. **Australian Strong Lager** (5,5% 🍺🍺) schmeckt kaum nach seinen Prozenten, teefarben, fast cognac-, um nicht zu sagen grogfarben. Zweifellos das Aushängeschild dieses Sortiments.
(Bayron Bay Beer Co./Australien)

S

»**Taybeh Golden** [5,0% 🍺] – forget the best, buy the rest«, sagt Nadim C. Khary, Präsident der Taybeh Brewing Co., etwas großspurig. Da unten kann sowieso jeder gleich Präsident werden. Ungeachtet dessen, ist T. nicht mehr als ein stinknormales, abgedunkeltes Export.
(Anker Brauerei Nagold in Lizenz für Taybeh Brewing Ramallah/Palästina)

Tecate (4,55% 🍺) belegt, sein Schaum entspricht der Zellteilung rückwärts im Zeitraffer; schal, dunkel »mittelgelb« (C. Seidl), mostig, Ankündigung des Antirezenten. **Bohemia Brand Beer** (4,8% 🍺🍺) andererseits: Auf vergorenen Blutorangenschalensaft mit Rosenkrümeln ist niemals kein Schaum zu bringen. Ich will es nicht ändern. Kann es, ehrlich gesagt, auch gar nicht.
(Cerveceria Cuauhtemoc Monterrey/Mexico)

Tegernsee Spezial (5,6% 🍺) … na, wir lassen erst mal **Hell** (4,8% 🍺) für sich sprechen. – Will nicht? Und Spezial? Auch nicht? Dann bleibt eben in den Flaschen. Sowas aber.
(Herzoglich Bayerisches Brauhaus Tegernsee)

Für **Tettnanger Keller-Pils** (4,7% 🍺🍺🍺) wird ausschließlich Tettnanger Aromahopfen, und zwar in ganzen Dolden, biologisch kontrolliert obendrein, in die »brodelnde Würze« gegeben. Für die laufende Auflage steht fest: Tettnanger ist klarer Sieger nach Punkten plus einem Sympathiezusatzpunkt und verweist → *Spalter* und die → *Auer* (Holledau) auf die Plätze.
(Kronenbrauerei Tettnang)

Seine servile Bittere hat **Thai Elephant Bier** (7,0% 🍺) in ein viel zu robustes Korsett gezwängt, aber gut, mit leichten belgischen Affinitäten. In der physischen Nähe von Reiswein, nur schmackhafter.
(Importiert von Paris Store, Thiais/Frankreich)

T

Thier Pils (4,8% 🍺) sei Dortmunds echte Pilsnatur. Kalt-gelb, dominant wässrig. Ich hätte glatt auf ein Drybier getippt. Nun, der Dortmunder weiß sich halt nicht besser zu helfen. Bei geschlossener Flasche belassen. **Hövels Original Bitterbier** (5,5% 🍺🍺) aus *Hövels Hausbrauerei Dortmund* (gehört zu *Privatbrauerei Thier Dortmund*) weiß sich da schöner zu benehmen. Für alle, die's noch nicht kennen: es wird in bauchig-grünen Siphons einer breiten Öffentlichkeit zugänglich gemacht, ist obergärig, mittelbraun und in allen Lebenslagen inklusive Seitenlage schaumstabil. Die Zunge geht auf Stelzen. Ich weiß, durch diesen Satz ist noch nicht alles bestimmt. Ein alle Widrig-keiten schlechten Altbierbrauens abhaltender Anhang aus pfannengeborenen Malzitäten, und der Hopfen zickt auch nicht lange rum. Ein anhaltender Abgang, so lang, in der gleichen Zeit könnte man glatt siebzehn Solzialdemokraten in ein unsicheres Drittland abschieben.

Thome Pils (4,8% 🍺) »vom Faß: haben wir auf guten hessischen Durchschnitt erkannt«, zitiert mich völlig korrekt Kollege Roth. Wie kommt dieser Mann an meine Aufzeichnungsunterlagen? Schließlich fehlte ausgerechnet nämlicher Eintrag in meiner Erstausgabe von *1516 Biere.* Diebstahl? Spionage? Gedankenübertragung? Darf man sich nicht mal mehr unter Blutsbrüdern sicher fühlen? Oder eben gerade?
(Pilsbrauerei H. Thome Breitenbach-Wolzhausen)

Thorbräu Pils (4,8% 🍺🍺) weint schaumarm vor sich hin, waldhoniggelb, bald lieblos, triebarm. »Spezielle Rezepte« und »Klein aber fein ist unsere Philosophie«. Kann ich mir vorstellen.
(Thorbräu Max Kuhnle Augsburg)

Thurn und Taxis Fürst Class Pilsener (4,9% 🍺🍺) ver-anschaulicht ein altes Dilemma: Aromahopfen ja, aber nicht bei solch lädierten Pilsenern. Fehlende Rezens,

mangelhafte Blume, kein Körper. Fahrt Taxi! Seid Fürsten! Laßt euch von → *Paulaner* aufkaufen! Macht sonst was! Oder was ihr wollt! Aber keine Pilsener! Bei **Postmeister Doppelbock** (6,5% 🍺🍺) geht die Schnekkenpost ab. **Fürstengold Märzen** (5,6% 🍺🍺🍺) ganz zu vergessen. Ehrenrettung: das in Schierling gebraute Roggen heißt seit der Paulaner-Übernahme nicht mehr Schierlinger, sondern **Paulaner Roggen** 🍺. 5,3 Prozent, weicher Einguß, entschlossener, nahezu hartnäckiger Schaum. Blendende Opazität. Mit wertvollem Hinweis auf den eigentlichen Sinn des Reinheitsgebotes. **Mai Festbier** (6,0% 🍺🍺) nicht von Geruch und Alkoholgehalt abhalten lassen, man kann es auch so nicht trinken. Und das **Helle** 🍺? Vier Zehntel weniger und Böhmischgelb. Immerhin.
(Fürstliche Brauerei Thurn und Taxis Vertriebsgesellschaft mbH Regensburg)

Tiger Gold Medal Lager Beer (5,0% 🍺) ist als Projekt genauso kurz und bündig fehlgeschlagen wie meinetwegen gegrillte Käseecken. Auch wenn kein Blut ins Bier gehört: blutarm wäre die adäquateste Umschreibung.
(Asia Pacific Breweries/Singapore)

Tip Pilsener Feinherb (4,9% 🍺🍺🍺), nach »Pilsener Brauart«, schwappt frisch aus Omis Nachtgeschirr. Hier wollten die Laienverkoster einfach nicht mehr, fluchten auf die → *Feldschlößchen AG Braunschweig* und zerstreuten sich in alle Winde. Zank und böse Worte erhoben sich zuvor, warum denn Blechbiere überhaupt herinnen sein müßten und wohin »das alles« (M. Sailer) noch führen solle. – Recht geben muß man ihnen da schon.
(Für GOLDHAND Vertriebsgesellschaft Düsseldorf)

Sehr widerspenstige Schaumgespinste behüten **Tongerlo Double Blond** (6,0% 🍺🍺), eine lieblich nach Bienenwachs duftende und schmeckende, mit verständnisvollen

Hopfenessenzen klug angereicherte Himmelsflüssigkeit. Auch die Farbe stimmt.
(Brasserie Haacht für Service consommateurs Tongerlo Boortmeerbeek/Belgien)

Torgauer Ritter Dunkel (6,9% 🍺) mußte wieder ins Buch aufgenommen werden, nachdem das Brauhaus zwischenzeitlich sich von den Einschätzungen in den vorherigen Auflagen nur schwer erholen und zur Besinnung pausieren wollte. Der Schaum klingt immer noch gut und knistert wie im Märchenland der Bierkönige. Rubinrot ist auch geblieben, nur der Geschmack verhält. Erstaunlich hell und nach wie vor von nahezu stoutischer Konsistenz: **Nonnensud Schwarzbier** (4,9% 🍺). **Torgauer Pilsner** (4,9% 🍺) hat sich nur unwesentlich gebessert. Die Nachrichten für **Landpils Premium** 🍺, **Landbier** (5,5% 🍺), **Weihnachtsbier** (5,7% 🍺), **Landbock** 🍺 und **Sommerbier** 🍺 klingen vorerst nicht glückverheißender.
(Brauhaus Torgau)

T

Treiber Pils (4,7% 🍺) soll »Ludwigshafens beliebtes Bier« sein. Warum? Die Frage werden sie mir beantworten müssen. Aber wahrscheinlich nimmt jeder Ludwigshafener dieses Geheimnis lieber mit ins Grab. Warum es in → *Pfungstadt* gebraut wird, dito. **Treiber Export** (4,9% 🍺) verhält sich kaum anders, nur um eine Spur pflaumiger.
(Brauerei Treiber Ludwigshafen)

Zurückgehend auf eine deutsche Kolonialzeitgründung, überzeugt **Tsingtao Beer** (5,0% 🍺) mit gewissen Solidaritätsbekundungen zum → *Pilsner Urquell*, die sich löblich und vermutlich direkt aus der Frühzeit des Pilsenerwesens gerettet haben müssen, vermindert um den geringen aromatischen Schaden, den der Reis anrichtet. Gern gesehenes und getrunkenes Beibier in chinesischen Fachrestaurants. Ohne erkennbaren Grund wird parallel

ein **Tsingtao Beer** ✍ mit leptosomen 4,5 Prozent angeboten. One wonders.
(Tsingtao Brewery/China)

Die deutschen Ghostbrauer von **Tuborg Pilsener** (4,9%
✍) haben wenig Mühe walten lassen, um ein dem Original
aus Dänemark ebenbürtiges Adäquat zusammenzuquirlen.
Weihnachts Pilsener (4,9% ✍): das Neue daran ist nicht
das Neue darin, sondern ein schwitzender Weihnachts-
mann auf dem Zettel darauf.
(Tuborg Deutschland Mönchengladbach) → *Carlsberg,* →
Hannen

Tucher Übersee Export (5,2% ✍✍) entspricht einem
Export im wahrsten Sinn, nur geeignet zum Weitweg-
schippern. Typologisch ganz und gar kein Export, vielmehr
ein trichterbrüstiges Pilsener. **Pils** (4,9% ✍): Hoppla! Feinherb. Man kann es bald nicht mehr lesen. Trinken natürlich
noch weniger. Der **Lorenzi Bock** (7,0% ✍✍) mit schauder-
hafter Benzinnase. Nicht mal zu einem Dunkel – **Tucher
Urfränkisch** (4,9% ✍✍) – reicht das Geschick, während
Christkindlesmarkt Bier (5,5% ✍✍✍) nur den vorjäh-
rigen Christkindlesdünnpfiff verflüssigt und so überflüssig
ist, wie der nämliche Markt ohnehin. **Sebaldus Festbier**
(5,6% ✍✍✍) reiht sich nahtlos ein, eigenartig sauer, wie altes → *Budweiser* mit abgelassenem Dampf. Für ein saures
Original Urbräu (4,9% ✍✍), ein **Kristall Weizen** ✍✍,
ein **Helles** ✍✍ und ein **Dunkles Hefeweizen** ✍✍ (alle
5,3%) hatte ich gerade keinen Hund hier. **Diät Pils** (4,9%
✍) ist nicht nur eines der besten im Tucher-Sortiment,
sondern eins der besten Diätbiere überhaupt.
(Tucher Bräu Nürnberg) Soviel aus Nürnberg. Wir schal-
ten um nach Berlin.

turn. (5,0% ✍✍✍) prunkt, mein lieber Mann, mit einer
Hopfenkrone, oder ist das jetzt Hanf? »Alkoholischer
Trunk mit Hanfblüten« müssen die guten Leut ihr turn.

nennen, weil es im Sinn des fuckin' Reinheitsgebotes keines ist. Dafür werden die Braumeisterfinger zu Zauberstäbchen. Das Hopfenfading jedenfalls als Endlosschleife, die können wirklich was! Zur Strafe dürfen sie Biersteuer entrichten, werde einer klug aus dem Brauerbund. Weiter im Angebot ein stark hopfiges **Kreuzberger Export** (4,8–5,4% 🍺), ein **Coffee & Cream Stout** (4,5–5,5% 🍺🍺): Himmel, was ist da alles drin? Honig konnte isoliert werden, dann das, wonach es heißt, und so einen Schaum haben wir überhaupt noch nicht gesehen. **Neuköllsch** (4,0–5,0% 🍺) lag zur Verkostung an und konnte in allen Belangen überzeugen. Die nächste Runde wird dann von **Kreuzberger Alt** (4,8% 🍺), **Sun Wheat** (4,0–5,0% 🍺), **Black Magic** (4,8–5,4% 🍺), **Traditional Bitter** (3,5–4,0% 🍺🍺), **Kaffee-Porter** (5,5% 🍺), **Scotch Ale** (3,5% 🍺), **Belgisches Ale** (5,0% 🍺), **Belgian Lion** (8,0% 🍺) und **Belgopump** (6,0–7,0% 🍺) bestritten. Das haben die (zwar nicht ständig) auch auf und in der Pfanne. Unvorstellbar, aber wahr.
(Bier-Company Berlin)

Tusker Premium Lager (4,8% 🍺🍺) umschließt ein warzenfarbiges Getreidegetränk, schwer wie das linke Bein von meinem Lektor. Sieger im 3. Offenen Wettbewerb der größten Schaumblasen. Der Hopfen gibt sich gänzlich unbeteiligt, den habe ich nämlich befragt.
(Kenya Breweries Nairobi/Kenia)

In meinen Geschmackstabellen und den Farbskalen konnte ich ermitteln, daß in **Tyskie Gronie** (5,7% 🍺) versehentlich das Bier der Ascorbinsäure zur Stabilisierung beigegeben worden sein muß, nicht umgekehrt. Die Krone glänzt zunächst mikroporig, um dann, wider alles Herkommen, nicht organisch zu größeren zu fusionieren, sondern in Stundenbruchteilen nach Airbag-Vorbild sich aufzublähen und endlich zu zerplatzen. Unter der Zeitlupe sind in jedem dieser Schaumbälle winzige Männlein zu erkennen,

die mit dicken Backen pusten, was ihre Lungen hergeben. Jeder will erster werden. Zugegeben, das kann sehr unterhaltsam sein, Bierverkoster werden dadurch nur unnötig von ihrer Arbeit abgehalten. Um erhebliche Lagen stolzer und auch stärker verhält sich **Dębowe Mocne** (7,6% 🍂), ein höchstprozentiges Lagerbier für uns – für unsere polnischen Nachbarn ein fast übliches Tagesgetränk.
(Tyskie Browary Książęce/Polen)

T

Die arme Gaststättenbrauerei *Pivovar U Fleku Praha/ Tschechien* war vor 1989 zur Gänze ostzonalen Hippies ausgeliefert, die in ungezügelter Biermission das Weichbild der Stadt zertraten. Nicht abzuhalten waren sie von versifften, nicht etikettierten Flaschen, die in den Zügen verramscht wurden. Nicht Herpes, nicht Blasenkatarrh, nicht Nasen- und Beinbruch konnten verhindern, daß diese deutsche Teilpopulation aus der Nahrungskette ausscherte, die Prager Bahnhöfe und Zeltplätze vollreiherte und der slawischen Welt einen rechten Geschmack von alternativ deutschem Wesen vermittelte. Von Herrn H. (Klarname ist dem Verlag bekannt) wird überliefert, er habe laut »Da capo!« geschrien, als einem U Fleku-Kellner die köstliche Last vom Tablett gerutscht war. Dafür hat er dann tüchtig Haue bekommen. Bis heute weiß er nicht, warum. In ihrer Verzweiflung gingen die Prager Behörden später daran, einen Interzonenbahnhof vor ihren Mauern aus dem Boden zu stampfen, um das Zottelvolk dorthin zu verklappen. Denkste. Magisch vom samtigen **U Fleku Černe** 🍺 angezogen, fällt der Ostdeutsche über die Innenstadt her und den Inhabitanten auf den Wecker und erntet von den samtenen Revolutionären nicht nur abweisende Blicke. Wer will es ihnen verdenken.

U

»Dat leckere Dröppke« **Uerige Alt** (4,5% 🍺🍺🍺) schwebt vehement gebittert, beglückend komplex und hartnäckig schaumstabil, so stabil, daß selbst Stunden nach dem Testevent ein drei Zentimeter hoher Schaumkasten im Glas verblieb. Wow!
(Zum Uerige Obergärige Hausbrauerei Düsseldorf)

Ugly Dog Ale (5,0% 🍺🍺) is fuckin' recent. Tönt wie Collophonium. Champagnoise. Mango. (Bitte selber fortsetzen.)
(Rockford Brewing Wilmington for Ugly Dog Brewing West Chester/USA)

Die Andacht für **Ulmer Export** (5,4% 🍺) wird durch Schaumlosigkeit nur kurz unterbrochen. **Ulmer Pilsener** (5,0% 🍺) wirbt süßlich-bitter, fast gediegen und schön durstlöschend, öffnet sich nach anfänglicher Bescheidenheit mit leichter Verzögerung. Die Stärken liegen woanders: **Der Ulmer Maibock** (7,2% 🍺🍺) jedoch schlägt ziemlich alle Rekorde. Die Stärke ist es nicht. Nein. Der überlegte Hopfeneinsatz ist der Bringer. Und wie sie dazwischen eine Grapefruit verstecken konnten. Perfekt.
(Familienbrauerei Bauhöfer Renchen-Ulm)

Unertl Weissbier (4,8% 🍺🍺) begeistert mit enormer Säure, fast zu enorm. Und der Schaum? Haselnußjoghurtfarben? Korrekt. Fast politisch korrekt dieses Bier. (These mit Spitzenweißbieren unter fünf Prozent Alkohol demnächst vertiefen! Doktorarbeit?) **Ursud** (5,8% 🍺) ist landkaffeebraun und hefegräulich. Die vom Alkohol übriggelassenen Geschmackspartikel leider viel zu eingeschüchtert.
(Weissbräu Haas)

Union Pivo (5,0% 🦅🦅) und die neue slowenische Braukunst c/o Laibach stecken noch in den Kinderschuhen.
(Pivovarna Union Ljubljana/Slowenien)

Unternbiberter Vollbier Bernstein (4,0% 🍺) verfügt eine Aromenausschüttung mit anfangs beißender Bittere, dann leicht rauchig, entfernt auch Kaffee im dritten Nachtrunkfünftel. Beim zweiten bis vierten Krügla sogar drittes und viertes Nachtrunkfünftel!
(Privatbrauerei Reuter)

Die Hersteller von **Ur-Krostitzer feinherbes Pilsner** (5,0% 🍺) zeigen sich in letzter Zeit deutlich lernwillig. Luftig hell geworden, zurückhaltender malziert, ferner sympathetisch behopft. »Regionaltypisch« nennt so was der arme Leipziger *Kreuzer*. Beim **Schwarzen** (4,9% 🍺) sind gute, wenn auch viel zu trockene Anlagen unter der

ziemlich hellen Krone erkennbar, das gibt sich bestimmt noch. Der Wille ist ja da. Und das trotz → *Binding*. Warum muß man denn immer erst drohen?
(Brauerei Krostitz) → *Binding,* → *Krušovice,* → *Radeberger*

Urfels Alt (4,8% 🍺): »Hergestellt und abgefüllt in einer nordrhein-westfälischen Großbrauerei.« Wo, mag keiner ernsthaft in Erfahrung bringen, ist der erste Eindruck im Team. Aber wie die das rauchige Timbre unter den vielen Schaum gepackt haben, das schon.
(Brauhaus Urfels Duisburg-Walsum)

U

Also der Schaumblasenverbund, wie der da aus der Flasche **Vailima Lager Beer** (4,9%) gleitet, samtig, in einem Stück, sehen Sie das? Schön, wie Sie mitmachen. Man hat doch gute Leser.
(Western Samoa Breweries Apia/Western Samoa)

Val-Dieu Blonde (6,0%) voll trinktauglich, helles Brotzeitbier mit einer virtuellen Zimtstange drinnen. **Val-Dieu Triple** (9,0%) hellt sich prophylaktisch auf, aber der Sprit erschlägt alles. Ganz sehr kalt oder gemischt mit Sodawasser mag man es trinken. Man soll einfach nicht zuviel von mir und meinen Lesern verlangen.
(Brasserie de l'Abbaye du Val-Dieu Aubel/Belgien)

Van Pur Braumeister Pilsener (5,4%) gibt sich als handelsübliches Export zu erkennen. Wie mit vielem, will der Ex-Ostblock auch mit seinen neuen, arschgeigigen Errungenschaften über die Gebühr prahlen, etwa mit dem Pasteurisieren. Daher: bitter wie gebratenes Paprikapulver. Dazu: einstürzende Schaumbauten.
(Brauerei Rzeszow/Polen)

V

Vasold Pilsener (4,7%) schreitet kräftig, straßenpflasterdick gehopft, ansprechend, fränkisch derb ins Glück. **Vasold Urtyp** (4,8%) ist typisch Urtyp, **Benedikt Dunkel** (5,0%) läuft sacht & mild, fast leer, das nicht wesentlich lichtere **Festbier** (5,2%) ebenso.
(Privatbrauerei Vasold & Schmitt Neunkirchen a. Br.)

Velkopopovický Kozel Svetlý (4,0%) schmeckt ungewöhnlich prall, dunkel, dezent salzig, ein »Beliebtes Hellbier«. Der Alkohol des **Velkopopovický Kozel Premium** (5,0%), »der Ziegenbock von Velké Popovice«, mit einer auffallenden Inklination zu Kräuterliköretikettdesign. Soll man in großen Schlucken trinken. Sucht die Nähe zum → *Pilsner Urquell,* die Bittere ein Hangström zu entrückt. Der fällt in der Nachfolge des skandalöserweise eingestellten

Purkmistr (aus der Brauerei Domazlice) die Fabrikation eines adäquaten Schwarzbieres zu. Und – nachdem es vorher triftige Schwierigkeiten mit einem eigenen Dunkelbier gegeben hatte – die Sache geht voll in Ordnung. **Velkopopovický Kozel Černý** (3,8% 🍺🍺) ist nicht ganz rein brombeersaftgetönt sondern bietet Schwarze Johannisbeere mit kastanienbraunen Reflexen an. Geruch heiter bis molkig, Geschmack metallisch-mild mit deutlichen Hopfennoten und schüchternen Kaffee- und Kakaoeinspielungen, gekrönt das Ganze vom moccasahnefarbenen Schaumwattepfropf. Da platzen selbst Nichtkennern die letzten Geschmacksknospen auf. Eine karamelig-weichere, nur angehopfte Entsprechung stellt der aus dem Sortiment der Brauerei Karlový Vary perpetuierte **Primus** (4,2% 🍺) dar. Fast volle Punktzahl. Ein nicht näher bestimmbares **Klasik** (3,6% 🍺) wäre da noch. **Staročech** (4,4% 🍺) wird für *Penny-Markt-Čech.* als Billigbier angerührt. Geht jetzt diese Unsitte auch drüben los? Man muß das tadeln.
(Pivovar Velké Popovice/Tschechien) → *Pilsner Urquell,* → *Radegast,* → *Staročech*

V

Die Gemeinde Grevenstein bei Meschede gehört zu den weniger berühmten deutschen Bierorten. Nach Grevensteiner Bieren wird man aber in großen Bierführern und in der Fachpresse nicht vergeblich suchen. Dort wächst nämlich eines der besten Pilsener der Welt. 1994, vor nunmehr neun Jahren, hat Susanne Veltins den väterlichen Betrieb übernommen. Auf einhundertfünfzig Hektar erstklassiger Terrassenlage sind 300.000 Malz- und Hopfenstöcke angepflanzt. Der Hektarertrag liegt zwischen sechstausend und achttausend Hektolitern. **Veltins Pilsener** (4,8% 🍺🍺) sind außerordentlich aromareich, sortentypisch, trocken und versprühen stets Frische. Die Veltins sind Brauer mit Leib und Seele. Schon während der Lehre baute Susanne Veltins Biere in eigener Verantwortung im Keller trocken aus. »Vor allem alte, traditionelle Methoden, die infolge der Mechanisierung nur noch in der Erinnerung existierten, haben

234

wir ausgegraben und wieder umgesetzt« – ohne natürlich auf modernste Kellertechnik für Filtration und temperaturkontrollierte Vergärung zu verzichten. Die Veltins sind Qualitätsfanatiker. Ihre Bierphilosophie läßt sich auch auf der Angebotsliste erkennen. Während viele Brauer bis zu sechzig verschiedene Sorten offerieren, etliche oftmals aus einer Lage, aber in verschiedenen Geschmacksrichtungen und Prädikatstufen, gibt es bei Susanne Veltins nur eine Sorte. Sie reizt das unterschätzte Potential des Pilseners, sein unverwechselbarer, leichter Charakter. Da ist es nur logisch, daß sie auf Export oder Bock verzichtet, denn »die würden hier nie so gut werden wie an der Mittelmosel«. Und sie akzeptiert die Einzigartigkeit jedes Jahrganges, denn kein Vegetationsverlauf gleicht dem anderen. Die weit verbreiteten Manipulationen zur Schaffung von möglichst identischen Einheitspilsenern liegt ihr fern. Ziel ist bei den Veltins stets die Authentizität der erzeugten Biere, was man schmecken kann. Das Preisniveau ist äußerst »konsumentenfreundlich«. Von Prädikaten wie Kabinett und Spätlese hält Susanne Veltins bei ihrem trockenen Pilsener überhaupt nichts: »Die sagen doch nichts über die Qualität des Bieres aus.« Generell begreifen die Veltins Bier als Kulturgut. Dazu paßt ihr Engagement bei der Formel Eins und beim Bob- und Rodelsport. Doch natürlich stehen das Bier, die Arbeit auf den Malzterrassen, den Hopfenlagen und im Keller, im Vordergrund. Die Veltins sehen ihre Bierherstellung auch als kreativen Prozeß, sind immer noch auf der Suche nach den kleinen Verbesserungen, um noch bessere Biere zu machen. Der kommende Jahrgang wird nach ihrer Einschätzung ein ganz großer werden. Das im Oktober gelesene Malz und auch der Hopfen werden »vermutlich die besten, die wir je hatten«, so die Qualitätsbrauerin. Ergebnis eines optimalen Vegetationsverlaufs. Ich freue mich schon auf die ersten Faßproben im kommenden Frühjahr.

(Brauerei C. & A. Veltins Meschede-Grevenstein) → *Blanche de Namur,* → *Köstritzer,* → *Maisel's,* → *Steffens*

V

Vestfyen Pilsner (4,6% 🍺🍺🍺), **Gelsted Marked Pilsner** (4,6% 🍺🍺🍺), **Pilsner [Klasse 1]** (4,6% 🍺🍺🍺), **Christian Virtal** (4,8% 🍺🍺🍺) und **Classic** (4,6% 🍺🍺🍺) gehen denn doch zu weit! Machen auf der Insel nur Touristen aus Treuchtlingen Urlaub? Wie erklärt man seinen Lesern sonst, warum diese Biere dem → *Altmühltaler-*Sortiment wie aus dem Kasten geschnitten sind? *(Bryggeriet Vestfyen Assens/Dänemark)*

Dem **Vetter 33** 🍺 werden 11,0 Prozent Alkohol zugeschrieben, und es war nur angemessen, V. in einer Kleinstampulle zu bestellen. Nach Aufwärmen war uns wahrlich nicht, also verschenkten wir sie unter großem Remmtemmtemm an Herrn Moritz. Was das *Alt-Heidelberger Brauhaus 1987* da an Prozenten zuviel vergibt, sucht es mit Dumping-pH-Werten beim **Hellen** 🍺 zu korrigieren. Eine Riesenpleite. Herr Roth fing sogar an zu schreien.

Vieux Temps (5,0% 🍺🍺) aus dem Riesenhaus *Interbrew Bruxelles/Belgien* wird vom Hersteller als »dorstlesser« und »fruitig en volmondig« klassifiziert, und lügt diesmal ausnahmsweise nicht. So Kakaosachen, ein wenig Hopfen angehäufelt, braucht ein schattiges Plätzchen – wenig gießen. → *Leffe*, → *Stella Artois*, → *Whitbread*

Vogtland Bräu Spezial (5,0% 🍺🍺🍺) transzendiert die Treuener Hopfenepiphanie ins Unvorstellbare, **Vogtland Bräu Schwarzbier** (4,8% 🍺🍺🍺) ist göttlich beschäumt, mit einer innovativen im Morellenschatten wirkenden Röstmalzerei pro Flasche. Sie lernen die verschiedensten Malzsüßigkeiten kennen. Ich habe bei 36 aufgehört zu zählen. **Vogtland Bräu Bock** 🍺🍺 fährt einwandfreie 6,8 Prozent auf und bietet eine bordeauxrote Farbe, eine Superschaumvergletscherung, eine leicht befremdliche Nase und ein wenig Brandigkeit. Aber nur ein wenig. Das angehörige **Vogtland Bräu Export** (5,0% 🍺) ist nicht zu breit, mit filigran-formvollendetem Körper, büßt aber qua mangelnde Rezens erhebliche Teilmengen seines Sexappeals ein.

(Privatbrauerei Blechschmidt Treuen) → *Erlbacher,* → *Krušovice,* → *Samuel Adams Boston Lager*

Eins steht fest: **Vorupør Pilsner** (4,6% 🍺) muß man mal getrunken haben. Sehr trocken. Für **Porse Guld** (5,8% 🍺) trifft ähnliches zu. Nur was ist Porse? »Handplukket« steht auf dem Zettel. Hopfen? Handgepflückter? Wär ja 'n Ding. Und Guld steht sicher für Gold. Hopfengold? Genehmigt.

(Thisted Bryghus/Dänemark)

Vratislavice Premier Original Premium Pils (5,0% 🍺🍺) aus der Flasche, dazu Kümmelbrot und ein guter Käse, und der Himmel hat ein Gefäß auf Erden. Das von goldigster Malzsüße umspielte blumigste Hopfenbukett, so ich jemals von Vratislavice gekostet. **Vratislav** (5,0% 🍺) geht als durchschnittliches Export seinen gewundenen Weg. **Premier Schwarzbier** (4,6% 🍺) at first presents hops, then sweet malts, then hops again.

(Prazké Pivovary Praha/Tschechien) → *Branik*

V

Wadadli (4,8%) riecht hopfig, aber wegen Mais 'n' Reis auch nach pappigem Transfair-Beer. Kein Vergleich zum → *Gravensteiner.*
(Antigua Brewery Antigua & Barbude)

Wächtersbacher Fürsten Pils (4,8%) haut einem die Zungentaschen voll. Dem Haus werden gute Beziehungen zu einer im Verborgenen arbeitenden Kunsthopfenmanufaktur nachgesagt.
(Privatbrauerei Wächtersbach)

Wädi Bräu Hanf (5,8%) zelebriert staubige Aufwallungen, und ein rosiniger Schleier breitet sich über das apothekenhafte Hanfbukett. Kann wenigstens kurz nach Hopfen riechen, wenn es eine Weile gestanden hat und geschüttelt – nicht gerührt – worden ist.
(Brauerei Wädi-Brau-Huus Wädenswil/Schweiz)

Wagner Lagerbier (5,3%) existiert mild-figurativ, säuerlich pigmentiert rauchig. Bierherz, was willst du mehr? Auf keinen Fall das abgründliche, kaum perzeptible **Wagner Pils** (4,9%). Wieder eine Flasche, die niemals leer werden wird.
(Brauerei Wagner Merkendorf)

Echt, jetzt wäre mal eine Ode fällig. Beim Trinken von **Wagner Pils** (4,8%) anschnallen, die interaktive Kennermiene nachschminken! Doch dann? »Dann war / da ein heftiger Stoß / eine Art Schock, der aus / der Bierleitung / kam.« (R. D. Brinkmann)
(Wagner Bräu Kemmer)

Wagners Pilsener (4,7%) und sein sehr schöner Schaum, sehr schön. Klares Erscheinungsbild, betont hopfig. **Wagners Privat** (4,9%) ist »herzhaft privat eingebraut«, nicht mehr und nicht weniger. **Hefe-Weisse** (5,2%) leider nur sehr wenig auskunftsfreudig, noch

weniger Geschmacksdaten als **Dunkle Weisse** (5,2% 🍺) gespeichert, beim **Kristall-Weizen** (5,2% 🍺🍺) absolut Null.
(Privatbrauerei Wagner Offenburg)

Waldhaus Diplom Pils (4,9% 🍺) ist sympathisch, mit Stil gehopft, elegant, mein lieber Mann, **Spezial Bier** (5,4% 🍺🍺) – ein Export – mit ebenso auffallend virtuoser Hopfenstilistik. Im Schwarzwaldhaus macht Trinken Spaß.
(Privatbrauerei Waldhaus)

Waldhaus Hell 🍺 und **Dunkel** 🍺 und, glaub' ich, sogar **Weizen** 🍺 aus der *Erfurter Gasthausbrauerei Waldhaus* habe ich auch getrunken. Ziemlich sicher! Hat mich der mdr eingeladen, besoffen gemacht und labern lassen. Endlos. Gesendet haben sie's nicht. Eins davon war hell, eins dunkel, eins sauer – die Reihenfolge könnte stimmen.

Wallersteiner Fürsten Pils (4,9% 🍺🍺) von *Fürst Wallerstein Brauhaus Wallerstein*. Sind das die, denen → *Warsteiner* gerichtlich verboten hat, ihr Bier Wallersteiner zu etikettieren von wegen Verwechslungsgefahr? Oh, diese Sauerländer Drecksbande! Quantitativ keine Konkurrenz von 5,2 Mio. zu 30.000 Hektoliter und qualitativ erst recht nicht. Eine frühlingsblumenwiesige Phänomenologie des Hopfengeistes, hochrezent. Quellklar und lichtgelb funkelt das Glas uns an. Sachen, von denen die in Warstein kaum wissen, wie sie geschrieben werden. **Landsknecht=Bier** (5,2% 🍺), ein dunkles trübes Export, ist bei aller Herbe unharmonisch, fast gewalttätig, hätte man gesagt. Ein Export, wie Jürgen Roth (a. a. O., S. 242) vermutet, ist **Fürst Wallerstein Classic** (5,4% 🍺🍺) nicht. Für ein »Premium« ist es eine Nummer zu stark – doch nur auf dem Papier. Sensorisch, vor allem im Hopfenbereich werden einige vollendete Meisterleistungen vorgeführt. Das will ich auch mit einem schönen Text belohnen.

Auf der Buchmesse, direkt vor Halle 4.0, da stand 1999 ein wie hingezauberter Marketenderwagen, der → *Kaltenberger* führte. Da besetzte man eine Bank, scharte Vincent van Koch, den Drostewiglaf, Herrn Dr. Henschel, 's Röthle und den Dichtungskaiser Tomayer umeinand und dachte: Jetzt kann man sogar diesen Buchmessemob ertragen. Da kam doch tatsächlich der freundliche Herr Schneider und kredenzte **Warburger Landbier** (5,0% 🍺🍺), das Spitzenerzeugnis der *Warburger Brauerei F. Kohlschein*. Eine Miniflasche zwar, aber ihr Inhalt paßte ausgezeichnet in unseren Weizenbierpokal. Und schloß kurzzeitig die Himmelstüren auf. Ein kurzes, unglaubliches Blitzen wärmte uns die Herzen. Eine Freude. Alles erhob sich kurz von den Plätzen. Doch die Landbieraromen lockten Volk an. Zuviel Volk. Wir mußten im Stehen austrinken und flüchten. Wenig Freude hingegen ist beim **Warburger Pilsener** (4,8% 🍺) am Werk gewesen. Und es ist wenig Freude, schlechtes Malz von schlechtem Hopfen zu scheiden, wie es bei richtigen Pilsenern Ehrensache wäre.

Warsteiner Premium Verum (4,8% 🍺🍺🍺) – der Amselkeller unter den Bieren. Vertreter des sogenannten Sauerländischen Pilstyps und Protagonist der blödsinnig bierfeindlichen Premiumwelle. Premium meint in diesem Fall Designerbier. Ist in dem Sinn kein Bier, sondern am Computer entworfenes, bierähnliches Getränk, gemacht für Gelegenheitsmenschen, die ihre Zeit vor eben diesen Computern zubringen und solche Barbarei als Leben hinnehmen. Merke: Wer Bier nachmacht oder verfälscht oder nachgemachtes oder verfälschtes Bier in Umlauf bringt, wird im Wiederholungsfall einfach nur kräftig ausgelacht. Und basta!
(Warsteiner Brauerei Haus Cramer) → *Sauerländer Winter*

Wartburg Pils (4,9% 🍺) liegt wie die bügelverschlossene Kitschvariation **Eisenacher Verschlußsache** (4,9% 🍺) gut im Glas, possierlich höpfisch, riecht schlechter, als es

schmeckt. Beim **Export** (5,2% 👍) der nämliche Fehler, das ist doch Absicht! Kurz vor Drucklegung mogelt sich ein **Eisenacher Drachen** 👍 als dunkler Bock mit 6,5 Prozent in die Korrekturfahnen. Richtig weich und warm, lieblich-malzig. Vormerken, Kollegen! **Eisenacher Winterpils Classic** (4,9% 👍👍) im besten Sinn ein Herzenswärmer, hopfig und gut. **Schwarzer Drachen** 👍👍? Ein, goddammit, Schwarzbier, erreicht 4,9 Prozent, sauberer abgestimmt als seine Etikettenorthographie. Geradezu leicht mit mocca-sahnefarbenem Häubchen, da gibt es nichts zu maulen. Gehet hin und trinkt dieses Bier! Na, macht schon.
(Eisenacher Brauerei) → *Meininger Frisches Pilsner*

Wasserburger Hefe Weißbier Dunkel (5,1% 👍👍) nen-ne ich eine durch seine hervorstechende Röstmalznote richtig interessante Weizenbiervariation. 5,1 Prozent sind dem **Pils** 👍👍 zu eigen, dazu eine gediegene Aromahopfen-komposition mit einer der süßesten Verführungen, seit die Menschheit Getreide mälzt. Dem **Festbier** 👍 und seinen 5,6 Prozent will die Süße nicht ganz bekommen.
(Brauerei Wasserburger Dingolfing)

Watzdorfer Burg Pils (4,8% 👍👍) und dann? »Hm«, »Äh« und »?!?« – dies als drei ausgewählte Meinungen des Bierrate- und Verkostungsteams. Das beigegebene **Burg Export** (5,0% 👍👍👍) stiftete noch mehr Unheil. **Schwarzbier** (4,8% 👍) und **Burg Bock** (7,2% 👍) ließen uns etwas weniger weinen. Keine guten Taten. Und keine guten Zutaten.
(Watzdorfer Traditions- und Spezialitätenbrauerei Bad Blankenburg)

Nanu, wer schiebt da eine Blumenkohlrose aus dem Glas **Weeping Black Radish** (5,7% 👍👍) gen Luft? fragt man sich zur Einstimmung. Der Schaumpilz schiebt indes eine fragile Rauchschwade vor sich her, behütet unter sich ein morellenfarbenes Dark Lager. Intelligente Röstmalzein-

schlüsse kosen die Glaswand und hinterlassen Muster wie Eisblumen. Großartig anzuschauen, universell zu trinken. **Real American Porter** (7,6% 🍷) »Ein Bier für richtige Männer« – da wird einem direkt angst und bange. Entwarnung: ist höchstens ein gewöhnlicher, zu doll gerösteter Doppelbock.
(Anker Bräu Nagold/The Weeping Radish Brewery Manteo/USA)

Weidmann Pils (5,0% 🍷🍷🍷) hat den Kelchtest nicht bestanden. Der Nächste.
(Zuid Hollandse Bierbrouwerij Breda/Niederlande)

Weihenstephaner Hefe Weissbier 🍷 und **Kristall Weissbier** 🍷 (beide 5,4%) brillieren zunächst malzigsüß, eine Idee zu ausgewogen bald, leider mit erheblichen Schaumdefiziten. Aber wie kommt das, **Weihenstephaner Edel-Pils** (5,1% 🍷🍷)? Sehr patziger Pasteurgeruch, der Rest wirklich verdorben. Wirtschaft! Retour!
(Bayerische Staatsbrauerei Weihenstephan Freising)

Weißenoher Klosterbier (4,9% 🍷) schimmert märzenig, doch mild, glatt und samtig. Exemplifiziert leider keine näheren Schaumaffinitäten. Und dann trinken Sie bitte genauestens bei **Weißenoher Klosterweizen** (5,2% 🍷) und **Dunkles Weizen** (5,2% 🍷) mit! Nicht mal Käse schmeckt dazu respektive umgekehrt. Da war wohl Schmalhans Braumeister?
(Klosterbrauerei Weißenohe Forchheim)

Weissrössl Urhell (5,0% 🍷) tänzelt als komplettes Vollbier, spritzig, bald ein wenig zu dürr. **Turmherren Pils** (4,8% 🍷) vordergründige, aber gute Hopfennote. Rezent. Schaum nicht totzukriegen. **Export** (5,2% 🍷) hat Ladehemmung. Der Malzton verbirgt sich erfolgreich hinter einem nicht näher zu definierenden Beigeschmack. **Festbier** (5,5% 🍷) weich und mild und schwer, doch irgendwie blaß. Der

Leonhardi Bock (6,6 %) ist dagegen ein unzureichend vergorener. Wirkt überraschend fruchtig. Man schmeckt die Hörner förmlich. **Ungespund's Kellerbier** tut seinen 4,9 Prozent und uns keinen Gefallen. Sorry. **Weissrössl Premium** (4,9 %) mit seinen »Hopfenauszügen« ein guter Abschluß, der bestmögliche unter solchen Voraussetzungen. Die Etiketten wurden unleugbar nach Genuß von mehr als einem Kasten aus eigener Produktion hergestellt und, was viel schlimmer ist, selbst entworfen.

P. S.: In nämlichem Zustand der urangrubentiefen Verwirrung hat man sich überreden lassen, **Echt bayerisches Pilsner** (4,9 %) und **Echt bayerisches Exportbier** (5,2 %) zu fabrizieren. Lohnbräu sucks! Lieber werde ich Bierdeckelsammler. **Grafensteiner feinherbes Pils** (4,9 %) hinwiederum dürfte in diesen Produktregionen als das eindeutig beste Erzeugnis gelten.

(Weiss Rössl Bräu Eltmann-Roßstadt)

Das Bukettkostüm vom **Weltenburger Barock Hell** (5,1 %) wirkt überhaupt nicht barock, vielmehr frühromanisch-behäbig, als hätten die Mönche der, wie sie vorgeben, ältesten Klosterbrauerei Deutschlands (seit 1050 [Jahreszahl, nicht Flaschen!]) jedes Malzkorn einzeln unter ihren Soutanen ausgebrütet. **Kloster-Pils** (4,7 %) bringt sich aufgeräumt und renoviert und stark klosterfraumelissengeistlich ein. Zum **Barock Dunkel** verweigere ich lieber die Aussage, nicht mal den Alkoholgehalt verrate ich, und der **Asam Bock** (6,5 %) und seine erbsengroßen Schaumblasen machen einen mit der Tatsache vertraut, daß unser Körper für die Abbauprozesse dieses Alkohols noch kein Enzym entwickelt hat.

(Weltenburger Klosterbrauerei Kelheim) → *Andechser,* → *Ettaler*

Im Wernesbachtal muß eine milde Luft wehen, daß man »Kremschnitten damit füllen« (A. Schmidt) könnte. Die Wernesgrüner Brauerei ist gewiefter und füllt den Schaum

von **Wernesgrüner Pils Legende** (4,9% 🍺🍺🍺) damit.
Kein schlechter Gedanke. Und so freundlich lau die Luft,
so milde umgarnt die Wernesgrüner Geschmackspro-
grammatik, eine kaum gekannte Hopfenblume, mein
Urteilsvermögen. Schmeckt wunderbar, delicious. →
Bitburger, → *Labatt's Blue*, → *Sternquell*

Westheimer Graf Stolberg Dunkel (4,8% 🍺🍺🍺) liegt
um Faßbreite über meinen Erwartungen, hier wurden, wie
auch beim **Westheimer Premium Pilsener** (4,8% 🍺🍺🍺)
der Hopfen und das Malz mit der Aktivistenschaufel dosiert. Beide sind darumb eine wahrhafte Ehrenrettung der
sonst premiumverseuchten Biersozialisation im Sauerland.
Daß hier Premium draufsteht, ist ein läßliches Vergehen,
ein gar keines, und im von mir noch zu definierenden Sinn
sogar eine Grundwahrheit. Punkt.
*(Gräflich zu Stolberg'sche Brauerei Westheim Mars-
berg)*

Westmalle Dubbel (7,0% 🍺🍺) »hergist in de fles«. Soll
das ungewohnt trocken, fast staubig, mit Geleebananen-
abtritt heißen? Na bitte. Wenngleich die Mönche einen

Haufen Zinnober um ihre Brauliturgie veranstalten, ist
doch **Westmalle Tripel** (9,0% 🍺🍺🍺) als solches weg-
weisend, inkomparabel gehopft und letztlich in seiner
Dignität unübertroffen. Einer im Lenztau gebadeten
Hopfendolde gleicht seine zartbittere Frische, sorgsam
behütet von einem luftigen Schaumpolster. Schönheit
ist Wahrheit und Wahrheit Schönheit. Und ohne Zweifel
ist es wahr, daß dieses Bier ein schönes Bier ist, wenn
nicht eines der schönsten überhaupt. Wahr ist auch, daß
ich noch stundenlang die leere Flasche gestreichelt habe.
Ferner hat sich meine schöne These bewahrheitet, daß nur
ein gutes Bier richtig gut schmecken kann. Stimmen sehe
ich neuerdings auch.
(Abdij der Trappisten Malle/Belgien) → *Achel*, → *Chimay*,
→ *La Trappe*, → *Orval*, → *Rochefort*

Whitbread Extra Stout (5,1% 🍺🍺) muß extra von *Interbrew Bruxelles für Whitbread* gebraut werden, weil die über beide Brauersegelohren mit dem → *Labatt's* beschäftigt sind. Eine völlig undurchsichtige Geschichte, Bitterschokolade (Ochsenblut). Sieger im großen 2005er Dreiradrennen um den verlausten Hopfenkranz. Sonstige Teilnehmer: –. → *Labatt's,* → *Leffe,* → *Stella Artois,* → *Vieux temps*

Wichert Dunkel (4,9% 🍺🍺) ist mit seiner deftigen, überraschenden Rauchigkeit *die* rauchige Überraschung dieser Seite. Dazu paßt ohne Frage das bis auf eine Stelle hinterm Komma gleichstarke, mit unmißverständlichsten Hopfenerbaulichkeiten ausgestattete **Edel-Pils** 🍺🍺🍺. Sollte in einem großem Zug geleert werden. Na, besser schlückchenweise. Und langsam dem Wirksinn auf die Schliche kommen. *(Brauerei Wichert Lichtenfels-Oberwallenstadt)*

Wicküler Pilsener (4,9% 🍺🍺) wird offensichtlich von bestbesoldeten Ghostbrauern in Dortmund gebraut. Kein Mensch weiß das genau. Schmeckt wie etwas, das ganz sehr gut schmeckt. Wie ganz sehr gutes Pilsener zum Beispiel. Eine sotane Stufe der Annäherung an die Unio mystica, mit der ich ein erholsames Zungenbad anrichte. So, und nunc est bibendum. → *Brinkhoff's*

Wieninger Ruperti Weizen Hell (5,2% 🍺🍺) breitet sehr energischen, also energetisch angereicherten Schaum überm weizengelben Getränkezylinder. Reizende Applikationen. Das schreit nach peroralem Engagement. *(Privatbrauerei Wieninger Teisendorf)*

Wenn auch habituell kein Schwarzbier, vereinigt **Wiesener Keller Bier** (4,8% 🍺🍺) alle Vorzüge desselben, was mich mit der partiell irreführenden Bezeichnung »Keller Bier« fast schon wieder versöhnen könnte. *(Bürgerliches Brauhaus Wiesen)*

Wiking (5,5% 🍷🍷) besitzt tolle Herbe. Bis heute habe ich nicht eruieren können, wie das mit den Prozenten zu verstehen ist. Jedoch: die Wikinger, früher, mußte man auch nicht verstehen, um vor ihnen wegzulaufen. **Sambor** 🍷, zum Beispiel, ist ein Pilsener. Ein Pilsener mit 6,2 Prozent – Volumen, versteht sich. So unerhört das ist, so überzeugend schmeckt es. Den dummdeutsch-refraktären Tagestouristen. Die Mutigeren unter ihnen greifen gern zu **Martin** 🍷, ein 6,8 prozentiges, herb-kratziges, aber schmackhaftes Lager, das sie wie ein Helles wegsaufen. Die Zustände bei der Rückfahrt auf der Fähre können Sie sich in den schrillsten Farben ausmalen.
(Piwowar Brok Koszaline/Polen)

Wildbräu Hefe Weisse (5,1% 🍷) sollte man als weizenbiergeneigter Genießer nicht warm trinken. Den Gesetzen nach gekühlt, entwickelt es ein vorzügliches Fruchttimbre, und der Hopfen wäre sogar zu riechen.
(Wildbräu Grafing)

Will Bräu Original (4,6% 🍷🍷), **Bayerisch Urtyp** (4,8% 🍷🍷), **Will Pils deluxe** (4,9% 🍷🍷), **Hefeweizen** (5,3% 🍷🍷) und **Ur Weisse** (5,3% 🍷🍷) und dukrichstiemotten! In die Flaschen gezwungen, da leidet es nicht mal die Bierkohlensäure, die flüchtet, hastunichtgesehen, daß nur ein graugrüngelb gesprenkelter Trunk im Krug verbleibt, der sich auch das Glas zum Feind machen will. No chance im 1. Offenen Bierähnlichkeitswettbewerb.
(Hochstiftliches Brauhaus Motten)

Windhoek Lager (4,0% 🍷) mogelt sich lightbierhaft mit halsüberhopfiger CO_2-Flucht auf die Seite. Das würde ich »nicht mal Hardy Krüger anbieten« (K. Sokolowsky) wollen, to be exact. Auch **Export** (4,5% 🍷) befiel mich mit gigantischer Ratlosigkeit.
(Namibia Breweries Windhoek/Namibia)

Windsheimer Pils (4,6% 🍺) wässert ziemlich hydrophil. Eine Steigerung war beim **Primus Pils** (4,6% 🍺) kaum zu beobachten, umgekehrt auch nicht. **Windsheimer Weisse** (4,9% 🍺) hat von allem zu wenig: zu wenig Säure, zu wenig Mälze, zu wenig Alkohol, die **Windsheimer Schwarze** (4,9% 🍺) dito. Zum Ausgleich in Ansätzen nüsselnd. Viel ist das nicht, aber auch nicht genug.
(Bad Windsheimer Bürgerbräu)

Wittichenauer Pils Feinherb (4,9% 🍺) tritt wie CD-Pils von → *Dinkelacker* am Zungenhorizont auf, dabei partnerschaftelt man doch mit → *Distelhäuser*. Probieren Sie mal. Na? Wie identisch, sehen Sie. Eindeutig. Eineindeutig. Mit dem **Traditions Pils** (5,0% 🍺) wie mit dem **Bock** (6,0% 🍺) ist vermutlich ein Export gemeint. Ein Malzton zum Mitsummen (Mitsummtaste drücken, Leser!). Und damit **Wittichenauer Gold** 🍺 der Schank-bierhölle gerade noch einmal entkommen kann, habe ich einen echten Roquefort dazu gegessen, und siehe: aus den 4,4 wurden vor meinem inneren Auge brave und trinkbare 4,9 Prozent. In Lizenz braut man item ein würzig-malziges **St. Marienstern Klosterbräu Spezial** (4,8% 🍺) und das entschieden zu fahl unterschwemmte **Klosterbräu Dunkel** (4,8% 🍺). Das Finish ein einziger Fehlstart, der Hopfen im Vorruhestand.
(Stadtbrauerei Wittichenau)

Auf **Wittinger Pilsener** (4,9% 🍺) und auf die *Privat-brauerei Wittingen* treffen Sie automatisch, sobald Sie das legendäre Celler Bierloch glücklich Richtung Zone umschifft haben. Am nachhaltigsten bekömmlich W., wenn Sie unter den Linden von Bangemanns Gasthof in Bargfeld hocken und sich von Bernd Rauschenbach (der wiederum diese Brauerei – »seitdem die da auch **Premium** [4,9% 🍺] machen« – nicht mehr in seine Nachtgebete ein-schließt) olle Residents-Kamellen erzählen lassen können. Mit etwas Mühe in Halbtrauer **Stackmann's Dunkel**

🍷, das »kellerfrische«, »dunkelblonde Biervergnügen«, das sei nämlich nicht gegangen, gibt Bangemann Junior Auskunft.

Wöllnitzer Weißbier (2,5% 🍷) ist von den lästigen Gasthausbrauereienverdikten strikt auszunehmen. Auch grenzt es sich wohltuend von den Berliner Verfehlungen in diesen Distrikten ab. Mit selbstgemachtem Kümmelschnaps sogar ein richtiger Genuß. Man muß sich nur erst daran gewöhnen.
(Gasthausbrauerei Talschänke Jena-Wöllnitz)

Wohn Pilsener (4,9% 🍷🍷) verärgert mich brotig, tendentiell eigenbrötlerisch. Ungewöhnlich für eine gepflegte Hopfeneinquartierung. Farbe diätetischem Apfelsaft abgekuckt. Kann **Hefe Weissbier** (5,4% 🍷) ein paar Spuren zu süß geraten sein, so daß ich den deklarierten Aromahopfen gar nicht herauszuhören vermochte? Die Kandis- und Aromahopfenangeberei via **Alt Nailaer Dunkel** (4,8% 🍷) kann man jedenfalls bald nicht mehr hören und trinken. Mit dem **Braumeister Original** (5,0% 🍷🍷) hat sich endlich Einsicht breit gemacht, denn wer faßt seine eventuelle Schließung als einen von den »ganz bestimmten festlichen Anlässen« auf, wie es das Etikett verbreitet. Diese täte nämlich not in Naila. Bitter.
(Privatbrauerei Bürgerbräu Naila)

W

Wolfshöher Festbier Premium (5,5% 🍷) ist nicht Restbier, auch nicht Pestbier, wohl jedoch gutes Testbier, oszilliert quietschvergnügt zwischen gutem Hellen und bedachtem Märzen, was ein Festbier auch tun soll. **Hefeweissbier Hell** (5,0% 🍷) unattraktiv, **Hefeweissbier Dunkel** 🍷 um 0,3 Prozent packender (= 5,3%), dafür sukkulent durchsäuert. Das **Alte Wolfshöher** (5,5% 🍷) bleibt den Schaumnachweis und den Hopfeneinsatz schuldig. Very strange. Hundekuchen? **Wolfshöher Ur-Hell** (4,9% 🍷) sehr hopfig angenehm, **Wolfshöher Pilsner** (4,9% 🍷)

deutet eine Defiguration an, die sich in **Wolfshöher Premium** (4,9 % 🍺) manifestiert/mediokresiert. **Wolfshöher Keller Bier** (4,9 % 🍺) ist das gute Helle, nur drei Jahre später, die Flasche zum Bügelverschluß umgeknetet. Sowas habe ich gerne – erst die kleinen gnadenlos verdrängen und dann erbärmliche Kellerbiere imitieren.
(Brauerei Wolfshöhe Neunkirchen am Sand) → *Muldentaler Classic*

Die Buben fahren mit den Rädern durchs Vertragsanbaugebiet für Chio-Chips. Endlose Kartoffel- und Runkelweiten. Dann ein frisches **Wolters Pilsener Premium** (4,8 % 🍺) vom Faß, wahlweise **Schwarzer Herzog** (5,0 % 🍺) oder **Wolters Pilsener** (4,9 % 🍺) aus der Flasche. Doch was ist? Zu knülle? Die Kellnerin zu hübsch? Warum trinkt niemand und erst recht niemand aus? Ich kenne sie doch alle. Das machen die sonst bei Bier nie. Betretenes Schweigen, Fluchtgedanken. Vereinzelt wird sich die Nase zugehalten, ja auch geweint. Dann, auffe Toilette, ein erfrischender Schluck aus dem Wasserhahn. Und weiter geht's.
(Hofbrauhaus Wolters Braunschweig)

Würth Spezial (5,3 % 🍺🍺) schmeckt mit seiner betäubend angesüßten Malzzuckerfabrik nahezu hervorragend und ist sogleich Sortimentsspitzenreiter. Leider fehlt dem Schaum der Mut, das ordentlich zu supporten. Trotz der gewagten Prozente in etwa ähnlich gut beschriftet: **Würth Hell** (5,3 % 🍺). **Würth Pils** (5,3 % 🍺) zeigt gemäßigte Höpfe und anfänglich sogar verdächtige Süße, der Geruch atmet harzig, und der Nachtrunk ist wenig. **Würth Zoigl** (5,3 % 🍺🍺) entspricht etwa dem unfiltrierten Spezial, das **Dunkle Zoiglbier** (5,3 % 🍺) überzeugt nicht, die Säure deckt alles zu, sogar sein bißchen Würze. Schade. Tragisch bemittelt endlich **Würth Hefeweizen** (5,3 % 🍺). Daher auch die alte Volksweisheit: »Wer nichts wird, wird Würth Hefeweizen.«
(Brauerei »5,3 %« Würth Windischeschenbach)

Würzburger Hofbräu Pilsener (4,9% 🍺🍺) ist zunächst viel zu kratzig. Und dann durchpfeift den Rumpf eine »weinige Fuseligkeit« (H. Lippert). Ganz, ganz schlimm angetümpelt und mißraten, oder ist die Mainwasseraufbereitungsanlage längerfristig ausgefallen? Schwer zu sagen, was die Würzburger veranlaßt, es als Pilsener zu klassifizieren. Die Ingredenzien von **Sympator Doppelbock Premium** (7,9% 🍺🍺🍺) schlügen am liebsten dem Faß den Boden aus. Laut verlangen sie nach Freiheit, miteinander halten sie es keine zehn Minuten mehr aus. Nicht mal **Würzburger Schwarzbier** (4,8% 🍺🍺) kriegen die Brauer halbwegs gebacken beziehungsweise gebraut. Auch können sie nicht lesen, und zwar die Rezepte der *Brauerei Heil Tückelhausen,* nach denen vorgeblich **Jagdherren Pils** (4,8% 🍺🍺) gebraut würde. Ein sensorischer Willkürakt! **Julius-Echter-Hefe-Weissbier-Hell** 🍺🍺🍺 und **Julius-Echter-Hefe-Weissbier-Dunkel-Premium** 🍺🍺🍺 (je 5,7%) sehen aus wie schon mal getrunken und machen als Weizenbierplagiate in bester → *Dinkelacker Sanwald*tradition von sich Schmecken. Dem Braumeister der *Werner Bräu Poppenhausen* (deren Sortiment man übernommen und sich im wahrsten Sinn des Wortes übernommen hat) ward vor der Zeit die Hopfenfee im Traum erschienen und sprach: »Guter Mann, du hast drei Wünsche frei«. Der, nicht auf den Kopf gefallen, versuchte zu handeln, und, nachdem den Rest der Nacht ausgiebig gepopp ... hey, das gehört aber nicht hierher, und schließlich einigte man sich auf Stücker fünf, fünf Biere, die ihm und seinen Nachfahren fortan wie im Schlaf gelingen sollten. **Pilsener** (4,9% 🍺🍺🍺) und **Export** (5,0% 🍺🍺) waren die ersten beiden, welche die Hopfenflammen züngeln ließen wie nicht gescheit. Ad 3 flötete die **Helle Fränkische Hefe Weisse** (5,2% 🍺🍺) schön malzig, schön hopfig, daß die Kenner hier sofort den Hort der wiederaufgefundenen (längst als verschollen gegoltenen) Weizenbierhopfungs-Qumran-Rollen vermuteten. Mit der Startnummer Vier ging der **Dunkle Bock** (7,0%

W

👍👍) als »Das ganze Jahr ein Kraftspender« in die Bierge-
schichtsschreibung ein. Sauber! **Werner Bräu Diät Pils**
(4,9% 👍👍) – die Nummer fünf.
(Würzburger Hofbräu)

Hinter **XXXX Export Lager** (4,8% 🍷) verbirgt sich ein im positiven Sinn durchschnittliches, acrylharzfarbenes Lager, das seine Schlankheit leider durch einen hohen Gerstenrohfruchtanteil erstreiten muß. Der Hopfenkorpus ist so zart, daß er auf der Zunge zergeht, ja, und das ist, na ja, das ist schon wieder zu zart, ehrlich.

(Castlemain Perkins/Australien)

Yixing (5,0%) mit chinesischem Hopfen, das muß man sich mal vorstellen. Because China isn't the land of hop and glory. Beigefügter Weizen erklärt den ihm zugemessenen erschreckend fruchtigen Antrunk, der sich im Verlauf des Schluckaktes zu einem doch ganz passablen Abtrunk transformiert. Trinkbar, keine Frage.
(Redruth Brewery Cornwall/England für Yixing Brewery Jiangsu/China)

Y

Zambezi (4,5% 🍺) hat offensichtlich mit zuviel Zambezi-Wasser herumgewichtelt. Kaum geschmacklich merkwürdig geworden.
(National Breweries Harare/Simbabwe)

Zamkowe Jasne (5,5% 🍺🍺🍺) … lesen Sie bitte unter →
Rosenbräu Ekelhell. Ich flehe Sie an. Auch die Hersteller sind gemeint! Die ganz besonders.
(Browar Namyslów/Chicago Poland Investment Group/ Polen)

Zeltbräu Hofer Hell (4,6% 🍺) gibt sich speisewürzig im Eintrunk, leiert ziemlich matt aus der Spur zum **Bayrisch Edelgold** (5,5% 🍺🍺). Hier kulminieren die spärlich bemessenen Fähigkeiten. Man möchte das Sortiment am liebsten braupolizeilich sperren lassen. **Schmidt's Heiner Dunkle Weisse** (5,0% 🍺🍺🍺) schrammt schokoladig und parfümiert an den Geschmacksknospen vorüber in einem Affenzahn. But who the fuck was Schmidt's Heiner? Einer, dem es gelang ein Dunkles, ein Bockbier und Sauerkraut erstmals in einer Flasche zu versammeln, ohne daß der Krempel augenblicklich detoniert? Der sich selbst zerstörende Schaum (in Deutscher Kaviar-Ausmessung) ist dann schon fast marginal. Einer der Grundbausteine dafür war sicher **Hofer Gassenhauer** (5,3% 🍺🍺🍺) – zum Leben zuviel, zum Sterben zuwenig. **Zeltbräu Kristall Pils** (4,8% 🍺) dagegen ist seit der letzten Auflage richtig besser i. e. trinkbar geworden.
(Zeltbräu Hof)

Zipfer (5,4% 🍺🍺🍺) als ideales Bahnreisebier nur flaschentauglich. Die Alkoholstärke, jedenfalls, ist Gott sei Dank nicht herauszuschmecken, dafür der Hopfen, der sehr gute Hopfen, der »fuckin'« (O. Osbourne) außergewöhliche Hopfen sogar. **Zipfer Josefi-Bock** (7,1% 🍺🍺) sehr trockenhopfig, ausgezeichnet bald. Ausgezeichnet zum Ersäufen und Konservieren des dicken Seidlconrad geeignet.
(Dalla Brau AG Linz/Österreich)

Zirndorfer Landbier Hell, Das gute (4,9% 🍺) heißt die große Mogelpackung, damit noch mehr Kleinbrauereien den Bach hinuntergehen. Etikett wie Tütensuppe aus den Sechzigern, passenderweise in alte Euroflaschen verklappt, und die halten bekanntlich ewig und viel aus. Mein Tip: warm und hell lagern und irgendwem aus der entfernteren Verwandtschaft zu trinken geben.
(Patrizier Nürnberg) → *Lederer*

Wie sich im **Zlatopramen** (4,7% 🍺) aus kleinen große Bläschen formen, stundenlang könnte man zuschauen. Soviel zum Schaum. Und jetzt noch mal von ganz hinten: darunter wie schwerelos schwebende Malzteilchen, und kaltgepreßte Hopfenöle, zum Teil nicht gehärtet, spenden zarte Bittere. Das alles kann man sehen. Man muß nur wollen. Genauso wie die Brauer eine schon fast tollkühne Hopfen-Malz-Komposition auf den Weg schicken wollen. Die Blume sollte man dafür lieber nicht zu sehr erschrecken. Versöhnlicher Alkohol äußert deutlich, daß auch Gedanken an die Haltbarkeit verschwendet wurden. Mit etwas gutem Willen – nein, **Zlatopramen Světlé Výcepní Pivo** (3,8% 🍺) ist und bleibt dunkel, ereignisarm, also nix los, klarer Fall. **Zlatopramen Tmavý** (4,6% 🍺) federt federleicht, schwach gehopft, kandiszuckrig, lieblich, überhaupt ein Qualitätsprodukt. Ein in die Pfannen der Brauerei von Kutna Hora gehauener **Pivrnec Patriot** (4,0% 🍺) wertet seinen Hautgout mit weicher Rauchigkeit auf. Süddeutsche würden sagen: »unser Bier«.
(Ústecké Pivovary Ústí nad Labem & Velké Březno/ Tschechien) → *Březnák,* → *Louny*

Erstaunliches ging seit der letzten Gestehung mit **Zlatorog** (4,9% 🍺🍺) vor sich. Nicht nur zu einem herkömmlichen kroatischen Trappistenkäse geht das Bier inzwischen nämlich sensorisch voll ab und somit auch voll in Ordnung.
(Pivovarna Laško/Slowenien)

Z

Zlatý Bažant (5,1% 👎👎) – Goldener Fasan, wenn ich recht besinne, heißt das. Die Farbzuordnung stimmt, ob die Fasanen da so schmecken, würde mich in keinerlei Gewissenskonflikte stürzen. Nach anfänglichen Orientierungsschwächen, besonders während der frühen Neunziger, ist auch das Schaumverhalten bestens, die Testmuskeln bestätigen frohgemut: betörendes Draußensitzbier. Andrzej Stasiuk berichtet, früher habe man Münzen flach auf den Schaum legen können.
(Zlatý Bažant Hurbanovo/Slowakistan)

Złoty Król (6,0% 👍👍👍) wird nur im Stubbi angeboten, weil keiner eine »Nullfümmfer« (H. Sudau) austrinken geschweige denn überleben würde.
(Browary Warszawskie Królewskie Warszawa/Polen)

Das Mystische am **Zötler Privat-Pils** (4,7% 👍) ist der Bindestrich. **Bayerisch Hell** (4,7% 👍), **Joe's Lagerbier** (4,7% 👍), **Zötler Gold** (5,1% 👍), **Korbinian Dunkel** (5,1% 👍), **Hefe-Weizen Dunkel** (5,1% 👍), **Zötler Hefeweizen** (5,2% 👍), **St. Stephans Bock Dunkel** (7,1% 👍) heißt der würdelose Rest. Und das einschlägige **Vollmondbier** (4,9% 👍👍) darf auch nicht fehlen.
(Adlerbrauerei Rettenberg Herbert Zötler)

Zubr Beer (6,2% 👎👎), obzwar »The Spirit of Poland« genannt, führt ein insulares Dasein in diesem Land. Sehr trocken, mit wisentstarker Hopfenwucht. Aufgrund der freigewordenen Östrogene begannen die Verkoster kursorisch zu menstruieren. Für alles gibt's ein erstes Mal.
(Browar Dojlidy Bialystock/Polen)

Zubr Classic (4,1% 👍👍👍) eine Riesenenttäuschung. Viel zu muffig, totpasteurisiert, dunkel, brutal mastig, buttrig, brotig, kurz: ungenießbar für ein Zehngrädiges. Als Zugabe werden alle Schaurigkeiten des postmodernen Hopfenmißbrauchs wie zur Warnung aufs anschaulichste durchde-

Z

kliniert. Ein Zwölfgrädiges fände unter diesen Prämissen unmöglich Zugang zu meiner mit doch sehr umfangreichen Bereitschaftlichkeiten gesegneten Vorstellungswelt.
(Pivovar Zubr Přerov/Tschechien) → *Karlsquell*

Zunft Kölsch (4,8% 👎👎👎) heißt das Bonjour-Tröpfchen von Willi Millowitsch? Und das kurz vor Schluß. Um diesen Job wird man nun überall beneidet …
(Erzquell Brauerei Bielstein Wiehl)

Zuzenhäuser Dachsenfranz Dunkel (4,9% 👎👎), das ist keine krövernacktarschverdächtige Phantasiebezeichnung. Der Dachsenfranz lebte voreinst in selbstgebuddelten Höhlen und träumte hoffentlich von solch kandiszuckrig, akzidentiell rauchigem Bier. Oder trank es sogar täglich. Glücklicher Mann, wenn. Nicht ganz so glücklich dürfte der Mann sein, der sich **Zuzenhäuser Keller Bier** (5,2% 👎) hat unterjubeln lassen. Da ist einfach zuviel Zitrone drin, beim **Adler Privat Pils** 👎 sind es 4,9 Prozente – Lauch? Alkohol bestimmt nicht.
(Privatbrauerei Herbert Werner (nicht Wehner!) zu Zuzenhausen an der Elsenz)

Zwieseler Dampfbier (5,0% 👎) meint: Wenn der Absatz fällt und fällt, macht der Brauer große Augen, die können sogar bis nach Bayreuth kucken und den dortigen Gebr. Maisel das »Dampfbier« abkucken. Dunkle Tasse, also warmbernsteinig, mit früchtelnden Avancen im Geruch, insgesamt zu empfehlen. Es ist halt obergärig. Mit Dampf hat das alles sehr wenig zu tun. Man sollte höchstens den Brauern ordentlich Dampf machen, daß sie sich unmißverständliche Produktnamen einfallen lassen. Irgendwann vielleicht.
(Erste Dampfbierbrauerei Zwiesel W. Pfeffer) → *Borbecker,* → *Maisel's*

Żywiec (5,8% 👎👎) ist gegen Ende dieser titanischen Verkosterarbeit ein relax alkoholischer Ausklang, eine

Z

rundum feine Sache. Halt, drei noch: Für den deutschen Konsumenten hat man »Pils« auf den Flaschenzettel von **Krakus Beer** ✆ gemalt. Und bei 5,4 Prozent ist das schon fast ein Ereignis. Seidig-fragile Mälze im opulenten Hopfenpassepartout. Let's hear it. **Tatra Pils** (5,7% ✆) heißt »sakramencko dobre piwo«, also verdammt gutes Bier »w smaku i aromacie«. Heißt für mich: pflaumig und fremdelnd im Schaum. Die bitterböse Überraschung ganz zum Schluß: Ein Pilsener soll **Leżajsk** (5,5% ✆✆✆) sein? Oh, wie der gallebittere Hopfen im Schlund kratzt, nein schabt. Die auf der Stelle einsetzenden mörderischen Halsschmerzen, ein in allen maßgeblichen Belangen mißverstandener Louis Pasteur und ein verworfen hoher Alkohol untergraben den letzten Rest an gutem Verkosterwillen.
(Zaklady Piwowarskie Żywiec i Leżajsk/Polen) → *Dessower,* → *Rathenower*

Sie lesen von mir.

Z

Anhang

Abbauprozesse · Auch der Bieralkohol hat den Nachteil, daß er abgebaut, zerstört werden muß. Warum, das gehört zu den fies petschierten Mysterien, die uns öfter als häufig an dieser Welt irre werden lassen. Und warum Prozesse? Klingt wie eine einzuleitende Bestrafung, doch wofür? Da hat man nun getrunken wie der Sprichwörtliche, fühlt sich am nächsten Morgen protestantisch, noch viel schlimmer dürstend und muß der profanen Wasserstoffionen-Beschaffung Genüge tun. Das ist nerven- und kräftezehrend. Und die Abbauprodukte (zum Beispiel Aldehyd) stinken, ihre edle Ausgangsbasis nicht. Schlecht eingerichtet von Mutter Natur. Nichts kann sie so lassen, wie es ist.

Ale · Obergäriges Bier. Bewegt sich zwischen drei und elf Prozent Alkoholvolumen. Kolorit daher auch von hellgelb bis dunkelbraun. Die obergärige Hefe steht beim Ale für fruchtigere, fülligere Malzvariationen, naturgemäß mit einer angenehmen Säure korrespondierend. Wahre Ales, »Real Ales«, haben in Flasche oder Faß bei elf bis dreizehn Grad Celsius nachzureifen (bottle/cask conditioning), verweisen somit auf ihre prinzipielle Verwandtschaft mit den hiesigen Weizenbieren, werden knapp unter Zimmertemperatur serviert und getrunken, ohne CO_2 gezapft und stellen in der Schaumbildung Bescheidenheit zur Schau. Die Fachwelt unterscheidet Brown Ale, India Pale Ale (ursprünglich für die Kolonialtruppen eingebraut, reifte auf See im Schiffsrumpf), Mild Ale (das alkoholarme Mittagsbier), Pale Ale, Barley Wine (schwer, malzig, »Gerstenwein«), Old Ale, Bitter Ale (das seinen trockenen Anflug dem Hopfenstopfen verdankt), Cream Ale (USA, leicht goldfarben, zuweilen mit Lager verschnitten) und Ginger Ale. Die Scottish Ales, tendentiell hoch malzakzentuiert und dunkel, hören auf die Vornamen Light, Strong, Export und Heavy.

Alkohol · Wenn, der Zufall, aber auch brautechnologischer Wille und Vorstellung wollen das oft, zwei Kohlenstoffe, fünf Wasserstoffe und eine OH-Gruppe zusammenfinden, kommt C_2H_5OH heraus. Das ist weder wässrig, noch spielt Kohle eine maßgebliche Rolle. Ein guter Stoff für den Oha!-Effekt ist es allemal. Seine großartigen Wirkungen beruhen auf einem ausgeklügelten Verdünnungssystem (mit Wasser) und einem aufrechten Solidarpakt mit den Partnern Hopfen, Malz und Hefe. Hauptsache, die Chemie stimmt.

Alkoholfreies Bier · Alkoholfreies Bier!!

Alkoholgehalt · *Der* wesentliche Aspekt, an dem Sie sich beim Bier delektieren, quasi praktisch das Wirkdepot, der Geist, der in ihm steckt. Von Sorte zu Sorte, Marke zu Marke unterschiedlich. Auf ihren Bekennerschreiben müssen die Brauereien wenigstens den Alkoholgehalt in Volumenprozent angeben, die Stammwürze, so sie Lust haben, in Gewichtsprozent. Bei der Umrechnung gilt in etwa: vier Gewichtsprozent ergeben fünf Volumenprozent. Als weitere Faustregel: der im Bier entstandene Alkohol entspricht vage einem Drittel des Stammwürzezahlenwertes. Aus zwölf Prozent Stammwürze entstehen nicht mehr als vier Gewichtsprozente Alkohol, zirka fünf Prozent nach Volumen, um das mal am Beispiel Pilsener zu vertiefen. Meistens aber weniger. Ein Brauer hingegen, der drei Prozent Alkohol für sein Pilsener angibt, kann nicht zählen, oder er experimentiert auf dem Gebiet der Fehlgärungen. Und da wird's Gift. Zum Mitschreiben hier die Intervalle, in denen sich die gängigen Biersorten (im Geltungsbereich der bundesrepublikanischen Biersteuergesetzgebung) bewegen dürfen: Einfachbier 0,5 bis 1,5 Prozent; Schankbier (Malzbier, Berliner Weiße, Lightbier, Alkoholfreies Bier) 0,5 bis 2,6 Prozent; Vollbier (Lagerbier, Weizenbier, Diätbier, Altbier, Kölsch, Pils, Export, Exportweizenbier, Helles, Dunkles, Märzen, Spezial, Schwarzbier, Kellerbier, Rauchbier) 3,0 bis 4,5 Prozent; Starkbier (Bock, Weizenbock, Doppelbock, Weizendoppelbock, Eisbock) 5,0 bis 10,0 Prozent. Nach Gewicht, versteht sich.

Altbier · Obergäriges Bier mit einem größeren und auch großzügigeren Herkunfts- und Verbreitungsgebiet als das Kölsch. Altbier, weil obergärige, also ältere und ursprünglichere Gärung. Wie beim Kölsch gibt es stammwürze- und alkoholmäßig kaum Ausreißer aus dem Vollbiersektor. Wir merken uns die knappe Zwölf und die knappe Fünf. Die Verwendung diverser Malzsorten macht das Alt nicht nur dunkler als das Kölsch, sondern auch voller und kräftiger im Geschmack. Und die Altbierhauptstadt ist Düsseldorf. Also bitte jetzt nicht extra zum Altbiertesten nach Köln fahren.

Biersteuer · Die Anfänge der Bierbesteuerung können durchaus bis ins 14. Jahrhundert zurückverfolgt werden, doch ist eine hinreichend genaue Beschreibung der Bierbesteuerungsformen mangels klarer Quellenlage kaum möglich. Es bestanden allem Anschein nach Rohstoff- und Fabrikatssteuern nebeneinander. Überwog im 15. Jahrhundert die Fabrikatssteuer als sogenannte Bierakzise, trat die Rohstoffsteuer im 16./17. Jahrhundert auf den Plan (zum Beispiel Malzpfennig), um im 18. Jahrhundert wieder von der Fabrikatssteuer (zum Beispiel Bierpfennig) abgelöst zu werden. Noch ungenauer sind die Angaben darüber, von wem die Steuer erhoben wurde. Zahlte entweder nur der Brauer oder nur der Wirt? Oder zahlten beide? Was, wenn der Brauer gleichzeitig als Wirt fungierte? Klar ist nur, daß alle Landesherrschaften angesichts all dieser trefflichen Einnahmen vor Lachen nicht in den Schlaf kamen. Die moderne Gesetzgebung richtet sich nach Stammwürze, bezogen auf die eingebraute Menge. Ist demnach als Mischsteuer einzustufen. Der heutzutagigen Regierung reichen indes nicht mehr bloß Pfennige, ihre Schlafstörungen sind geblieben.

Bock Untergäriges Starkbier, gebraut aus Gerstenmalz. Seine Farbe variiert von hell-bernsteinfarben über schnitzelbraun, rostrot bis richtig dunkel-schwarzbraun ist die Haseln… halt, halt, halt, schwarzrotgold natürlich. Die Typologie gibt so manches Rätsel auf. Eigentlich macht jeder Bockbrauer, was er will. Der Geschmack richtet sich nach dem verwendeten Malz. Es gibt malzig-süßen, schwach gehopften, aber auch regelrecht knisplig-bitteren Bock. Sinn und Zweck dieses Starkbiergetränkes fußen auf seinem Saisoncharakter, denn ursprünglich war es das Bier der kälteren Jahreszeit. »Beim Bockbier schmeckt alles nach Blues«, postulierte richtig Jörg Fauser. Und dann gibt es den Maibock, den Blauen, den Holzbock und die Bockwurst.

Braunbier · Bis an die Schwelle der industriellen Revolution weit verbreitetes Zufallsprodukt jeglicher Brauversuche. Dünn, obergärig und nach kurzer Lagerzeit (knappe Woche) fertich. Die Trinker hinterher auch. Wie bei Lichtaus gebrautes **Clausthaler** oder **Jever fun**.

Diätbiere · Die Du-darfst-Biere für Insulinjunkies. »Dudarfst« gilt hier fürs Trinken und gelegentlich auch fürs Wegschütten. Entsprechen im Alkoholgehalt dem Pilsener. Der diätetische Effekt wird durch eine besonders hohe, fast restlose Vergärung erzielt. Diätbiere *sind* gern schlank, bald ohne Körper. Ihre maßgeblichen Trinker wären es gern. Zu empfehlen sind die mutig Gehopften (→ *Köstritzer*, → *Maisel*, → *Tucher*, → *Werner*). Wenn Sie sich nicht durch die häßlichen Etiketten abschrecken lassen.

DLG · Ist nicht die Deutsche Lebensrettungs-Gesellschaft, sondern eines ihrer fürchterlichsten Gegenteile: die Deutsche Landwirtschafts-Gesellschaft zu Frankfurt am Main. Richtet den angeblich härtesten Biertest der Welt aus. Geruch, Reinheit des Geschmacks, Vollmundigkeit, Frische, Qualität, Geschmacksstabilität, nichtbiologische Haltbarkeit und Schaumzahl. Schaumzahl! Die Resultate werden alljährlich im Großen DLG Bierführer verraten. O-Ton: »Sollten Sie keine Gelegenheit zur Rezension finden, möchten wir Sie bitten, das Exemplar an uns zurückzusenden.« Selten so gelacht.

Doppelbock · Untergäriger bayerischer Bock[2]. Erstmals 1629 von den Paulanermönchen im Kloster Neudeck für die Fastenzeit ersonnen, denn Flüssiges bricht Fasten nicht. → *Salvator* nannten sie ihre Kreation im Gedenken an Sankt Vater Franz. Die mindestens achtzehn Prozent Stammwürze machen viel Wind um sich, und seither ist es Usus, den Doppelbock mit auf -ator endenden Bezeichnungen zu bestrafen. **Triumphator**, **Optimator**, **Humorator**, **Maximator**, **Impulsator**, **Pirminator**, **Animator**, **Multiplikator**. Ergänze: Ventilator. Psychiator.

Dose · Umweltverdreckung hin und her, Dosenbier wird fast in jedem Fall pasteurisiert, darauf merke jeder, der herumtrötet, es gebe keinen Geschmacksunterschied zwischen Dose und Flasche. Erübrigt sich die Frage, ob beziehungsweise daß man von der regelmäßigen Aluminiumdosis dermaleinst prasseldumm wird, in der Regel ist man es als Blechbiertrinker vorher schon. Prominentestes Beispiel der Kronjürgen mit seinem *Dosenbierbuch* (Eichborn 1998), der nicht mal mehr die Liter von den Hektolitern unterscheiden kann.

Drybier · Haben uns Amerikaner und Japanesen vorgemacht. Sollte neben betonter Rezens vor allem ein mindergehopftes Getränk sein, als Einstiegsdroge für Nichtbiertrinker. Blieb letztlich nur ein wurmfortsätziger Bier-Mineralwasser-Mix.

Dunkel · »Musik und Mondschein! Da nehme ich doch lieber eine Halbe Dunkles vom Faß, das ist flüssige Stärke, und Stärke ist das Konstruktive schlechthin«, meint Kollege Fauser. Lange Zeit geschmähte Sorte. Im Westen wegen angeblicher Kalorien (dunkel mit dick und dick machend verwechselt?), im Osten als abgedunkelte Variation zur Verschleierung des Trübwerdens schlechter Biere einschlägig bekannt. Denn wie viele Biere dort und damals mit Blaulicht ausgeliefert werden mußten, das hat der olle Honecker mit ins Grab genommen. Im Unterschied zum Schwarzbier, der verdunkelten Pilsenervariation, ist Dunkles dem Export, richtiger oft dem Märzen anverwandt. Daher auch in den südlichen Bundesländern ungenierter zu begutachten.

EBC · Das sollen Sie ruhig wissen. EBC steht für European Brewing Convention. Destilliertes Wasser hat laut dieser Farbskala exakt Null, ein Schwarzes Loch so um die 3.000 und paar Zerquetschte. Dazwischen ist ziemlich alles möglich. Jede Biersorte reklamiert ein bestimmtes Zahlenintervall für sich. Beispiel: Pilsener hat sechs bis acht. Abweichler werden ausgeschimpft. Von den Kollegen, von der DLG, von den Farbherstellern, was weiß ich.

Ester · 1) Weiblicher Vorname. Ohne brautechnische Relevanz. 2) Kohlenwasserstoffe, die durch Veresterung der höheren Alkohole entstehen. Sind die wichtigsten Bukettstoffe des fertigen Bieres und unmittelbar an den Hefestoffwechsel gebunden. Ester suffixen auf -at: Äthylacetat, Isomylacetat, Isobutylacetat, Phenylacetat, Äthylcaproat, Äthylcaprylat. Von den sechzig Estern, die ich im Bier gefunden habe, halten die sechs obengenannten nachweislich für die Geschmacksrichtung ihr Suffix hin.

Export · Untergäriges, helles Vollbier. Bis weit in die siebziger Jahre hinein das bevorzugte Biergetränk des Exportweltmeisters BRD. Nur zögerlich vom Pilsener abgelöst. Export sollte weniger gehopft sein und ein robuster malzbetontes, aber lieber nicht ganz so breites Aromenspektrum vorweisen, denn das bleibt dem Märzen vorbehalten. Es wird stärker als Pilsener eingebraut – was vielleicht ein Fünklein Tribut an den noch im Namen fortwirkenden Ursprung (schönere Haltbarkeit) beinhaltet. Unter fünf Prozent Alkohol geht da nix. Der etwas schwächere bayerische Bruder wäre dann das Helle.

Feinherb · Arschwischvokabel. Wie milder Pfeffer, schwarzer Schimmel. Sollte auf keinem Etikett stehen und über keines rechtschaffenen Biertrinkers Zunge kommen. Gemeint ist bestimmt: schön bitter, aber nicht so richtig. Hier lasse man nur wenige Ausnahmen gelten. Das Exportpendant: mildwürzig.

Flasche · Gemeinhin begegnet einem die richtige Flasche als Halbliterflasche, meistens braun, gelegentlich grün, nie jedoch weiß oder gelb. Mit einem Kronkorken, einem Schraub- oder Bügelverschluß schützt sie sich gegen Sauerstoffzutritt. Ihr Abtropfgewicht beträgt runde vierhundert Gramm, und vorher war mitunter mehr in ihrem Bauch enthalten als in mancher Drittelliterflasche.

Gasthausbrauereien · Da wollen Sie füglich unterscheiden zwischen den im Frankenland praktizierenden Kleinstbrauhäusern mit eigener Schank, den privaten Neugründungen (zum Beispiel Vogel/Karlsruhe) und der Verwässerung des Prinzips durch Zwergausleger großer Brauereien (zum Beispiel Hövel/Thier), die sich vor den Fanten mit rustikaler Gemütlichkeit und Erlebnistrinkerei spreizen. Meist trinkt der Gasthausbrauereiengast Zwickel und hat die Braugeräte vor Augen (was angesichts mancher vom Studienrat a. D. gebrauter Biere mit dem Zeigen der Folterinstrumente identisch ist). Sie halten sich an die erste, auch mal an die zweite Gruppe, ja? Andere werden im Markensektor ungebührlich erwähnt.

Gläser · Ihnen wird bei der Biereinleitung in Organträger verstärkte Saufmerksamkeit gewidmet. Zu Recht. Dirk Jurkschat geht soweit zu behaupten, ein Bier schmecke

265

immer wie aus dem Glas, aus dem man es zum ersten Mal getrunken hat. Die Rolle der Gläser besonders für die Schaumentfaltung wird nur noch von meinen Feinden geleugnet. Ausschlaggebend dafür ist die Konstruktion, die aus Glasboden, Glaszylinder (plus fakultativem Henkel) und Mundloch besteht. Der Glaszylinder sollte zum Mundloch leicht, wirklich nur leicht konisch zulaufen, und schon ist der Schaumberg kein Mirakel mehr. Hauptsache, das Glas ist insgesamt sauber, und das Mundloch befindet sich vom Betrachter aus gesehen oben. Unpraktisch wäre, wenn das Mundloch nach unten weist und das Glas oben verschlossen sich darbietet. Was soll das? Das kann zum einen ein schwerwiegender Konstruktionsfehler sein, oder Sie halten das Glas einfach verkehrt herum in der Hand.

Gose · Recht hat der Mann, der diesem Bier eine gewisse Eigenwilligkeit zuschreibt, ebenso wenn er meint, der Name lasse sich von der Stadt Goslar, ihrem eigentlichen Herkunftsort, ableiten. Dr. Knaust bezeichnet sie als zunächst süß, dann weinig, heute dürfte man eher Vergleichen zu den Weizenbieren Raum geben. Mit erfrischend-sauer-salzig wäre der Sachverhalt treffender beschrieben, und Gewürze (Koriander) gab man auch zu. Über die Bekömmlichkeit gehen die Meinungen gelinde auseinander, im Gegensatz zum Genuß gilt es nicht als Mutprobe, auf den mit den belgischen Gueuze-Bieren ähnlichen Wortstamm hinzuweisen. Die Gose liebt die Mehrzahl nicht, die Anstrengungen der Gosenschenkenrekultivierung stoppten innerhalb der Stadtgrenzen von Leipzig. Dort trinkt man sie fleißig mit Sirup oder Kümmelschnaps.

Grutbier · Bis weit ins 16. Jahrhundert hinein stark verbreitetes, spontan gärendes, ungehopftes Bier, vornehmlich unter Verwendung diverser Kräuter, aus welchen Gründen und unter welchen Plagen auch immer getrunken. Sensiblere Zungen befanden, diesem Teufelstrank fehlte nur der Schwefel. Das nächste Trendbier?

Gueuze · Verschnitt aus Lambics diverser Alterungsgrade. Je nach Restzuckergehalt der Mischkomponenten schäumt der ganze Laden abermals über, begehrt auf und gärt (meist in der Flasche) nach. Ergebnis: der CO_2-Gehalt schnellt hoch, und der Alkohol legt ein Prozent zu. Prima.

Haltbarkeit · »Nichts ist fataler, als wenn gerade die letzte alte Flasche Bier schlecht ist«, moniert Jean Paul. Daher muß ein ganzer Maßnahmekatalog abgearbeitet werden, der einem Bier und seinen Brauern das sofortige Wegtrinken/-schütten erspart. Beginnt mit dem Kochen der Würze, der aseptischen Wirkung des Hopfens, der Vermeidung respektive Geringhaltung des Sauerstoffzutritts in allen Herstellungsphasen inklusive Sauberkeit und Filtration. Nicht zu vergessen der Alkoholgehalt. Berüchtigt wahlweise die Hochzeitkurzerhitzung vor der Flaschen- und Faßabfüllung beziehungsweise das Pasteurisieren danach – Gesichtsverlust durch Erhitzen. Den Pasteurgeschmack kennen Sie als brotig-brandig-brenzlige Komponente, die Ihre Supermarktbiere ausnahmslos gleich schmecken läßt. Noch prägnantere Resultate werden dann erzielt, wenn das Bier über längere Zeit unter konstanter Sonneneinstrahlung verbringen durfte und demgemäß ungeniert in quallige Alterung übergeht. Der Mut kleinerer Brauereien, auf rabiates Filtrieren und Pasteurisieren zu verzichten, ist zu schätzen. Geht meist nur bei kurzen Versorgungswegen (um den eigenen Hosenstall). Was hat der Allgäuer ein → *Jever* oder → *Warsteiner* zu saufen?

Hefe · Über die Geometrie dieser fleißigen Einzellerpilze, die einen Großteil der im Sudhaus gewonnenen Malzsüßigkeiten in Alkohol und Kohlendioxid verzaubern können, liegen mir gesicherte Angaben vor: Länge: 8 bis 10 μm, Breite: 5,5 bis 7 μm, Durchmesser: 6 bis 10 μm, Oberfläche: 170 bis 200 x 10^{-12} m^2, Volumen: 200 bis 225 x 10^{-18} m^3, Dichte: 1050 bis 1189 kg/m^3, durchschnittliche

Masse: $0{,}79 \times 10^{-13}$ kg. Vgl. Roth, Jürgen: *Zur Geometrie einer Hefezelle.* In: *Christ & Hefe,* 11/2004, S. 7–697.

Hefeautolyse · Kollektiver und freiwilliger Hefozid der keineswegs sektiererisch veranlagten Hefepilze. Sicher aus Protest gegen unzumutbare Arbeitsbedingungen bei der Hautgärung: Temperatur, Druck, Nähr- und Stickstoffangebot. Da sind sie eigen. Im Ergebnis der Autolyse schmückt sich das Fertigbier mit Althefegeschmack, dunklerer Farbe als gewöhnlich, gibt sich alkalisch. Bringt Verderbnis, Fluch und Zähneknirschen über seine Brauer. Selber schuld.

Helles · Eine der wenigen Sorten, deren spezifische Seiendheit sich tatsächlich und erschöpfend in ein einziges Wort fassen läßt.

Hopfen · *Humulus Lupulus.* Jörg Fauser raunt wissend von der »Hopfenruhe, die beständiger als aller Fortschritt ist«. Darauf gründet das Weltengerüst. Logisch. Die kletternde Staudenpflanze aus der Familie der Hanfgewächse gedeiht am besten in gemäßigtem Klima, auf kalkreichen, feuchten Böden. Ergo erzielt Hopfen bei kalkreichen Brauwässern bessere Bitterstoffausbeuten. Auf den Kulturflächen des Hopfens sind fünf bis acht Meter hohe Stangen oder Drahtgerüste zu beobachten, an denen man die mehrjährigen Pflanzen vom Erdmittelpunkt weglockt. Man baut allein die weiblichen Pflanzen (der Hopfen ist zweihäusig) an, weil nur deren holde Dolden den Brauhopfen ergeben. Diese noch jungfräulichen Blütenzapfen werden im August und September gepflückt und ähneln kleinen grünen Kiefernzapfen. Leider verdirbt ihre kostbare Ladung schnell. Ein guter Hopfen soll reichlich das Lupulin genannte Hopfenmehl enthalten. Es gleicht goldgelbem Staub und zeichnet für die angenehme Bittere verantwortlich. In der Hopfendolde und ihren klebrigen Drüsen wohnen ferner die ätherischen Öle, die für eine ordentliche Aromaentwicklung Sorge tragen. Sie sind extrem hitzeflüchtig und werden dem Sud meist erst gegen Ende des Kochprozesses (Sudhaus) zugesetzt. Üblich ist auch das Hopfenstopfen in die Lagertanks. Doch nicht nur in geschmacklicher Hinsicht ist der Hopfen für das Bier von größter Wichtigkeit, sondern auch im Dienst der Haltbarkeit und Schaumentwicklung. Er ist aseptisch und bändigt den Milchsäurebacill, und seine Gerbstoffe erzwingen mit ihren Kollegen vom Malz das Ausflocken des Eiweißes, d. i. der Erbfeind klaren Bieres. Der klassische Hopfen wird um Saaz (Böhmen) abgebaut. Ebenfalls sehr geschätzt die Hopfenvorkommen in Tettnang, Spalt und in der Hallertau. Für ein Pilsener verwendet der Brauer den teuren Aromahopfen, für Export, Bock etc. den billigeren Bitterhopfen. Angeboten wird er in Form von gepreßten Dolden, gefriergetrockneten Pellets, als harziger Extrakt, als Schößling wie Spargel zubereitet, kaltgepreßt als Salatöl oder gemulcht, mit Baldrian verklebt, als Beruhigungstee.

Jungbierbukettstoffe · Die berüchtigten vicinalen Diketone entstehen bei der Hauptgärung und werden bei der Reifung abgebaut. Von ihren Vorstufen, den Acetohydroxysäuren, erzählen sich die Biochemiker, sie seien sehr labil und setzten alles daran, Diketone zu werden. Verstehe einer diese Vorstufen. Was ist so schlimm daran, eine Acetohydroxysäure zu sein? Ich weiß es nicht. Der Gehalt an Jungbierbukettstoffen ist hingegen ein wesentliches Kriterium für den Reifegrad eine Fertigbieres. Zuviel davon sorgt für unreinen, jungen, unharmonischen Geschmack und Geruch. Bis hin zur Ungenießbarkeit. Diacetyl und Pentadion heißen die Burschen. Gut merken!

Kälteschleier · Wird die Bierflüssigkeit extrem unterkühlt, klammern sich die Geschmacks-, Geruchs-, Schaum- und Schönaussehteilchen fest aneinander. Obendrunter, untendrüber, wo jeder grad Platz am anderen findet, bis mikroskopisch kleine Klümpchen entstehen, die wir mit bloßem Auge als Schleier wahrnehmen. Schmeckt, riecht und schäumt nicht mehr. Sieht auch nicht mehr schön aus. Erwärmt man wieder, klärt sich alles neuerlich auf. Dreibis viermal wiederholbar. Dann haben sich die Teilchen aneinander gewöhnt und wollen zusammenbleiben. Sie heißen dann Wegschütt-Teilchen.

Kellerbiere · Bewegt man sich von Nürnberg kommend in nördliche Richtung, gelangt man in ein bei Braukunstlicht besehen einzigartiges Bierdorado mit mehr als 381 Brauereien pro Quadratzoll. Dort geht der Franke, wenn schon nicht zum Lachen, so doch zum Trinken der Kellerbiere, der ungespundeten, mal rauchigen, mal helleren, mal dunkleren Märzen, »auf« den Keller. Von vielen Forschern für den Mittelpunkt der Welt gehalten. Richtig widersprechen mag man denen nicht.

Kölsch · Wird nach Buchstabe und Gesetz eines eigenen Rheinheitsgebotes gebraut. Aufgrund dieser ominösen Kölschkonvention (1986) dürfen nur vierundzwanzig Brauereien innerhalb der Kölner Bannmeile (inklusive einige streng umsorgte Ausnahmen) ein ziemlich nivelliertes obergäriges Bier brauen, das mit dem früheren Kölsch kaum ein Malzkorn mehr gemein hat. Die sensorische Konkordanz schöpft von Märzen (→ *Mühlen*) bis Pilsener (→ *Dom*) alle Mittel aus. Kölsch hat auf alle Fälle knappe Fünfkommanull Prozent Alkohol und eine hellgelbe Farbe zu haben, es ist oft gut gehopft, und manchmal darf auch Weizenmalz mit hinzu. Bisweilen erscheint der fast gluckenhafte Stolz der Kölner auf »ihr« Kölsch lächerlich. Denn naturgemäß würdigen sie dieser Lesart zufolge jedes andere Bier, allen voran Altbier, k(aum)eines Schluckes. Wir halten fest: Am Beispiel der leichtfertigen Kölschproduktion ist zu ersehen, wie schön pilsenerähnlich mit obergäriger Hefe gebraut werden kann.

Kofent · Früher aus dem Nachguß, nach dem eigentlichen Würzegewinnungsprozeß im Sudhaus, gefertigtes Dünnbier für Asylanten, Kinder und Stadtarmut. Dottore Knaust hierzu: »Nährt und wärmt nicht wie das Bier, sondern tut nur, was des Wassers Natur und Eigenschaft mit sich bringt. Auch Halbander, Halbbier, Langeweile, Schempe, Wuttu oder Clausthaler geheißen.«

Lager · Voreinst allgemeine Bezeichnung für untergäriges, lagerfähiges i. e. haltbares Bier. Heute in Tschechien Gattungsbegriff für die den Markt dominierenden Pilsenerbiere (Světlý Ležák = Helles Lager), im anglophonen Lager generelle Umschreibung (Lager Beer) obwaltender Untergärigkeit. Bei uns seit Monaten aus den Pfannen gestampfte Retortensorte. Longneck- und Bügelverschlußflaschen, Pomp und Zierrat auf den Etiketten sowie die zum Geschmacksprinzip erhobene Schlichtheit. Mit hilflosem Lagerdenken will man, ich wundere mich da nicht mehr, Macht über die ominöse Zielgruppe der »jüngeren Bierfans« gewinnen. → *Binding*, → *Fürstenberg*, → *Mönchshof*, → *Olbernhau*, → *Scherdel* …

Lambics · Geduld hat er, der belgische Brauer, aber hallo. Erst läßt er den Hopfen hornbeinalt werden, dann klopft er langwierig die allerletzten Aromapartikel heraus, damit er allein seine konservierende Wirkung spendieren möge. Hernach läßt er sein Bräu bis zu drei Jahren gären und lagern respektive reifen. Zuvor hat er aus Gerstenmalz und Rohweizen einen Sud angesetzt und ihn schließlich wilden Hefen zur spontanen (Ober-)Gärung ausgesetzt. Die selten stärker als fünfprozentigen Lambics müssen in ihrem kurzen Leben viel frische Luft schnuppern, mit dem Nachteil, daß sie umweltabhängig in ihrer weinigen Komplexion mitunter heftig changieren. Abermals stellt der belgische Brauer vorbildliche Langmut unter Beweis: Er süßt sie zum Faro nach, fruchtet sie zu Früchtebieren auf oder verschneidet ältere mit jüngeren Monatsgängen zum Gueuze.

Leergut · Habt ihr 'ne Ahnung!

Lightbier · Hieß früher Schankbier. So muß die Vorhölle beschaffen sein: Wüste, Wurst & Durst und nur Schankbier. Beim ersten Schluck dürfen Sie getrost »Scheiße« assoziieren. Schließen Sie die Augen, und denken Sie an den Hauch, der einen Haufen stockigen Packpapiers verläßt. In etwa. Renommierte Häuser helfen diesem Debakel mit putzigen Bezeichnungen auf die Sprünge. Zielgruppe New Economy. Die trinken tatbestanderschwerend zusätzlich Alkoholfreies, Drybier, Ice Beer, auch mal ein Weizenbier oder ein → *Warsteiner*. Ohne Sinn und Verstand.

Lohnbrauverfahren · Zählt als Arbeitsbeschaffungsmaßnahme zu den unerreichten Übeln der zeitgenössischen Lebensmittelproduktion. In ihrer Kapazität nicht ausgelastete Großbrauereien wirken anonym für Handelsketten (→ *Bier*, → *Ottweiler*, → *Schulten*, → *Tip*). Ist der Ruf erst ruiniert, braut es sich ganz ungeniert. Dann gibt es Brauereien, die es gar nicht mehr gibt, höchstens auf dem Etikett, der Lohnbrauer schwankt von Mal zu Mal. Am dreistesten sind die Getränkevertriebe (meist Rechtsnachfolger eingestellter Brauhäuser), die, wie bundesweit praktiziert, in museumsreifen Buden auf Ein- Euro-Basis ein paar Kubikmeter »Bier« »brauen« und die Halbliterdose dann für 35 Plastikcent aus den Gebinden schießen lassen. Die Nichtseßhaften an den Kioskes sperren die Gurgel schuhweit auf, werfens Bier ein, und es hebt an ein schauerliches Brunzen und Ferchen, daß Gott id est Gambrinus erbarm.

Märzen · Heute eine Art Wilderer im Exportbierorbital. Früher das letzte Bier, welches im Frühjahr (März) im Sinne der Haltbarkeit etwas stärker eingebraut werden konnte. Die auf den Termin Christgeburt fixierte Biermenge jedoch hörte schnell auf den Namen Festbier. Nunmehr ist beides ganzjährig zu haben. Untergärig. Alkohol bei 5,0 bis 5,5 Prozent, selten höher, niemals darunter. Volle Malzsalve, mal sparsam, mal großzügiger gehopft. Am besten: die dunkelfränkische Vollbiervariante.

Malz · Das zum Bierbrauen verwendete Malz wird hauptsächlich aus Gerste, bei Weizenbieren zu Teilen aus Weizen gewonnen. Außerhalb des Geltungsbereiches »unsres« Reinheitsgebotes kommen auch Mais, Reis, Hafer, Hirse, Sorgum und Maniok zum Einsatz. Hiesige Brauer verwenden gern die zweizeilige, weil dünnschalige, stärkereiche Sommergerste. Feinspelzigkeit, hohe Keimfähigkeit, niedriger Eiweißgehalt, geringer Wasseranteil (den bringt ja schon das Brauwasser) sollten sie ebenfalls auszeichnen. Sie wird vor dem Mälzen geputzt und danach durch Wasserzusatz zum Keimen gebracht. Dabei bilden sich Amylasen, welche wiederum dafür sorgen, daß die im Gerstenkorn enthaltene Stärke wasserlöslich wird. Nach einer gewissen Zeit wird der Keimvorgang abgebrochen, die Wurzelkeime werden fein säuberlich mit einer güldenen Keimmachete abgeschnipselt, und der Trocknungsprozeß, das Darren, wird eingeleitet. Hierzu wird nichts als heiße Luft durch das in Silos/Darren gelagerte Grünmalz geblasen. Will man hellere, zum Beispiel Pilsenermalze, darf die Luft nicht heißer als 80°C sein, für Farb- und Caramalze dagegen 100 bis 110°C. Äußerlich besteht zwischen Ausgangs- und Endprodukt kein gravierender Unterschied. Allein durch Hand- und Mundbonitierung erschließt sich der Mikrokosmos Getreidekorn.

Pilsener · 1.) der –. In Pilsen Geborener oder Wohnender. 2.) das –. 1996 plädierten sechzig Prozent der Bundesbürger für dieses untergärige Bier, 1994 waren es immerhin nur vierzig Prozent. Allerdings wurde damals gefragt, wer kein Pilsener trinkt. Das Pilsener, auch Pilsner, nicht weniger selten Pils, ist das Schnitzel unter den Bieren. Einfach und so betrachtet nicht Besonderes. Es aber täglich und immer wieder in guter, gleichbleibender Qualität zu bereiten, darf eine Kunst genannt werden. Das Pilsener ist Maßstab und Meßlatte für das Vermögen einer Brauerei, wie man an Hand des Schnitzels das Vermögen einer unbekannten Küche eruiert. Wie Sie wissen, leitet sich der Name dieser Spezerei vom böhmischen Ort Plzeň ab. Der Brauer Josef

Groll aus Vilshofen/Bayern mit seinen Knechten rührte dort den ersten Sud an. Zum Martinimarkt 1842 war feierlicher Anstich, und es begann unverweilt ein Siegeszug ohnegleichen um die ganze Welt. Sicher, vieles hat sich im Lauf der Zeit gegenüber dem »Ur-Pils« (→ *Pilsner Urquell*) gewandelt. Charakteristisch ist und wird ewig bleiben: hell, schlank und spritzig muß es sein und kräftig gehopft, knapp um fünf Prozent Alkohol. Dunkelgelbe Farbe, wenig Schaum, süßliches Aroma und patziger Brotgeschmack, wie Sie das von den superpasteurisierten Supermarktbieren her kennen, aber auf keinen Fall.

Premiumphilosophen, die · Haben die Bierwelt nur verschieden interpretiert. Es kommt aber darauf an, sie zu schonen.

Radler · »Erfunden« von Franz Xaver Kugler. Als ihm im Sommer 1922 auf seiner Kugleralm das Bier auszugehen droht, mischt er ungeniert Dunkelbier mit Zitronenlimonade und dreht es Millionen von Münchner Radfahrern an. Wer auf sich, sein Rad und das Bier hält, läßt die Finger davon. Der Kugler aber gehörte aufs Glücksrad geflochten.

Rezens · *Fachspr. f.* Spritzigkeit.

Schaum · Die haupt- und nebensächlich aus Eiweiß- und Hopfenkolloiden bestehende Hülle der sogenannten Gas-Nuclei verhindert bei plötzlicher Druckentlastung (Flasche öffnen, Tankexplosion) das überstürzte Austreten des im Bier gebundenen CO_2 in die Atmosphäre (Treibhauseffekt). Eine ganz nützliche Sache.

Schwarzbier · Schlankerer Bruder des Dunkel. Verfahrenstechnisch spielt Schwarzbier in etwa die gleiche Rolle wie ein strunznormales Pilsener. Am einfachsten erreicht man den Schwarzbier-Effekt durch Zugabe von Zuckerkulör beim Würzekochen im Sudhaus, am besten durch eine fein abgestimmte Mischung verschiedener Farb- und Caramalze. Dazu wird ausschließlich Gerste verwendet. Natürlich sind Röstmalze nichts Neues – für dunkle Bock- und Weizenbiere werden sie genauso verwendet wie für Altbier, Stout, Whisky, Vollkornbrot und Caro Landkaffee. Neu ist, daß Schwarzbiere nicht mehr automatisch für Dumpfheit und Deftigkeit stehen. Die Röstmalzaromata möchten so zurückhaltend agieren, daß mit anspruchsvollem Aromahopfen abgerundet werden kann. Herkömmliche Dunkel brauchen nur billigeren Bitterhopfen. Wenn alles klappt, platzen selbst dem Kenner die letzten Geschmacksknospen auf. Die einfachere, alkoholisch dünner disponierte und oft nachgesüßte Variante mit dem Zuckerkulör schließt den Nachteil ein, daß der Zucker auf den Bekennerschreiben aufgeführt werden muß, und da er offenkundig nicht zur Reinheitsgebotsdreifaltigkeit (Wasser, Malz, Hopfen) gehört, für nicht wenig Verwirrung in den Landwirtschaftsministerien der Länder sorgt. → *Neuzelle*

Schwund · Jawohl, es geht auch viel verloren, Leckagen, Vor- und Nachläufe, Ab- und Umfüllverluste und Transportbruch, Probeflaschen an den sauberen Herrn Rudolf, all das eben. Dafür gibt es eigens wissenschaftliche Vorgaben in Prozent, das führte jetzt zu weit. Fest steht: fast alle Brauhäuser halten sich daran. Kommt am Ende versehentlich ein Hektoliter zuviel Fertigbier heraus, läßt man sich's klauen oder schlechtwerden und dreht es der nächsten Kaffeefahrtencombo an.

Sieben Minuten, die schlimmsten der Bierwelt sind ein granithartnäckiger Mythos, nach dem ein ordentliches Pilsener sieben Minuten gezapft werden müsse und dem an dieser Stelle basalthartnäckig entgegentreten werden muß. Speist sich aus der Unkenntnis schanktechnischer Laien, die entweder die CO_2 nicht richtig dosieren können oder aus ihren Knebelverträgen mit schlechten Brauereien nicht herauskommen. Ursprünglich erfunden als schurkische Theorie für den Kündigungsschutz lahmarschiger Bedienungskräfte. Ein guter Schankwirt gibt maximal drei Minuten vor, in drei bis vier Schüben. Beim Heinz! Wer das Gegenteil behauptet, dem nehme ich dieses Buch wieder weg. Denn es gibt da auch den »Acht-Sekunden-Karel«. *Der* Bierzapfer schlechthin. Zapft pro Tag im »Goldenen Tiger« zu Prag seine tausend Glas sorgsam auf sieben Grad Celsius heruntergeheiztes → *Pilsner Urquell* und legt acht Sekunden pro Halbliterglas vor. Das ist Weltspitze. In Gedanken sollten Sie immer bei ihm sein und in der Ex-Lieblingskneipe Bohumil Hrabals.

Stammwürze · Prozentualer Gehalt an vergärbaren Zukkern, der Brauer sagt auch Extraktgehalt, in der Anstellwürze (Gär- und Lagerkeller), bevor sie den Hefen zum Fraß vorgeworfen wird. Nach Biergattungen bedeutet das: Einfachbiere haben 2,0 bis 2,5 Prozent, Schankbiere 7,0 bis 8,0 Prozent, Vollbiere 11,0 bis 14,0 Prozent und Starkbiere von 16,0 Prozent aufwärts.

Stout · Lazeunjemmun, the Prince of Darkness! Schwerer, obergäriger, röstmalzorientierter Dunkelbiertyp. Kann in Hochform sehr auf Kakao oder Kaffee machen. Alkoholismus wie beim Ale. Auch hier wieder ausgeklügelte Säure. Soll ab Ende des 17. Jahrhunderts der Braunschweiger Mumme nachempfunden worden sein. Im wesentlichen kennen sollten Sie Sweet Stout (England), Dry Stout (Irland) und Imperial Stout – das einst aus London stammende und in Kontinentaleuropa zum Starkbier mutierte Porter galt ursprünglich als leichtere Variation des Stout. Ganz in unserem Sinn faßt Flann O'Brien (in der Übersetzung von Mennicken/Rowohlt) zusammen: »Wenn alles nur schiefgeht, egal, was man macht, / Und gar nichts zu klappen mehr scheint, / Wenn's Leben so schwarz wie die Stunde der Nacht, / Ist ein Porter dein einziger Freund.« Amen.

Treber · Ausgequetschte Spelzen mit Restinhaltsstoffen, also Eiweiße, Fette, Rohzellulose, Mineralisches, Stickstoffreiches. Beliebtes Tierfutter. Auch Schnäpse werden daraus bereitet.

Unterstützerkomitee · Gute Menschen, die mir mit Vor- und Ratschlägen, Tips, Hinweisen, Empfehlungen, Begutachtungen, Schenkungen, Dauerleihgaben, Erkundungen, Erklärungen, vor allem Bringediensten hilfreich zur Seite standen: Jürgen Balitzki, Thomas Behlert, F. W. Bernstein, Michael Billmann, Herr Bsteh vom Handelsservice Hermsdorf, Bernd Dittrich, Wiglaf Droste, Markus B. Eberwein, Manuela & Eugen Egner, Martin Ehrmann, Tom van Endert, Joachim Forkel, Jochen Gerken, Getränke Liebold, Beat Hodel, Jörg Holetzeck, Rudi Hurzlmeier, Dirk Jurkschat, Claudia Kaden, Wojciech Kajut, Hans Kantereit, Vincent Klink, Peter Köhler, Hartmut Krüger, Kirsten & Klaus Leweke, Aletta & Jörg Metzner, Tomasz Michałowski, Johannes Monse, Bert Nahser, Harald Lippert, Marlit Peikert, André Poloczek, Michael Riedel, Jürgen Roth, Gottfried & Ursula Rudolf, Johannes Rudolf, Klaus Rudolf, Michael Sailer, Bert Sander, Frank Schäfer, Christian Y. Schmidt, Wolfgang Stark vom Haus der 131 Biere, Katrin Stier, Gerhard Strunz, Roland Tauber, Horst Tomayer, Kerstin Trommer, Stefan Ulmen, Andreas Verstappen und Tom Wolf. Ihnen sei gedankt. Mögen sie mit dieser Erwähnung auf der Stelle beginnen, ewigen Ruhm und Reichtum und alle Verehrung dieser Welt auf ihren Häuptern zu sammeln.

Verkostung · Inkorpiert die vier maßgeblichen Grundwahrheitskriterien Aussehen, Schaum, Geruch und Geschmack. Dem muß Genüge getan werden. Erst dann kann man sich über Etikettdesign, Werbeholperverse und Mondscheinbrauverfahren lustig machen. Ohne Zweifel kommt dem narkotischen Tabakkraut für den geselligen Bierverzehr eine katalysierende Funktion zu. Anders verhält es sich bei der sensorischen Begutachtung, die überdies eine dezidiert schwierige und horrend problembeladene zu nennen ist und die es gilt, durch Tabakdampf nicht noch schwieriger und problembeladener zu gestalten. Eigens zu diesem Zweck hat der ehedem kettenrauchende Autor dem narkotischen Kraut abgeschworen, nicht zuletzt, um seinen Ruf als infallibler Simultanverkoster zu festigen. Sicher, nach zwanzig Bieren zeigen seine sensualistischen Fähigkeiten erste Ermüdungserscheinungen. Daß die feinen Kollegen, die er als Laienverkoster gedungen hatte, sich ihre Zigaretten heimlich im Mund gedreht und geraucht haben, ist ihm keineswegs entgangen. Freilich hat man den sauberen Herrn Autor öfters nach vollbrachtem Trinkwerk, in einen entlegenen Winkel gepfercht, bei anspruchsvoller Tanzmusik stangenweise in R1 Minima-Zigaretten pusten sehen. Aber das bleibt unter uns.

Wasser · Farblose, klare Flüssigkeit. Grundbaustein allen irdischen Lebens. Wächst daher tief in der Erde. Eine bekannte Tatsache ist, daß der Geschmack des Wassers örtlich changiert. W. erschöpft sich niemals nur in der reinen Verbindung von Sauerstoff und Wasserstoff. Es besitzt in hohem Maße die Fähigkeit, andere Stoffe zu lösen. Darum enthält es Verunreinigungen mannigfaltiger Art. Wir können bei Bier von Wasserverunreinigung sprechen, wenn das Wasser vorher durch die Gefäße einer schlechten Brauerei geflossen ist, die selbst seine famose Selbstreinigungskraft überfordert hat. Schweres Wasser ist, das weiß jedes Kind, viel zu schwer zum Brauen, Meerwasser besitzt einen zu hohen Salzgehalt und ist mit Sicherheit auch nicht geeignet. Süßwasser dagegen ist keineswegs süß, der Brauer macht sich keiner unerlaubten Zuckerzufuhr schuldig. Die im Süßwasser versteckten Metallsalze und Säuren sind es, die es zum Bierbrauen mehr oder weniger tauglich erscheinen lassen, klassifiziert nach Härtegraden. Ein Pilsenermolekül läßt sich verständlicherweise bevorzugt von weichem Wasser umwerben. Das am Rand. Alle Brauereien halten auf ihr Wasser, und die einen haben massiv, die anderen kaum Aufwand damit, es aufzubereiten. Auf den Etiketten steht immer was von »frisch« und »Felsquellwasser«. Vorsicht! Sehr gespannt bin ich, wann einer »mit abgestandenem Regenwasser gebraut« drauf krakelt. Bei vielen Bieren brachte einen die Organoleptik auf diesen verwegenen, aber gar nicht mal abwegigen Gedanken. Da heißt es aufpassen.

Weizenbier · Obergärige bayerische Spezialität mit Nachgärung in der Flasche. Da kommen vermehrt fruchtige Aromata zum Zug. Stammwürze und Allohol ähnlich dem Export oder Märzen. Anfängern möchte man ein Kristallweizen empfehlen, also klar filtriert. Später, wenn sie das Einschenken begriffen haben, kann auf die richtigen hellen und dunklen Hefeweizen umgestiegen werden. Muß aber nicht. Noch haben wir es mit den Ausläufern einer penetranten Weizenbierwelle zu tun, die vorzüglich in Szenelokalen (mit Zitronenfilets) Platz greift und durch den Triumphzug der Bayreuther Brauerei → *Maisel* manche Bierproduktionsstätte gezwungen hat, Weizenbier in ihr Sortiment aufzunehmen. Wobei nicht jede dunkle Weiße weniger als nur eine Farbvariante der hellen Weißen vorstellt. Natürlich muß es auch Exportweizen, Weizenbock und Weizendoppelbock geben.

Zwickelbier · Wie man bei der Trikotagenbranche mit dem Begriff Zwickel stofflich gebändigte üppige Körperlichkeit imaginiert, ist das Zwickelbier ein gleichermaßen von delikatem Körper gekennzeichnetes Flüssigkeitsgetränk. Einfacher: Zwickelbier ist nicht filtriert, daher voller Üppigkeit im Geschmack. Großbrauereien warten einfach das Verfallsdatum ab, Hauptsache opak. Klein-, Kleinst- und Gasthausbrauereien bieten ihr Bier aus reinen Ersparnisgründen so an. Wofür sie zu loben sind. Sub speciae aeternitatis.

Raum für eigene Notizen

Pilsener (%   )

Export (%   )

Weizen (%   )

Bock (%   )

Alt (%   )

(-*Brauerei)*